KIELER GEOGRAPHISCHE SCHRIFTEN

Begründet von Oskar Schmieder

Herausgegeben vom Geographischen Institut der Universität Kiel
durch J. Bähr, R. Duttmann, W. Hassenpflug, J. Newig,
J. Revilla Diaz, G. v. Rohr, H. Sterr

Schriftleitung: U. Jürgens

Band 107

REINHARD STEWIG

Bursa, Nordwestanatolien: 30 Jahre danach

KIEL 2003

IM SELBSTVERLAG DES GEOGRAPHISCHEN INSTITUTS
DER UNIVERSITÄT KIEL

ISSN 0723 - 9874

ISBN 3-923887-49-3

Die Deutsche Bibliothek – CIP - Einheitsaufnahme

Stewig, Reinhard:
Bursa, Nordwestanatolien: 30 Jahre danach/Reinhard Stewig.
Geographisches Institut der Universität Kiel. -
Kiel: Geographisches Inst., 2003
  (Kieler geographische Schriften ; Bd. 107)
  ISBN 3-923887-49-3

Inv.-Nr. A 23 037

Das Titelphoto stellt den mittleren Teil des neuen, modernen,
dreiteiligen Einkaufs- und Lebensstil-Zentrums
(türk. *alışveriş ve yaşam merkezi*) Zafer Plaza
im Stadtzentrum von Bursa dar.
Photo: Reinhard Stewig

©
Alle Rechte vorbehalten

Vorwort und Einleitung

Der Titel der vorliegenden Veröffentlichung - Bursa, Nordwestanatolien: 30 Jahre danach - mutet journalistisch an. In seinem ersten Teil wird zwar eindeutig die Stadt genannt, um die es geht, aber das Anliegen des zweiten Teils erschließt sich erst, wenn man sich dem nachfolgenden Text zuwendet - ein Verfahren, wie es nicht selten bei Zeitungsartikeln zu finden ist.

In englischsprachigen - durchaus wissenschaftlichen - Veröffentlichungen wird bisweilen die Formulierung "revisited" gewählt mit einem - wie auch in der vorliegenden Veröffentlichung - nostalgischen Unterton. Da aber die folgenden Ausführungen in deutscher Sprache erscheinen, wurde von der englischen Formulierung etwa gleicher Bedeutung Abstand genommen.

Die Stadt Bursa - 250 Straßenkilometer von Istanbul entfernt - liegt am Südrand einer der drei großen Beckenreihen, der südlichsten, die Nordwestanatolien in ost-westlicher Richtung strukturieren (STEWIG 1970, Karte 1, S.192), am Fuße des mit 2.453 m höchsten Berges Nordwestanatoliens, des Uludağ (RATHJENS 1952; PFANNENSTIEL 1956).

Die Stadt Bursa blickt auf eine wechselvolle Geschichte zurück. Die heißen Quellen, die in einer Schwächezone der Erdkruste mit Erdbebengefährdung am Gebirgsrand, hauptsächlich im heutigen Stadtteil Çekirge, austreten und bis heute eine der Grundlagen des Fremdenverkehrs in der Stadt darstellen, wurden bereits in römischer Zeit genutzt (SÖLCH 1920, S.266 f).

Im Byzantinischen Reich trat Bursa - in der Antike Prusa geheißen - an Bedeutung gegenüber Nikomedia - heute Izmit in der nördlichen Beckenreihe - und Nikäa - heute Iznik in der mittleren Beckenreihe - zurück (SÖLCH 1920), war in der Endzeit des Byzantinischen Reiches Festung auf einer nach drei Seiten steil abfallenden Travertin-Terrasse (PFANNENSTIEL 1956, FORCART 1957) unmittelbar am Berghang.

Nachdem sich der türkische Stamm der Osmanen in Nordwestanatolien etabliert hatte, wählte er Prusa - von da an Bursa geheißen - 1326 zu seiner ersten Stadt und Hauptstadt, die von Ibn Battuta, dem arabischen Reisenden, um 1330 als groß und wichtig angesehen wurde (STEWIG 1971, S.56 und Tafel). Von dort erfolgte in den nächsten Jahrhunderten in Südwest-Asien, Südost-Europa und Nord-Afrika die weit ausgreifende Expansion des Osmanischen Reiches (STEWIG 1998, Abb.1-9, 12-14), für das der Raum um die Stadt Bursa die Keimzelle und das Kerngebiet war. Zwar verlor Bursa 1366 seine Funktion an Edirne, bis schließlich 1453 Istanbul als Hauptstadt des Osmanischen Reiches an seine Stelle trat. Jedoch wurde in mehrfacher Hinsicht in der kurzen Zeit bis 1366 und danach bis 1451 durch die Funktion Bursas als Nekropolstadt des frühen Osmanentums (STEWIG 1970, Karte 7, S.196, S.44 ff) eine grundlegende Struktur der Stadt Bursa - aus heutiger Sicht und in Rückschau die "alte Struktur" - geschaffen.

Die die heutige Innenstadt Bursas prägende "alte Struktur" bestand und besteht einerseits aus den typischen Strukturelementen der orientalischen Stadt mit großer Moschee (in Bursa der türk. Ulu Cami), Basar und Bedesten und mehreren Karawansereien (türk. sing. *han*) im Umkreis um den Basar (ERLER 1967, S.62 ff; STEWIG 1973, Abb.4; WIRTH 2001, Fig.71, S.147). Andererseits kam durch die Beisetzung der frühen osmanischen Herrscher in den Nekropolkernen der Stadt Bursa - bis 1451 - ein zweites alt angelegtes Strukturelement hinzu, das durch die balneologischen Kerne ergänzt wurde (STEWIG 1970, S.47 ff).

Das religiöse und wirtschaftliche Zentrum hat man östlich und unterhalb der Travertin-Terrasse geschaffen, die nekropolen Kerne in geringer Entfernung im Osten und Westen der damaligen (Innen-)Stadt. Dadurch wurde - zusammen mit den naturräumlich festgelegten balneologischen Kernen - früh eine Stadterweiterung bewirkt (STEWIG 1970, Karte 7, S.196). Mit der alten Struktur Bursas und ihrer Architektur (WILDE 1909; GABRIEL 1958) wurde die zweite Grundlage für den heutigen, und zwar den kultur-historisch orientierten Fremdenverkehr in der Stadt angelegt (STEWIG 1974b).

Die Funktion Bursas als frühe Hauptstadt des Osmanischen Reiches brachte einen wirtschaftlichen Aufschwung durch Teilnahme am Levante-Handel mit sich (INALCIK 1960), wodurch die - gemessen an der Stadtgröße - bedeutende Zahl von Karawansereien (türk. sing. *han*) zu erklären ist (ERLER 1967, S.62 ff).

Der aus byzantinischer Zeit stammende Anbau von Maulbeerbäumen in der Umgebung, die Haltung von Seidenraupen und die handwerkliche Verarbeitung der Kokons zu Seidenstoffen in der Stadt sind im türkischen Bursa, getragen von griechischer und armenischer Rest-Bevölkerung, weiter gegangen (BENSASSON 1919; DALSAR 1960) und haben zur wirtschaftlichen Bedeutung der Stadt wesentlich beigetragen, die aber - insgesamt - seit dem 16. Jahrhundert zurückging (LIEBE-HARKORT 1970; GERBER 1976, 1988; ÇIZAKÇA 1980a).

Die wechselvolle Entwicklung der Stadt Bursa - mit negativen und positiven Auswirkungen - setzte sich im Osmanen-Reich des 19.Jahrhunderts und beim Übergang zur Entstehung der Republik Türkei im 20.Jahrhundert nach dem Ersten Weltkrieg fort. Der kontinuierliche Niedergang des Osmanischen Reiches im Laufe der Neuzeit hatte nicht geringe wirtschaftliche Auswirkungen. Um die finanzielle Situation des Staates zu verbessern, war man auf das System der Kapitulationen verfallen (SOUSA 1933; NEBIOĞLU 1941), d.h. die Erteilung von Handelsprivilegien an ausländische Mächte gegen Geldzahlungen.

Als in der zweiten Hälfte des 19.Jahrhunderts die norditalienische und die südfranzösische Seidenfabrikation bereits industrielles Produktionsniveau erreicht hatten, wurde der türkische Markt von dort mit Seidenstoffen überschwemmt. Dem hatten die heimischen Produzenten auf handwerklichem Produktionsniveau, vor allem in Bursa, wenig entgegenzusetzen (STEWIG 1970, S.133 ff). Dies führte zum Niedergang der Seidenstoffproduktion in der Stadt Bursa. Zusammen mit der Ende des 19.Jahrhunderts von der Hafenstadt Mudanya unter französischer Regie nach Bursa angelegten (Stich-)Eisenbahn (die man 1940 wieder abbaute) wurde Bursa der klassische Fall von

Penetration ausländischer Wirtschaftsmächte in das Osmanische Reich mit negativen Auswirkungen (WALLERSTEIN, DECDELI & KASABA 1987).

Jedoch erhöhte sich der Bedarf an Seidengarn bei der südfranzösischen und norditalienischen industriellen Seidenstoffproduktion. Aus dieser Situation heraus ergab sich die Anhebung der handwerklichen Seidengarnproduktion in Bursa auf industrielles Niveau durch Errichtung - mit ausländischem Kapital - von modernen Seidenspinnereien (Haspeleien) in der Stadt (STEWIG 1970, S.35 ff). Damit wurde in Bursa gegen Ende des 19. Jahrhunderts der Grundstock einer Textilindustrie gelegt.

Die Betriebe entstanden westlich und östlich der Travertin-Terrasse an je einem Gebirgsbach (Gökdere, Cilimboz) - zur Wasserversorgung - im Bereich der Wohnquartiere der griechischen und armenischen Bevölkerung der Stadt, die auch die Arbeitskräfte der neuen Fabriken (überwiegend Frauen) stellte (STEWIG 1970, S.158 ff).

Die wirtschaftliche Penetration westeuropäischer Mächte in das Osmanische Reich hatte für die Stadt Bursa also auch positive Auswirkungen, wenn auch unter Inkaufnahme von Abhängigkeiten vom Ausland.

Der Übergang zur Republik Türkei, der mit militärischen Auseinandersetzungen zwischen Griechen und Türken in Westanatolien und auch im Raum Bursa verknüpft war, brachte der Stadt einschneidende Veränderungen der Bevölkerungsstruktur, nachdem zuvor, im Zuge der Verkleinerung des Territoriums des Osmanischen Reiches muslimische Rückwanderer aus den verlorenen Gebieten des Balkans, damals türk. sing. *muhacir* genannt, am nördlichen Stadtrand angesiedelt worden waren.

Der Verlust der griechischen und armenischen Bevölkerungsteile der Stadt Bursa bewirkte nicht nur den Niedergang der zuvor entstandenen Seidengarnindustrie, sondern brachte auch die Auflösung der alt angelegten, für eine orientalische Stadt typischen Quartiersstruktur mit separaten, in sich homogenen Wohngebieten der Griechen, Armenier und Juden mit sich (STEWIG 1970, S.50 f), nur ein Restbestand an jüdischer Bevölkerung blieb (YALMAN 1999, S.70).

Die neuen politischen Rahmenbedingungen der Republik Türkei (STEWIG 1998) gaben der Stadt Bursa einen neuen industriellen Ansatz. Die vom türkischen Staat über Banken als Holding-Gesellschaften initiierte Industrialisierung des Landes (STEWIG 1972) führte in Bursa 1938 zur Entstehung einer weiteren Branche der Textilindustrie, der Wollindustrie. Mit den Merinos-Werken, die am damaligen nördlichen Stadtrand errichtet wurden (STEWIG 1970, S.94 ff), erhielt Bursa einen Großbetrieb, der bis in die 1970er Jahre der größte Industriebetrieb der Stadt blieb (WIEBE 1980; PARLAK 1996) und der in örtlicher, vertikaler Integration alle Produktionsstufen von der Kämmerei, Spinnerei, Färberei bis zur Weberei und Appreturanbringung umfasste.

Mit der Gründung eines zweiten staatlichen Unternehmens, der Fabrik für (halbsynthetische) Kunstseide, ebenfalls 1938 (Union of Chambers of Commerce, Industry and Commodity Exchanges of Turkey 1960, S.70 ff), in der Hafenstadt Gemlik am Marmara-

Meer, unweit Bursa, wurde das textilindustrielle Spektrum der Region nochmals erweitert.

Änderungen der politischen Rahmenbedingungen in der Türkei 1950 durch Entstehung eines Mehr-Parteien-Systems und Lockerung der strengen staatlichen, etatistischen Industrialisierungsanstrengungen, die Zulassung und Förderung privatwirtschaftlicher Industriebetriebe brachten nach 1950 der Stadt Bursa einen weiteren Schub für ihre Textilindustrie (STEWIG 1998; 1970, S.141 ff, S.104 ff). Sehr zahlreiche - bis 1966 etwa 1.000 – überwiegend sehr kleine Betriebe, Webereien, entstanden, mit jeweils wenigen Webstühlen und wenigen Beschäftigten. Unterschiedliche Garne, getrennt und gemischt, Wolle, Baumwolle, Seide, Kunstseide, wurden verarbeitet.

In vertikaler Rückwärts- und Vorwärtsintegration entstanden einerseits Fabriken zur Produktion vollsynthetischer Garne (Nylon, auch Perlon: "Türlon"), andererseits Färbereien zur Bedruckung und Appreturanbringung für die grauen Rohtuche. Damit wurde die Struktur der Textilindustrie Bursas noch vielfältiger, wenn auch bei den kleinen Betrieben der Übergang von der Industrie zum Handwerk fließend war. Die vielen kleinen Webereien ließen sich zum Teil in den Untergeschossen von Wohnhäusern im Innenstadtbereich und am flachen nördlichen Stadtrand nieder, da der südliche, sehr steile Stadtrand, an dem sich Zuwanderer ihre Gecekondus errichteten, als Industriestandort nicht geeignet war.

Mit den Resten der aus dem 19.Jahrhundert stammenden frühen Seidenindustrie Bursas hatte sich, zwar nicht völlig geschlossen, aber doch mit größeren Zellen, eine Ringstruktur gebildet, die heute - in der Rückschau - als alter Industrie-Ring Bursas, damals auf weiten Strecken am Stadtrand gelegen, bezeichnet werden kann (dazu STEWIG 1970, Karte 34, S.217).

Anfang der 1970er Jahre führte die neue importsubstituierende Industriepolitik des Staates (STEWIG 1999) zu einem weiteren Industrialisierungsschub in der Stadt Bursa: der Schaffung einer Automobilindustrie durch Montagewerke der zwei großen ausländischen, internationalen Firmen Fiat und Renault, wodurch in Zusammenarbeit mit einheimischem Kapital die Werke von Tofaş-Fiat und Oyak-Renault gegründet wurden. Vorläufer bestanden auf handwerklichem Produktionsniveau in Form des Wagenbaus (STEWIG 1970, S.119) und einer kleinen Karosseriebaufirma (Karsan), die schon vor 1970 Minibusse herstellte.

Mit der Entstehung zweier so großer Werke wie Tofaş-Fiat und Oyak-Renault waren die Existenzgrundlagen einer zukünftigen, umfangreichen Automobil-Industrie, zum Teil auf handwerklichem Produktionsniveau, gelegt worden, so dass Bursa zu der Textil- und Automobil-Industriestadt der Türkei wurde. Für die zwei großen Werke hat man - losgelöst vom damaligen nördlichen Stadtrand - separate Industriestandorte, an der Straße nach Mudanya und an der (neuen) Straße nach Gemlik und Yalova (und weiter nach Istanbul) bestimmt. Bereits Anfang der 1960er Jahre war 1963 an der Straße nach Mudanya, mehrere Kilometer vom damaligen geschlossen bebauten Stadtgebiet entfernt, ein planmäßig angelegtes Industrieareal eingerichtet worden, das erste in der

Türkei (STEWIG 1970, S.162; vgl. AVCI 2000, Tabelle S.57), ein türk. *sanayi bölgesi* (heute BOSB, Bursa Organize Sanayi Bölgesi) nach dem Vorbild anglo-amerikanischer engl. *industrial parks/industrial estates*. Damit wurden die ersten Elemente einer neuen räumlichen Industriestruktur der Stadt Bursa geschaffen.

Im Rahmen meiner zahlreichen Aufenthalte in der Stadt Bursa seit 1959 gab es zwei Schwerpunkte, 1967 und 1974, mit einer Aufenthaltsdauer von bis zu zwei Monaten. In beiden Fällen ging es um die Gewinnung umfangreichen empirischen Datenmaterials.

1967 wurden etwa 300 Industrie- und Handwerksbetriebe persönlich - ohne standardisierten Fragebogen - nach grundlegenden Betriebsdaten befragt und etwa 800 Betriebe kartiert, praktisch der gesamte sekundäre Sektor. Auf zusammenfassende Statistiken der Handels- und Industriekammer von Bursa (türk. Bursa Ticaret ve Sanayi Odası) konnte nicht zurückgegriffen werden. Was die Genese der Industrie in Bursa betrifft, wurden vorhandene, unterschiedliche Quellen und die Literatur ausgewertet. Die physiognomische, bauliche Einordnung der Betriebe ergab sich aus Beobachtungen. Die Ergebnisse wurden in STEWIG 1970 publiziert. Die Untersuchung kann für sich in Anspruch nehmen, zum ersten Mal die räumliche Struktur der Industrie in Bursa, ihre Ringstruktur und Entwicklung und damit Bursa als Industriestadt charakterisiert zu haben. Das Unternehmen wurde durch eine begrenzte Zahl von Helfern unterstützt und von der Deutschen Forschungsgemeinschaft finanziert.

Außerdem ging es um die Gewinnung eines weiteren empirischen Datenbestandes, und zwar des tertiären Sektors in Gestalt des stationären Einzelhandels. Die Ergebnisse sind in STEWIG 1973 (vgl. STEWIG 1974c, 1985) niedergelegt. Es wurden alle stationären Einzelhandelsbetriebe der Stadt sowohl in der Innenstadt, im Basar-Gebiet als auch außerhalb der Innenstadt erfasst. Daraus ergab sich nicht nur die Übereinstimmung der Struktur des Einzelhandels im Basar-Gebiet Bursas in räumlicher Differenzierung nach Branchen und deren Anordnung mit der typischen Struktur des Einzelhandels in der traditionellen orientalischen Stadt, auch zwei weitere Tatbestände wurden offenbar.

Das war einmal die Existenz einer modernen Form des Einzelhandels mit durch Fenster und Türen abgeschlossenen Läden an einer Straßenfront (Atatürk-Straße, Altıparmak-Straße) am Rande des Basar-Gebietes in der Innenstadt. Zum anderen zeigte sich - gerade durch die Kartierung des Einzelhandels der Stadt außerhalb des Basar-Gebietes - eine Zweistufigkeit innerstädtischer Zentralität, die ebenfalls als alte Struktur der Stadt Bursa und typische Struktur des tertiären Sektors der traditionellen orientalischen Stadt angesehen werden kann. Die höhere Stufe stellte das Basar-Gebiet mit seinem herkömmlichen und neuen Teilraum dar, die untere Stufe bildeten die vielen kleinen, ähnlich ausgestatteten Stadtteil-Zentren. Dieser Zweigliedrigkeit der Zentrenausbildung nach Angebot entsprach die Zweistufigkeit des Nachfrage-Verhaltens: das Hauptzentrum wurde - wie auch die Hauptmoschee - seltener und für die anspruchsvollere Bedarfsdeckung aufgesucht, die Kleinzentren waren der alltäglichen Bedarfsdeckung vorbehalten.

Aus der Beschäftigung mit Städten in Schleswig-Holstein und auf den Britischen Inseln (vgl. STEWIG 1983) war dem Verfasser klar, dass es sich bei städtischen Siedlungen um komplexe Systeme handelt, bei denen nicht nur der sekundäre und der tertiäre Wirtschaftssektor ausschlaggebend sind, sondern ebenso die zahlreichen Menschen in der Stadt, die Stadtbevölkerung mit ihren demographischen und sozialen Gegebenheiten. Gerade bei einer Industriestadt und ihrer Entwicklung würden sich unter Berücksichtigung demographischer, sozialer und sozioökonomischer Aspekte der Bevölkerung Einsichten in die Bedingungen der Entstehung der Industriegesellschaft - im Falle der Türkei damals in einem Entwicklungsland - gewinnen lassen.

So wurde 1974 der Schwerpunkt auf die Untersuchung der Bevölkerungs- und Sozialstruktur der Stadt Bursa - ebenfalls räumlich differenziert - gelegt. Dazu mussten – angesichts des Fehlens veröffentlichter Daten - größere Vorbereitungen getroffen und eine umfangreiche, systematische Befragung organisiert werden. Unter der größeren Zahl von Mitarbeitern befanden sich 18 türkische und 15 deutsche Studenten und Studentinnen, die Interviewer-Gruppen bildeten, von denen 1.356 Haushalte, nach dem Zufalls-Prinzip räumlich ausgewählt, auf der Grundlage eines 200 Fragen aufweisenden Fragebogens interviewt wurden. Die Ergebnisse sind in STEWIG 1977a, 1980, 1986 niedergelegt. Die Finanzierung hatte die Stiftung Volkswagenwerk im Rahmen des damals laufenden Förderprogramms für die gegenwartsbezogene Orientforschung übernommen.

Zu den Erkenntnissen gehört die Einschätzung der Rolle der Zuwanderung für die Stadt Bursa, die Strukturierung der zugewanderten Bevölkerung nach räumlicher Herkunft, Geschlecht, Alter, Kinderzahl, Ausbildungsstand, Berufstätigkeit, Einkommensverhältnissen; weiter die soziale Schichtung der gesamten Stadtbevölkerung auf der Grundlage der Einkommensverhältnisse, die Feststellung der hohen Anteile von Bevölkerung mit geringem Einkommen und des niedrigen Anteils von Bevölkerung mit hohem Einkommen - was als alte und typische soziale Struktur der traditionellen, präindustriellen orientalischen Stadtbevölkerung gesehen werden kann; weiter die Beobachtung der beginnenden Herausbildung einer sozialen Mittelschicht; weiter die Beschreibung der Wohnverhältnisse nach baulicher Ausführung und Innenausstattung, Villa, Apartment-Wohn(hoch)haus, Stadthaus, Einfachhaus (türk. *gecekondu ev*), orientalisch - europäisch, auch die räumliche Differenzierung der Wohngebiete nach sozioökonomischem Niveau und ihre Einschätzung durch die Stadtbevölkerung; weiter die Entstehung eines differenzierten Freizeitverhaltens der Stadtbevölkerung als beginnende Veränderung überkommener, traditioneller sozialer Verhaltensweisen (STEWIG et alii 1980, S.105).

Auch bei der Sozialstruktur der Bevölkerung der Stadt Bursa ließ sich räumlich ein altes Strukturmuster erkennen: die Innenstadt - außerhalb des Basargebietes, aber unter Einschluss des neuen Teilraumes des Einzelhandels (Atatürk-Straße, Altıparmak-Straße) - war Wohngebiet der Stadtbevölkerung mit den höheren Einkommen, die einkommensschwächste Stadtbevölkerung wohnte in den türk. pl. *gecekondu evler* an der nördlichen, (steilen) südlichen und östlichen Peripherie. Im Westen wurde allerdings der Bade-Ortsteil Çekirge von der gehobenen Wohnbevölkerung bevorzugt. Von der Einschätzung her wussten die Bewohner der türk. pl. *gecekondu evler*, wo sich die erstrebenswerten Wohngebiete befinden (STEWIG et alii 1980, S.102). Eine Suburbanisierung der Oberschicht war nicht zu beobachten - es sei denn, man deutet Zweitwohnsitze von reichen Leuten aus Bursa am Meer, in der Nähe Mudanyas, in diese Richtung.

Die Frage mag sich stellen: wenn die Stadt Bursa bereits so intensiv und ausführlich untersucht und in den 1960er und 1970er Jahren als im Traditionellen verhaftete Übergangsform auf dem Wege der Teilhabe an der Industriegesellschaft festgestellt worden ist, warum dann noch einmal im Abstand von rund 30 Jahren (von 1967 bzw. 1974 zu 2002) eine Beschäftigung mit dieser Stadt?

Bursa hatte 1974 rund 300.000 Einwohner, etwa gleich viel wie damals die Städte Kiel und London/Ontario, weshalb ein Vergleich der Einzelhandelsstrukturen (des stationären Einzelhandels) unternommen worden ist (STEWIG 1973, 1974c, 1985). Nach der neuesten Volkszählung in der Türkei im Jahre 2000, von der die ersten, wenigen, vorläufigen Ergebnisse im Jahr 2001 veröffentlicht worden sind, hatte die Stadt Bursa - selbst bei strenger Berechnung - rund 1,2 Millionen Einwohner (Devlet Istatistik Enstitüsü 2001, S.10). Es ist also in rund 30 Jahren eine Vervierfachung der Einwohnerzahl eingetreten, ein ungeheurer Vorgang (während im selben Zeitraum die Einwohnerzahl Kiels auf 240.000 zurückgegangen ist).

Für den Verfasser der vorliegenden Veröffentlichung stellte diese Situation eine Herausforderung dar, der er sich angesichts seiner früheren Beschäftigung mit der Stadt Bursa, die zu einer dreibändigen Untersuchung der Entstehung der Industriegesellschaft in der Türkei ausgeweitet wurde (STEWIG 1998, 1999, 2000a), gerne unterzieht.

Es ergibt sich nämlich die wichtige Frage, wie weit und in welcher Art und Weise mit der außerordentlichen quantitativen Bevölkerungsveränderung der Stadt Bursa qualitativ-strukturelle Veränderungen bei der Entwicklung von der Großstadt zur Millionenstadt vor dem Hintergrund der Entstehung der Industriegesellschaft in der Türkei einhergegangen sind. Die Frage reiht sich ein in den Kontext der in vielen Teilen der Welt in ehemaligen und heutigen Entwicklungsländern gewaltig zunehmenden Zahl der Städte und der Bildung von Mega-Städten. Die neuerliche Beschäftigung mit der Stadt Bursa kann nicht mit den Untersuchungen der Jahre 1967 und 1974 im vergleichbaren Umfang vorgenommen werden: die Größenordnung der Stadt übersteigt heute die Möglichkeiten eines einzelnen Bearbeiters, der ein Gesamtbild erstellen will.

So basieren die folgenden Ausführungen auf erreichbaren veröffentlichten statistischen Daten, auf Gesprächen mit den Vertretern der Wirtschaft und der Behörden der Stadt, auf den wenigen wissenschaftlichen Veröffentlichungen, die auf Bursa eingehen, auf Raumordnungsberichten und -plänen, auf Bereisungen, d.h. auf Befahrungen und Begehungen der ausfernden Stadt, die zur Sammlung vergleichender Beobachtungen in den Monaten März und Oktober 2002 durchgeführt wurden.

Post Scriptum: Nach Abschluss der Arbeiten über Bursa erschien eine statistische Veröffentlichung, die nicht mehr benutzt werden konnte: Devlet Istatistik Enstitüsü: 2000. Genel Nüfus Sayımı. Census of Population. Nüfusun Sosyal ve Ekonomik Nitelikleri. Social and Economic Charakteristics of Population. Il/ Province 16 Bursa; Ankara 2002.

Inhaltsverzeichnis

Vorwort und Einleitung   I

Verzeichnis der Tabellen   X

Verzeichnis der Abbildungen   XI

Verzeichnis der Graphiken   XII

Verzeichnis der Photos   XII

1 Entwicklung von Einwohnerzahl und administrativer Gliederung der Stadt
  Bursa sowie einige soziale Merkmale der Bevölkerung   1

2 Entwicklung der Zuwanderung nach Bursa sowie einige soziale
  Merkmale der zugewanderten Bevölkerung   25

3 Entwicklung der Wirtschaftssektoren und ihrer Standorte in der Stadt Bursa   37

    3.1 Bursa und der sekundäre Sektor   39

    3.2 Bursa und der tertiäre Sektor   57

    3.3 Bursa und der primäre Sektor   68

4 Entwicklung des Wohnens und der Wohngebiete in der Stadt Bursa   74

5 Entwicklung des Verkehrs und der Verkehrs-Infrastruktur in der Stadt Bursa   82

6 Entwicklung von Raumordnung und Raumplanung in der Region Bursa   90

7 Beurteilung: Dynamik der Entwicklung   107

8 Summary: Bursa Revisited   115

9 Photos   123

10 Literatur   133

11 Statistiken   142

12 Karten und Pläne   145

Fortführung der Liste der Veröffentlichungen von R.Stewig   146

Verzeichnis der Tabellen

Tab. 1: Entwicklung der Stadt Bursa, 1927-2000, nach Einwohnerzahl
in den Zensus-Jahren   1

Tab. 2: Entwicklung des Gebäudebestandes in ausgewählten Provinzen
in der Türkei   12

Tab. 3: Entwicklung der Einwohnerzahl dörflicher Siedlungen in der
Umgebung der Stadt Bursa, 1970, 1980, innerhalb der (Stadt-)Kreises
Bursa (türk. *merkez ilçesi*)   17

Tab. 4: Entwicklung der Einwohnerzahl dörflicher Siedlungen innerhalb der
drei (Stadt-) Kreise Nilüfer, Osmangazi und Yıldırım und der angrenzenden
(Land-) Kreise Gürsu und Kestel, 1990, 1997 (de Jure Zählung, d.h. nach
Dauer-Wohnort)   21

Tab. 5: Die Stadt Bursa als Wanderungsziel 1975-1980   26

Tab. 6: Die Provinz Bursa als Wanderungsziel 1985-1990   29

Tab. 7: Die Zuwanderer in der Provinz Bursa 1985-1990 nach Altersgruppen   31

Tab. 8: Die Zuwanderer in der Provinz Bursa 1985-1990 nach Altersgruppen
und Geschlecht   32

Tab. 9: Ausbildungsstand der Zuwanderer in der Provinz Bursa 1985-1990
von Männern und Frauen   33

Tab. 10: Beschäftigungsstatus der Zuwanderer in der Provinz Bursa 1985-1990
von Männern und Frauen   34

Tab. 11: Berufstätigkeit der Zuwanderer in der Provinz Bursa 1985-1990 von
Männern und Frauen im Alter von 12 und mehr Jahren (Berufstätigkeit der
letzten Woche)   35

Tab. 12: Tätigkeit in Wirtschaftsbereichen der Zuwanderer in der Provinz Bursa
1985-1990 von Männern und Frauen im Alter von 12 und mehr Jahren
(Tätigkeit in der letzten Woche)   36

Tab. 13: Anzahl der Industriebetriebe (mit 10 und mehr Beschäftigten) in den
Provinzen des Marmara-Gebietes der Türkei, 1982, 1996   42

Tab. 14: Entwicklung des Kraftfahrzeugbestandes (Pkw, Autobus, Lkw) in der
Provinz Bursa, 1950-1960   83

Tab. 15: Entwicklung des Kraftfahrzeugbestandes (Pkw, Autobus, Lkw) in der
Provinz Bursa, 1961-1963   84

Tab. 16: Entwicklung des Kraftfahrzeugbestandes (Pkw, Minibus, Autobus,
Klein-Lkw, Lkw) in der Provinz Bursa, 1985, 1990-1993, 1997, 2000   85

Verzeichnis der Abbildungen

Abb. 1: Gliederung der Provinz (türk. *il*) Bursa in Kreise (türk. sing. *ilçe*),
vor der administrativen Neuordnung von 1987   5

Abb. 2: Gliederung der Provinz (türk. *il*) Bursa in Kreise (türk. sing. *ilçe*),
nach der administrativen Neuordnung von 1987   6

Abb. 3: Stadt Bursa: bebautes Stadtgebiet, etwa 1940   7

Abb. 4: Stadt Bursa: bebautes Stadtgebiet, etwa 1950   8

Abb. 5: Stadt Bursa: bebautes Stadtgebiet und Stadtgrenze, etwa 1970   9

Abb. 6: Stadt Groß-Bursa (türk. Bursa Büyükşehir Belediyesi): bebautes
Stadtgebiet und Stadtgrenze, 1995   10

Abb. 7: Industriestandorte (Betriebe mit 10 und mehr Beschäftigten) in der
Türkei, 1982   41

Abb. 8: Industriestandorte (Betriebe mit 10 und mehr Beschäftigten) in der
Türkei, 1996   41

Abb. 9 : Belegung des Demirtaş Organize Sanayi Bölgesi (DOSB), etwa 2000   55

Abb. 10: Industriestandorte in der Stadt Bursa, 2002   56

Abb. 11: Standorte der Uludağ-Unersität (türk. Uludağ Üniversitesi) in der
Stadt Bursa, 2002   60

Abb. 12: Verbreitung von Einkaufszentren (türk. sing. *alışveriş merkezi*) in der
Türkei   64

Abb. 13: Standorte der Einkaufszentren (türk. sing. *alışveriş merkezi*) in der
Stadt Bursa, 2002   67

Abb. 14: Schnellbahnsystem in der Stadt Bursa, 2002   89

Abb.15: Verbreitung des primären, sekundären und tertiären Sektors in den Kreisen der Provinz Bursa, 1990   97

Abb.16: Verbreitung der Industrie im engeren Sinne (türk. *imalat sanayi*) in den Kreisen der Provinz Bursa, 1990   98

Abb. 17: Geplante und vorhandene Flächen für Industrie und Kleinindustrie in den Kreisen der Provinz Bursa, 1995   100

Abb. 18: Bevölkerungszunahme 1. und 2.Grades in der Umgebung der Stadt Bursa   101

Abb. 19: Stellung der Stadt Bursa im (geplanten) Verkehrssystem Nordwest-Anatoliens   104

Abb. 20: Stellung der Stadt Bursa im (geplanten) Verkehrssystem der Provinz Bursa   105

Verzeichnis der Graphiken

Graphik 1: Entwicklung der Stadt Bursa, 1927-2000, nach Einwohnerzahlen in den Zensus-Jahren   2

Verzeichnis der Photos

Photo 1: Dezentralisierte Konzentration der Industrie in Bursa: Bursa Organize Sanayi Bölgesi und Oyak-Renault an der Straße nach Mudanya (mit Schnellbahntrasse), vom unteren Hang des Uludağ   123

Photo 2: Dezentralisierte Konzentration der Industrie in Bursa: Demirtaş Organize Sanayi Bölgesi und Tofaş-Fiat, zwischen den zwei Kühltürmen des Erdgas-Kraftwerks und dem Buttim-Hochhaus, von der Seilbahn zum Uludağ   123

Photo 3: Dezentralisierte Konzentration der Industrie in Bursa: Einfahrt zum Beşevler Küçük Sanayi Sitesi an der Straße nach Izmir   124

Photo 4: Dezentralisierte Konzentration der Industrie in Bursa: Belegung des Beşevler Küçük Sanayi Sitesi an der Straße nach Izmir   124

Photo 5: Dezentralisierte Konzentration der Industrie in Bursa: Das Otosansit Küçük Sanayi Sitesi an der Straße nach Ankara, vom obersten Hang des Uludağ   125

Photo 6: Dezentralisierte Konzentration der Industrie in Bursa: Belegung des Oto Sansit Küçük Sanayi Sitesi an der Straße nach Ankara   125

Photo 7: Moderne Einkaufszentren in Bursa: Zafer Plaza im Stadtzentrum   126

Photo 8: Moderne Einkaufszentren in Bursa: As Merkez in der nördlichen Stadtperipherie, an der Straße nach Yalova (Istanbul)   126

Photo 9: Moderne Einkaufszentren in Bursa: Carrefour S.A. in der westlichen Stadtperipherie, an der Straße nach Izmir   127

Photo 10: Moderne Einkaufszentren in Bursa: Einkaufs- und Textil-Messe-Zentrum Buttim, in der nördlichen Stadtperipherie, an der Straße nach Yalova (Istanbul)   127

Photo 11: Horizontale Verkehrssegregation in Bursa: Schnellbahntrasse in der Mitte einer mehrspurigen Straße, bei der Haltestelle Kültürpark (mit Fußgänger-Unterführung); die Bahn verässt gerade den unterirdischen Streckenabschnitt im Bereich des Stadtzentrums   128

Photo 12: Horizontale Verkehrssegregation in Bursa: die Atatürk-Straße als Teil der Innenstadt-Einbahn-Ringstraße   128

Photo 13: Vertikale Verkehrssegregation in Bursa: Hochstraßenstück beim Einkaufszentrum Zafer Plaza als Teil der Innenstadt-Einbahn-Ringstraße   129

Photo 14: Vertikale Verkehrssegregation (des ruhenden Verkehrs) in Bursa: Parkhaus beim Yeşil-Kern   129

Photo 15: Massenwohnungsbau in Bursa: Genossenschaftlicher Wohnungsbau, Emirkoop und Ertuğrul im westlichen Stadtrand, an der Straße nach Izmir (noch leerstehend)   130

Photo 16: Massenwohnungsbau in Bursa: Wohnungsbau gehobener Qualität, in der westlichen Peripherie, bei der Schnellbahn-Haltestelle Nilüfer, unweit des modernen Einkaufszentrums Carrefour S.A.   130

Photo 17: Massenwohnungsbau in Bursa: türk. Toplu Konutları in Değirmenlıkızık am südöstlichen Stadtrand, vom obersten Hang des Uludağ   131

Photo 18: Massenwohnungsbau in Bursa: türk. Toplu Konutları in Değirmenlıkızık, am südöstlichen Stadtrand   131

Photo 19: Großsiedlung Yeşilşehir in Bursa, am nördlichen Stadtrand, leerstehend   132

Photo 20: "Moderne" Gecekondu Evler in Bursa, östlicher Stadtrand, an der Straße nach Ankara   132

1 Entwicklung von Einwohnerzahl und administrativer Gliederung der Stadt Bursa sowie einige soziale Merkmale der Stadtbevölkerung

Es geht zunächst darum, möglichst genau, d.h. unter Ausgliederung der ländlichen Siedlungen auf Stadtgebiet, die Einwohnerzahl von Bursa, unter Berücksichtigung der administrativen Neugliederung, zu bestimmen. Ausgangsfeststellung ist die Entwicklung der Einwohnerzahlen der Stadt Bursa in den Zensus-Jahren seit 1927 (Tab. 1, Graphik 1); von 1935 bis 1990 wurde regelmäßig in Abständen von fünf Jahren gezählt.

Tab.1: Entwicklung der Einwohnerzahlen der Stadt Bursa, 1927-2000 nach Einwohnerzahl in den Zensus-Jahren

1927	61.690	1970	275.953
1935	72.187	1975	346.103
1940	77.598	1980	445.113
1945	85.919	1985	612.510
1950	103.812	1990	834.578
1955	128.875	1997	1,054.796
1960	153.866	2000	1,184.144
1965	211.644		

Quelle: Istatistik Genel Müdürlüğü 1959, S.78; Devlet Istatistik Enstitüsü 1993, S.31; Devlet Istatistik Enstitüsü 1998, S.12, 26-34; Devlet Istatistik Enstitüsü 1999, Abschnitt Bursa S.3-10; Devlet Istatistik Enstitüsü 2001, S.15

Geht man über das Jahr 1975 hinaus und bis 1927 zurück, ist der Eindruck der Bevölkerungszunahme von rund 61.000 auf rund 1,2 Millionen überwältigend. Eine beinahe Verzwanzigfachung der Einwohnerzahl ist in nicht mehr als 70 Jahren eingetreten, eine boomartige Entwicklung, wie sie in alten Industrieländern am Beginn des Industrialisierungsprozesses bei Städten, die vom sekundären Sektor in besonderem Maße Impulse erhielten, in vergleichbarer Weise zu verzeichnen war (Ruhrgebiet, Mittel-England). Die enorme Bevölkerungszunahme Bursas hat die Stellung der Stadt in der Rangordnung der türkischen Städte verändert.

1900 lag Bursa nach Istanbul, Ankara, Izmir und Adana auf dem fünften Rang, und der Konkurrent Eskişehir folgte unmittelbar danach an sechster Stelle (Devlet Istatistik Enstitüsü 1963, S. 58; vgl. STEWIG 1970, S. 182). 1980 lag Bursa zwar immer noch auf dem fünften Rang, aber der Konkurrent Eskişehir, weit abgefallen, war auf den 8.Platz zurückgefallen (Devlet Istatistik Enstitüsü 1955, S. 38). Im Jahr 2000 hatte Bursa Adana überholt und war an die zweite Stelle vorgerückt, der Konkurrent Eskişehir, weit abgefallen, war auf den 12.Rang verdrängt (Devlet Istatistik Enstitüsü 2001, S. 5).

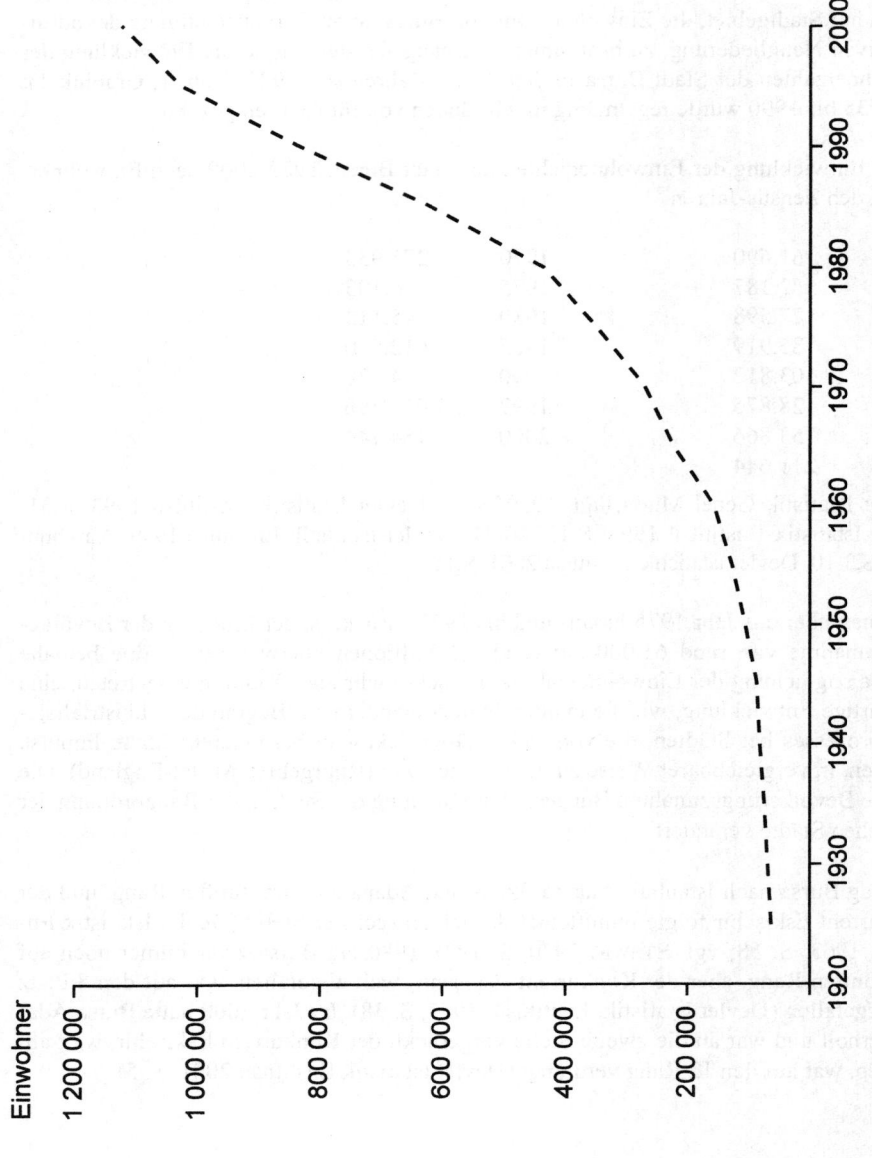

Graphik 1: Entwicklung der Stadt Bursa, 1927-2000 nach Einwohnerzahl in den Zensus-Jahren
Quelle: Tab. 1

Für das Jahr 2000 ergab sich folgende Rangordnung für die zehn größten türkischen Städte (Devlet Istatistik Enstitüsü 2001, S.5) bei einer Gesamteinwohnerzahl der Türkei von 67,644.903:

1. Istanbul	8,831.805		6. Gaziantep	862.033
2. Ankara	3,203.362		7. Konya	761.145
3. Izmir	2,250.149		8. Antalya	606.467
4. Bursa	1,184.144		9. Diyarbakır	551.046
5. Adana	1,133.028		10. Içel	544.318

Im Juni 1987 (MURAT 1991, S.19) erfolgte eine administrative Neugliederung der Provinz (türk. *il*) Bursa, die auch für die Stadt Bursa mit der Schaffung der administrativen Einheit Groß-Bursa (türk. Bursa Büyükşehir Belediyesi) von grundlegender Bedeutung war (zur Schaffung solcher neuen administrativen Einheiten in der Türkei: KELEŞ 2000, S.128).

Vor der Neuordnung bestand die Provinz Bursa aus dem Zentral-Kreis (türk. *merkez ilçe*) Bursa, der die Stadt Bursa darstellte, und zehn (Land-)Kreisen (türk. sing. *ilçe*): Gemlik, Inegöl, Iznik, Karacabey, Keles, Mudanya, M.Kemalpaşa, Orhaneli, Orhangazi, Yenişehir (Abb. 1). Bei der Neuordnung wurde die Provinz Bursa in 17 Kreise aufgeteilt; die Mehrzahl der alten (Land-)Kreise blieb unangetastet.

Tiefgreifend war jedoch die Neuordnung im Raum Bursa (Abb. 2). Praktisch wurde der alte, zentrale (Stadt-)Kreis (türk. *merkez ilçe*), der auch größere Flächen mit ländlicher Besiedlung und landwirtschaftlicher Nutzung umfasste, in fünf Kreise aufgeteilt: den (Stadt-)Kreis Nilüfer im Westen, mit ländlichen Siedlungen, den (Stadt-)Kreis Osmangazi in der Mitte, mit ländlichen Siedlungen im Norden und Süden, den (Stadt-) Kreis Yıldırım im Osten, der so gut wie ohne ländliche Siedlungen ist, den (Land-)Kreis Gürsu im Nordosten und den (Land-)Kreis Kestel im Südosten. Von den sechs neuen Kreisen lagen zwei, Büyükorhan und Harmancık im äußersten Süden der Provinz Bursa, im Bergland des Uludağ, und waren eindeutig (Land-)Kreise und für die Stadt Bursa ohne Bedeutung.

Die „neue" Stadt Groß-Bursa stellt die Zusammenfassung der drei (Stadt-)Kreise Nilüfer, Osmangazi und Yıldırım dar. Die genaue Festlegung der Einwohnerzahl der Stadt Bursa bedarf einer differenzierten Betrachtung, besonders seit den Änderungen von 1987. Zwar umfasst der (Stadt-)Kreis Yıldırım fast nur städtische Bevölkerung (99 %), zu den (Stadt-)Kreisen Nilüfer und Osmangazi gehören jedoch größere ländliche Siedlungsgebiete.

Das Verhältnis städtischer zu ländlicher Bevölkerung betrug im (Stadt-)Kreis Nilüfer 1990 36.897 (56 %) zu 38.905 (44 %), 1997 99.323 (73 %) zu 36.107 (27 %); der (Stadt) Kreis Osmangazi kam 1990 auf 473.302 (92 %) zu 37.600 (8 %), 1997 auf

531.553 (90 %) zu 52.859 (10 %) städtischer und ländlicher Bevölkerung (Devlet Istatistik Enstitüsü 1998, S.12, S.26-33; Devlet Istatistik Enstitüsü 1999, S.5-10).

In den (Land-)Kreisen Gürsu und Kestel sah das Verhältnis städtischer zu ländlicher Bevölkerung folgendermaßen aus:

Gürsu	1990	12.370 (68 %)	zu	5.961 (32 %)
	1997	20.450 (76 %)	zu	6.133 (24 %)
Kestel	1990	15.239 (48 %)	zu	16.471 (52 %)
	1997	30.850 (66 %)	zu	15.843 (34 %)

Die Orte Gürsu und Kestel liegen so dicht an der Hauptausfallstraße Bursas nach Osten (nach Inegöl und weiter nach Ankara), dass die städtische Bebauung Bursas kontinuierlich in diese Orte übergeht (Abb. 6). Deren städtischer Bevölkerungsanteil sollte also zur Stadtbevölkerung Bursas dazugerechnet werden.

Es fragt sich, warum man nicht im Osten einen großen (Stadt-)Kreis Yıldırım geschaffen hat, der Gürsu und Kestel inkorporiert hätte, vergleichbar im Westen mit dem großen (Stadt-)Kreis Nilüfer.

Nach den bisherigen Ausführungen ergibt sich die Einwohnerzahl Bursas
für 1990:
    (Stadt-)Kreis Nilüfer (türk.Nilüfer Ilçesi)
        städtische Bevölkerung   36.897
    (Stadt-)Kreis Osmangazi (türk.Osmangazi Ilçesi)
        städtische Bevölkerung   473.302
    (Stadt-)Kreis Yıldırım (türk.Yıldırım Ilçesi)
        städtische Bevölkerung   324.377
    (Land-)Kreis Gürsu (türk.(Gürsu Ilçesi)
        städtische Bevölkerung   12.730
    (Land-)Kreis Kestel (türk. Kestel Ilçesi)
        städtische Bevölkerung   <u>15.239</u>
                                                   862.545

für 1997:   (Stadt-)Kreis Nilüfer (türk. Nilüfer Ilçesi)
        städtische Bevölkerung   99.323
    (Stadt-)Kreis Osmangazi (türk.Osmangazi Ilçesi)
        städtische Bevölkerung   531.553
    (Stadt-)Kreis Yildirim (türk.Yildirim Ilçesi)
        städtische Bevölkerung   424.120
    (Land-)Kreis Gürsu (türk.Gürsu Ilçesi)
        städtische Bevölkerung   20.460
    (Land-)Kreis Kestel (türk. Kestel Ilçesi)
        städtische Bevölkerung   <u>30.850</u>
                                              1,106.106

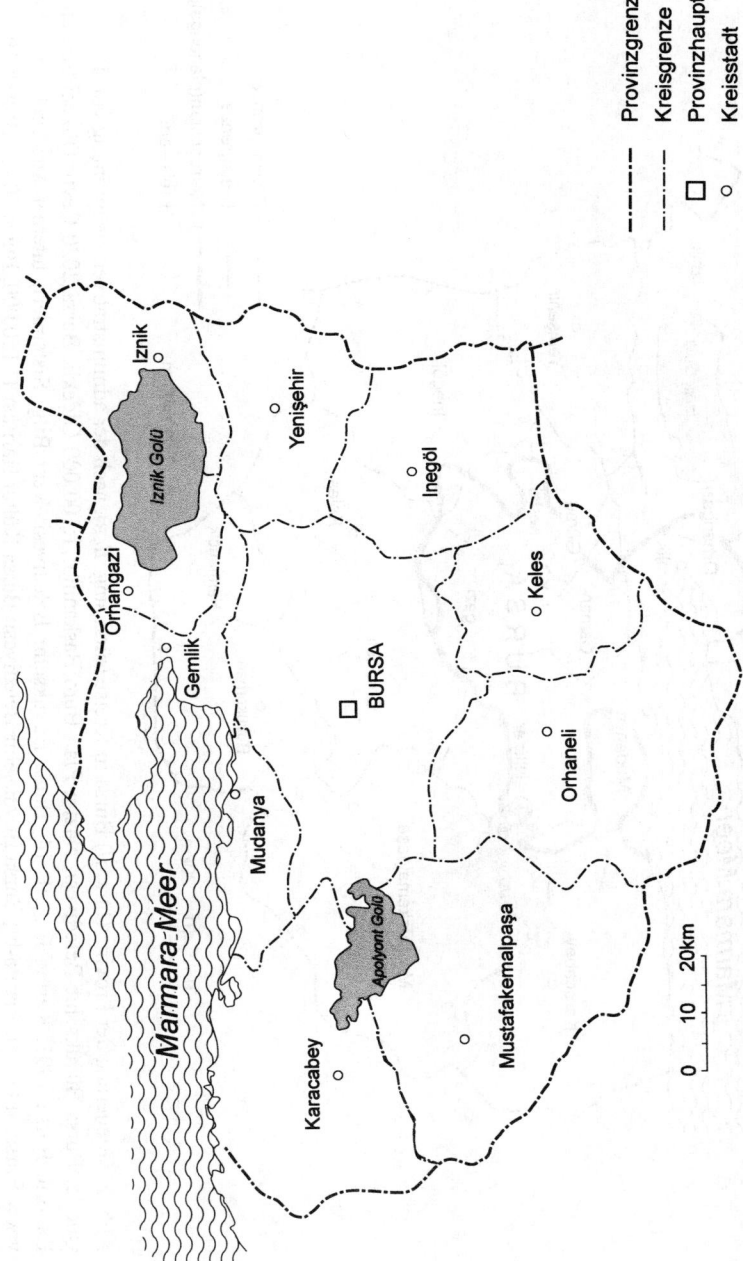

Abb. 1: Gliederung der Provinz (türk. *il*) Bursa in Kreise (türk. sing. *ilçe*), vor der administrativen Neuordnung von 1987
Quelle: Bursa Il Yıllığı 1967, Karte vor S. 39; so auch Bursa Il Yıllığı 1973, Karte nach S. 80

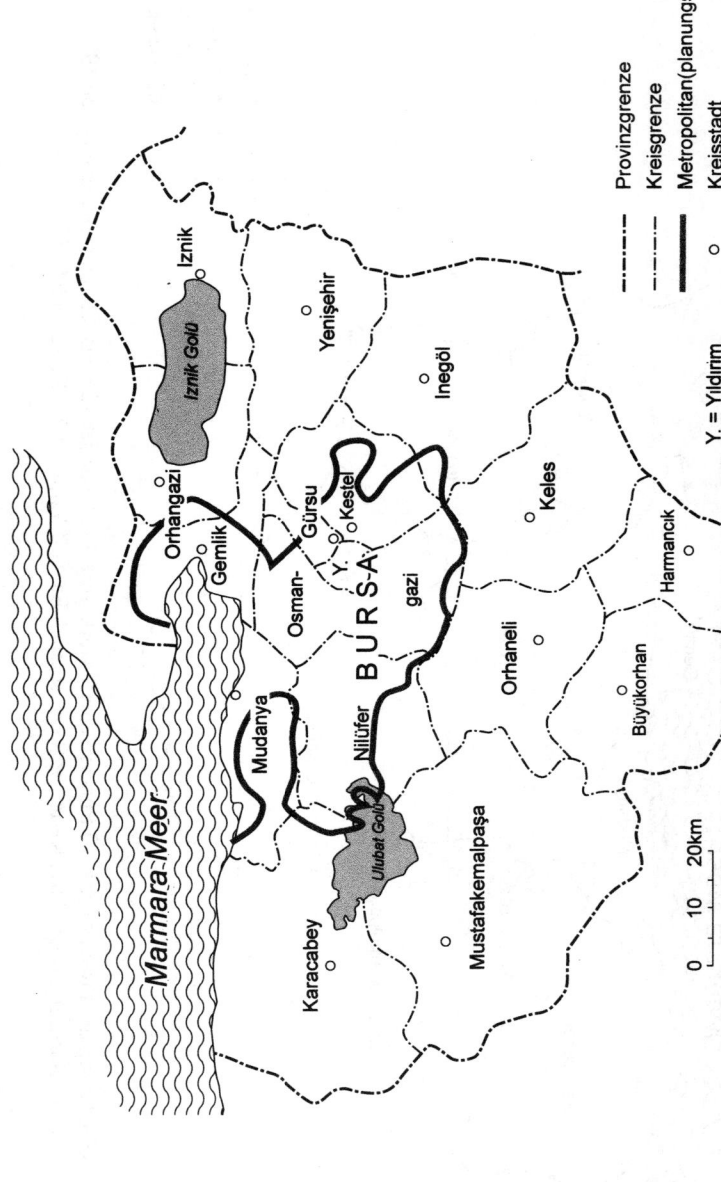

Abb. 2: Gliederung der Provinz (türk. *il*) Bursa in Kreise (türk. sing. *ilçe*), nach der administrativen Neuordnung von 1987
Quelle: Bursa Büyükşehir Belediyesi, Nazım Plan Büro Başkanlığı: 1:100 000 Ölçekli. Bursa 2020 Çevre Düzeni Strateji Plan
Raporu, Bursa 1997, Karten I, 3, II, 14; Bursa Büyükşehir Belediyesi: Kent Bilgi Sistemleri, Internet-Ausdruck unter http://-
www.Bursa-bld.gov.tr/harita-ht; Bursa Büyükşehir Belediyesi: Bursa Kültür Haritası 1: 150 000, Bursa 2000; MURAT 1991,
Karte 1

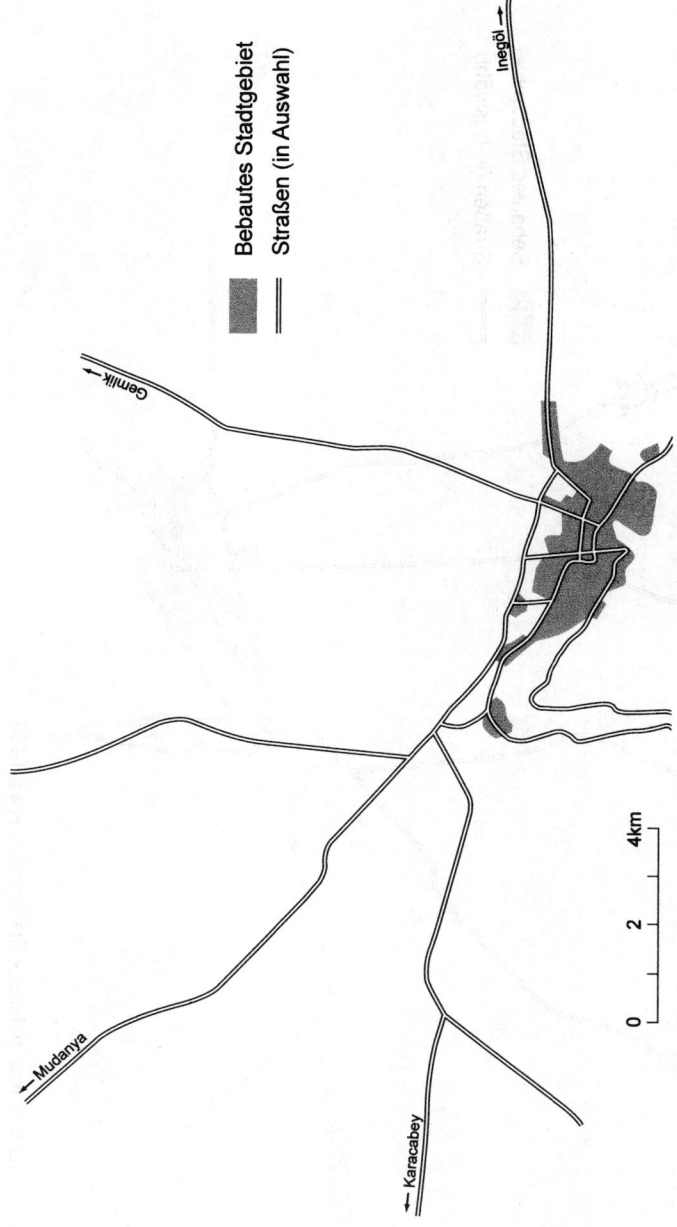

Abb. 3: Stadt Bursa: bebautes Stadtgebiet, etwa 1940
Quelle: Türkisches Kartenwerk 1: 200 000, Blatt Bursa, Harita Genel Müdürlüğü 1940

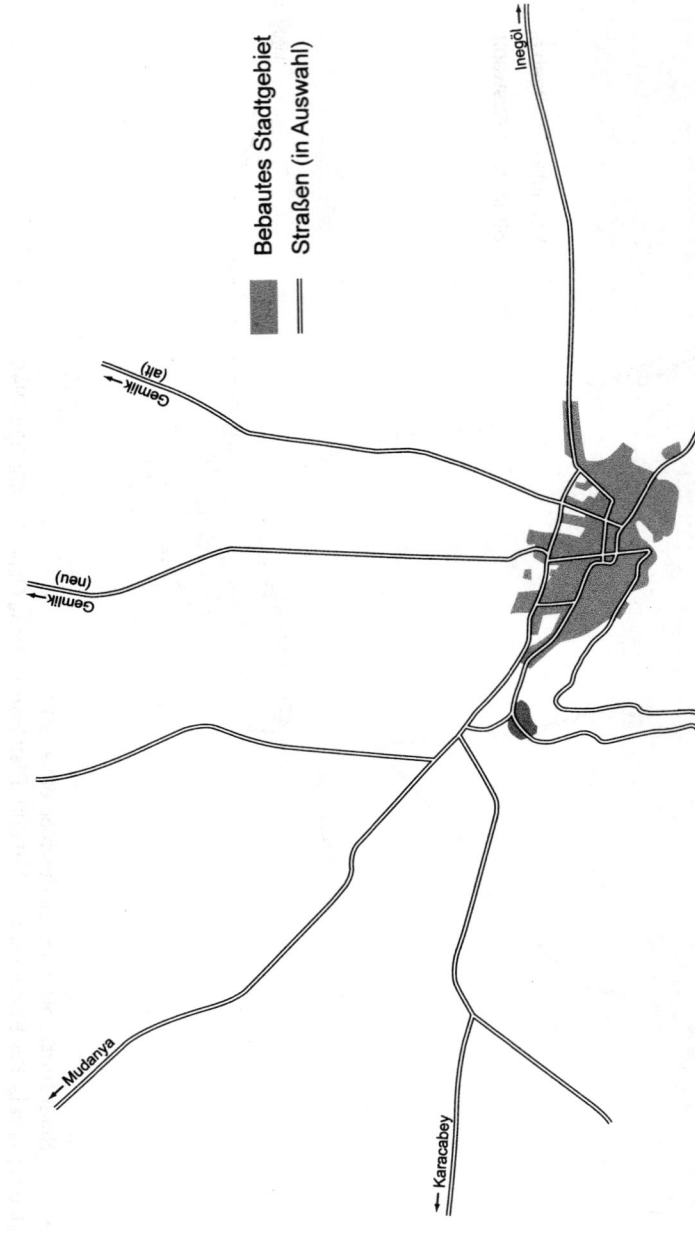

Abb. 4: Stadt Bursa: bebautes Stadtgebiet, etwa 1950
Quelle: STEWIG 1970, Karte 10, S. 197; Karte 33, S. 2

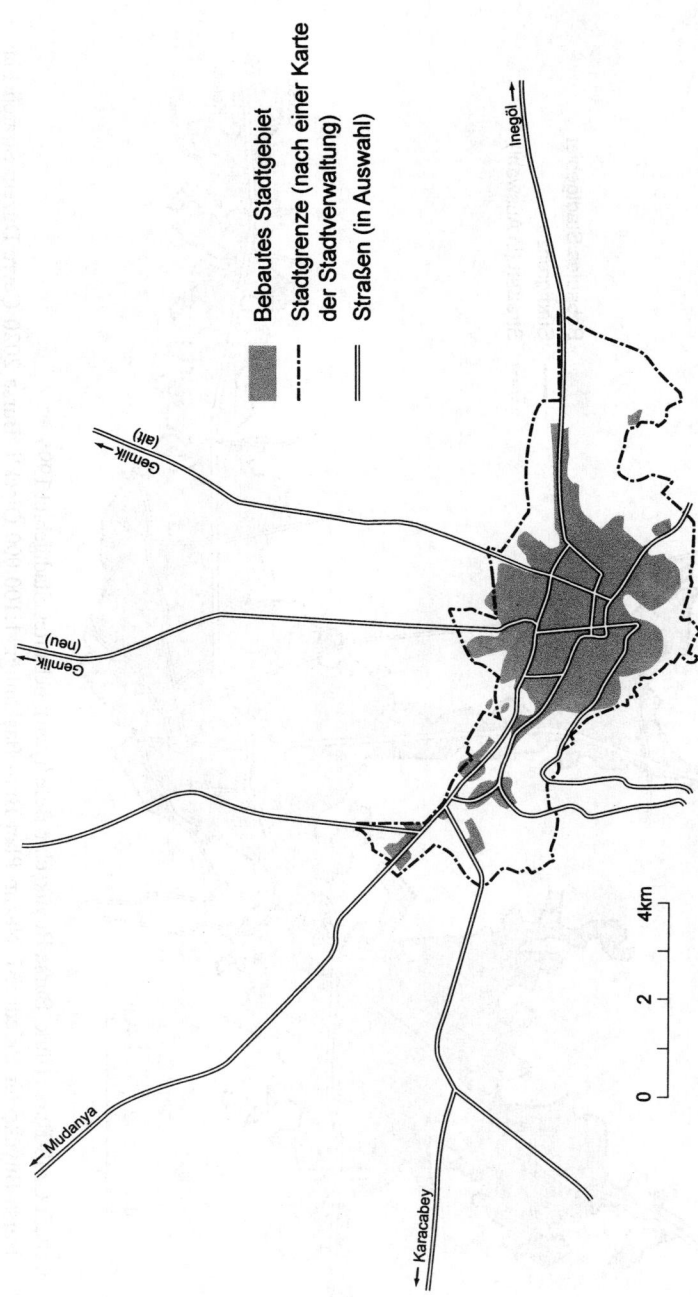

Abb. 5: Stadt Bursa: bebautes Stadtgebiet und Stadtgrenze, etwa 1970
Quelle: STEWIG 1970, Karten 2, 10, 12, S. 193, 197, 199

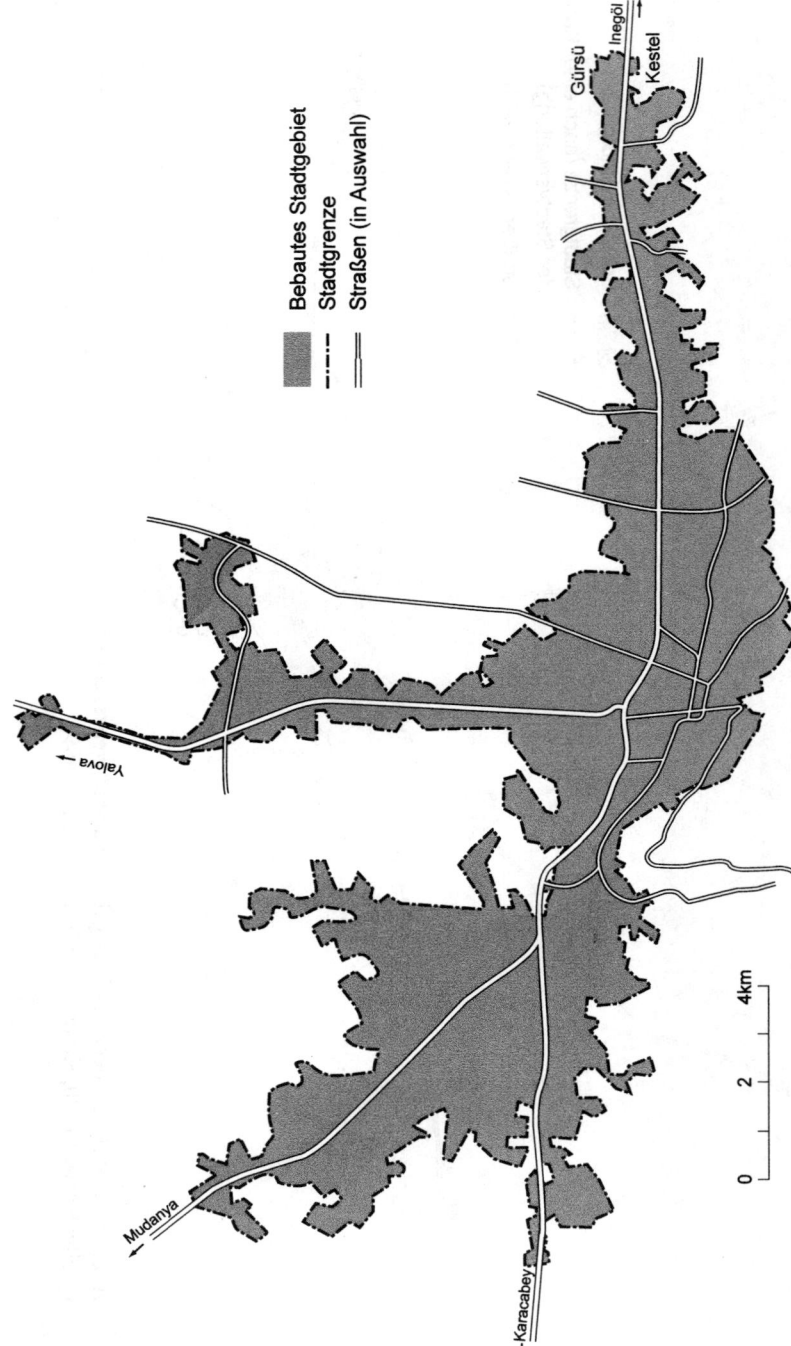

Abb. 6: Stadt Groß-Bursa (türk. Bursa Büyükşehir Belediyesi): bebautes Stadtgebiet 1995
Quelle: Bursa Büyükşehir Belediyesi, Nazım Plan Büro Başkanlığı: 1:100 000 Ölçekli. Bursa 2020 Çevre Düzeni Strateji Plan Raporu, Bursa 1997, Falschfarben-Satelliten-Aufnahme vor S. 55: bebautes Stadtgebiet, Stadtgrenze; Bursa Büyükşehir Belediyesi, Buski Genel Müdürlüğü, Handkarte; MURAT 1991: Karte 1

Nun liegen innerhalb der ländlich eingestuften Teile der (Stadt-)Kreise Nilüfer und Osmangazi, vor allem in Osmangazi, Siedlungen wie Demirtaş, am Nordrand des Beckens von Bursa, unmittelbar benachbart zu einem Industrieareal (türk.DOSB, Demirtaş Organize Sanayi Bölgesi), die als funktional zur Stadt Bursa gehörig angesehen werden müssen. Im Falle von Demirtaş kämen dann zur Einwohnerzahl Bursas 1990 noch 6.702, 1997 10.303 Einwohner hinzu (Devlet Istatistik Enstitüsü 1998 S.26; Devlet Istatistik Enstitüsü 1999, Abschnitt Bursa, S.5).

Das 1987 geschaffene Groß-Bursa (türk.Bursa Büyükşehir Belediyesi) stellt praktisch die Zusammenfassung der städtischen Bevölkerung der (Stadt)-Kreise Nilüfer, Osmangazi und Yıldırım unter Aussparung der (Land-)Kreise Gürsu und Kestel (städtische und ländliche Bevölkerung) dar (Abb. 2,6).

Für das Jahr 2000 ergeben sich, auf der Grundlage der Volkszählung desselben Jahres, nach den vorliegenden, provisorischen Daten folgende Werte (Devlet Istatistik Enstitüsü 2001, S.10):

> (Stadt-)Kreis Nilüfer (türk. Nilüfer Ilçesi)
> städtische Bevölkerung 136.557 (76,3 %)
> zu ländlicher Bevölkerung 42.202 (23,6 %)
> (Stadt-)Kreis Osmangazi (türk.Osmangazi Ilçesi)
> städtische Bevölkerung 569.003 (90,3%)
> zu ländlicher Bevölkerung 60.699 (9,6 %)
> (Stadt-)Kreis Yıldırım (türk.Yıldırım Ilçesi)
> städtische Bevölkerung 478.584 (99 %)
> zu ländlicher Bevölkerung 1.023 (0,3 %)
> (Land-)Kreis Gürsu (türk. Gürsu Ilçesi)
> städtische Bevölkerung 21.440 (76,5 %)
> zu ländlicher Bevölkerung 6.569 (23,4 %)
> (Land-)Kreis Kestel (türk.Kestel Ilçesi)
> städtische Bevölkerung 27.602 (62,4 %)
> zu ländlicher Bevölkerung 16.592 (37,5 %)

Daraus folgt für die Stadtbevölkerung Bursas im Jahr 2000 (Demirtaş kann wegen fehlender Daten nicht berücksichtigt werden):

(Stadt-)Kreis Nilüfer (türk.Nilüfer Ilçesi)
städtische Bevölkerung 136.557
(Stadt-)Kreis Osmangazi (türk.Osmangazi Ilçesi)
städtische Bevölkerung 569.003
(Stadt-)Kreis Yıldırım (türk. Yıldırım Ilçesi)
städtische Bevölkerung 478.584
(Land-)Kreis Gürsu (türk.Gürsu Ilçesi)
städtische Bevölkerung 21.440
(Land-)Kreis Kestel (türk. Kestel Ilçesi)
städtische Bevölkerung <u>27.602</u>
1,233.186

Die Stadt (Groß-)Bursa ist also heute, auch bei strenger Berechnungsgrundlage, eine Millionenstadt. Die außerordentliche Zunahme der Einwohnerzahl Bursas drückt sich auch in der Entwicklung des Gebäudebestandes (Gebäude und Wohneinheiten) aus (Tab. 2).

Tab 2: Entwicklung des Gebäudebestandes in ausgewählten Provinzen der Türkei, 1984, 2000

Provinzen	Anzahl der Gebäude			Anzahl der Wohneinheiten		
	1984	2000	Steigerung in %	1984	2000	Steigerung in %
Istanbul	505.224	869.444	72,1	1378.115	1393.077	162,2
Ankara	266.879	384.489	44,1	625.962	1128.626	80,3
Izmir	384.489	522.243	60,6	536.988	1140.731	112,4
Bursa	147.334	270.023	83,3	236.628	640.197	170,5
Adana	146.862	253.447	72,6	200.176	469.189	134,3
Gaziantep	80.541	155.343	92,0	114.817	279.627	43,5
Konya	91.057	333.645	74,6	250.426	469.894	87,6
Antalya	82.578	233.802	183,1	120.581	456.371	278,5
Diyarbakir	51.321	90.620	76,6	75.453	200.351	165,5
Içel	92.028	206.089	23,9	140.678	440.284	212,9

Quelle: Devlet Istatistik Enstitüsü, Istatistik Yıllığı 2000, S.390 ff.

In elf ausgewählten Provinzen der Türkei ergibt sich das in der Tabelle 2 aufgezeigte Bild für 1984-2000. Die Tabelle bezieht sich zwar auf Provinzen und nicht auf deren jeweiligen Hauptort, aber die Masse der Zunahmen des Gebäudebestandes ist deutlich.

Die Entwicklung im Falle der (Provinz) Bursa ist beeindruckend; Bursa liegt sowohl bei der Anzahl der Gebäude als auch bei den Wohneinheiten in der prozentualen Zunahme vor Istanbul, Ankara, Izmir und Adana, nach Antalya und Içel, an dritter Stelle. Die außerordentliche Bevölkerungzunahme der Stadt Bursa musste zu einer Ausweitung des bebauten Stadtgebietes führen (Abb. 3-6). Dafür waren außer neuen Industrieflächen und neuen Standorten des tertiären Sektors vor allem neue Wohngebiete verantwortlich.

Die Expansion erfolgte zunächst auf der Außenseite des alt angelegten Industrieringes, vor allem am nördlichen und östlichen Stadtrand, wo ausreichend ebene oder schwach geneigte Flächen zur Verfügung standen, während am südlichen Stadtrand der steile Hang am unteren Uludağ der Ausweitung ein natürliches Hindernis entgegensetzte.

Als 1967 die Stadt Bursa untersucht wurde, lag der - einige Jahre zuvor (1963) - geschaffene engl. *industrial park* (türk. BOSB, Bursa Organize Sanayi Bölgesi) noch isoliert an der Straße nach Mudanya, inmitten des Beckens der türk. *ova* von Bursa (STEWIG 1970, Karte 2, S.193), umgeben von landwirtschaftlich - teilweise intensiv - genutzten Flächen. Das Becken von Bursa ist klimatisch - mediterran - begünstigt und mit Wasser, zum Teil durch Regenfälle, zum Teil durch artesisches Wasser, reichlich ausgestattet, so dass auch bewässerter Anbau möglich ist. Es ist ein landwirtschaftlich reiches Gebiet (STOTZ 1939; DENKER 1962, 1963/1964), in dem schon früh der Gemüse- und Obstanbau Einzug gehalten hatte.

Angesichts der isolierten Lage des engl. *industrial park* an der Straße nach Bursa, nur von dörflichen Siedlungen umgeben, wurden die meisten Beschäftigten Ende der 1960er Jahre täglich mit Omnibussen aus der Stadt Bursa heraus dorthin gebracht (STEWIG 1970, S.163/164).

Durch die kontinuierliche Bevölkerungszunahme der Stadt Bursa blieb es nicht aus, dass es zur Umstrukturierung dörflicher Siedlungen in der Umgebung der Stadt zu Wohnsiedlungen städtischer Bevölkerung kam. Diese Entwicklung lässt sich, örtlich differenziert, durch den Vergleich der Einwohnerzahlen der Siedlungen in der Umgebung in verschiedenen Jahren 1970, 1980, 1990, 1997 verfolgen (Tab.3 und 4). Wegen der administrativen Neuordnung in den 1980er Jahren muss diese Entwicklung in zwei Abschnitte, 1970-1980 (Tab.3) und 1990-1997 (Tab.4), aufgeteilt werden. Zum Auffinden der Siedlungen kann eine Ende der 1960er Jahre vom Staatlichen Wasserdienst (türk.Devlet Su Işleri) hergestellte Karte hilfreich sein (Rotpause, 1:25.000).

Von der in Tab. 3 aufgezählten 133 Siedlungen hatten 17 von 1970 auf 1980 bedeutende, meist sehr bedeutende Bevölkerungszunahmen zu verzeichnen (Arabayatağı, Beşevler, Cumalıkızık, Çeltik, Değirmenlıkızık, Fethiye, Fidyekızık, Geçit, Hamitler, Ihsaniye, Karaman, Küçükbalıklı, Samanlı, Soğanlı, Demirtaş, Gürsu, Kestel). Die Entwicklung der Siedlungen bis heute zu verfolgen ist wegen Umbenennungen und neuer administrativer Zuordnung (auch auf der untersten Ebene der Bezirke, türk. sing. *bucak*) nicht immer leicht.

Die Siedlungen mit bedeutendem Bevölkerungszuwachs lagen vor allem in der Umgebung des türk. Bursa Organize Sanayi Bölgesi, das einen anhaltenden Aufschwung nahm: Hamitler, Fethiye, Karaman, Beşevler, Soğanlı und Küçükbalıklı waren am angrenzenden nördlichen Stadtrand zu finden, Demirtaş, unweit der nördlichen Ausfallstraße nach Gemlik (und über Yalova weiter nach Istanbul). Dagegen blieb den von DENKER (1962) untersuchten zwei Dörfern (Armut und Izvat) am nördlichen Stadtrand ihr ländlicher Charakter zunächst erhalten.

Anfang der 1970er Jahre wurde durch die Ansiedlung der zwei Automobilfabriken. Oyak Renault, nördlich anschließend an das türk. Bursa Organize Sanayi Bölgesi, und Tofaş-Fiat, an der Ausfallstraße nach Gemlik (und über Yalova weiter nach Istanbul) die Umstrukturierung deren ländlicher Umgebung zu Wohnstandorten der Stadtbevölkerung weitergeführt.

In der Tab. 4, die die Bevölkerungs-Entwicklung von Siedlungen in der Umgebung von Bursa von 1990 zu 1997 aufzeigt, wiesen von den 104 genannten Orten nur 17 bedeutende Zunahmen, zahlreiche andere ländliche Siedlungen sogar Bevölkerungsabnahmen auf; aber die Zunahmen waren besonders umfangreich und konzentrierten sich auf die Nähe zu alten und neuen Industriegebieten an den Ausfallstraßen.

Naturgemäß kam es durch die Expansion der Stadt Bursa in nicht unbeträchtlichem Umfang zur Verdrängung (intensiv genutzter) landwirtschaftlicher Flächen in der türk. *ova* von Bursa. Dies wurde in einer Examensarbeit (türk.Yüksek Lisans Tezi) von MURAT 1991 am Geographischen Institut der Universität Istanbul aufgezeigt.

Die Hauptrichtungen der Expansion Bursas in den ländlichen Raum - auch die der zukünftigen Expansion - sind in zwei Karten (Nr.II,18 und Nr.II,19), nach Graden der Einflussnahme räumlich differenziert, im Raumordnungsbericht und -plan der Stadt Bursa für das Jahr 2020 dargestellt (Bursa Büyükşehir Belediyesi 1997).

Zur kurzen allgemeinen Charakterisierung der Einwohnerschaft Bursas 1960, 1982 und 1994 unter verschiedenen Gesichtspunkten sei auf die Veröffentlichungen des Devlet Istatistik Enstitüsü von 1962, 1984 und 1997 verwiesen (Sondererhebungen).

TÜMERTEKIN (1962, S.41) hatte bei seiner funktionalen Klassifizierung türkischer Städte Bursa 1960 bereits als Industriestadt eingeordnet. Mit einem Wert von 42 % der Beschäftigten in der Sparte engl. *manufacturing* - mit unsicherer Abgrenzung - stand Bursa nur hinter Karabük (67 %) und Kırıkkale (45 %) zurück; dabei handelte es sich aber dort um zwei kleine Siedlungen, die von je einem übermächtigen Industriebetrieb (Stahlwerk bzw. Munitionsfabrik) dominiert wurden.

Der von TÜMERTEKIN (1962, S.41) ermittelte Wert wurde von STEWIG (1970, S.43/44) übernommen, zur Kennzeichnung von Bursa als Industriestadt nach der wirtschaftlichen Bevölkerungsstruktur.

Zur weiteren Charakterisierung der Wohn- und Lebensverhältnisse der Stadtbevölkerung 1960 mögen die folgenden Daten dienen: 1,41 Personen kamen auf einen Wohnraum, 14,01 m² betrug die Wohnfläche pro Person; 63,58 % der Bewohner waren Besitzer ihrer Wohneinheit, 33,19 % wohnten zur Miete; der Anteil der Wohneinheiten mit Anschluss an die städtische Wasserversorgung soll 50,63 %, an der Versorgung mit Elektrizität 85,49 % betragen haben; 80,47 % der Beschäftigten erreichten ihre Arbeitsstätte zu Fuß: ein Hinweis auf die damals noch geringe Ausdehnung und die Kompaktheit der Stadt (alle Angaben aus Devlet Istatistik Enstitüsü 1962, S.XV-XIX).

Der Lebensstandard der Stadtbevölkerung - nach unbestimmten Beurteilungskriterien - wurde für 1960 zu 38,59 % als gut, zu 38,40 % als mäßig, zu 23,01 % als schlecht eingestuft (Devlet Istatistik Enstitüsü 1962, S.XVI).

Für 1974 hat man den Anteil des sekundären Sektors in der Stadt Bursa mit 42,3 %, den des tertiären mit 56,3 % - bei schwieriger Abgrenzung - ermittelt (STEWIG et alii 1980, S.85).

1982 ergab eine Erhebung des Staatlichen Statistik-Instituts der Türkei (türk. Devlet Istatistik Enstitüsü) nach den Wirtschaftsbereichen der Stadtbevölkerung, in denen die 12 und mehr Jahre alten Beschäftigten tätig waren, folgende Werte:

- primärer Sektor (Land- und Forstwirtschaft, Jagen, Fischen)   0,67 %
- Bergbau   0,68 %
- engl. *manufacturing* (Industrie und Handwerk)   38,62 %
- Elektrizität, Gas, Wasser   0,67 %
- Bauwirtschaft   7,42 %
- Groß- und Einzelhandel, Gaststätten, Hotels   21,92 %
- Transport, Verkehr, Lagerung   3,37 %
- Banken, Versicherungen, Immobilien   3,20 %
- kommunale, soziale und persönliche Dienstleistungen   23,27 %
- unbestimmte Aktivitäten   0,18 %

(Devlet Istatistik Enstitüsü 1984, S.36/37)

Als Arbeitnehmer wurden 68,81 %, als Arbeitgeber 2,19 %, als Selbstständige 25,45 % und als unbezahlte Familien-Arbeitskräfte 3,54 % aller Beschäftigten im Alter von 12 und mehr Jahren gezählt (Devlet Istatistik Enstitüsü 1984, S.30/31).

Der Charakter Bursas als Industriestadt nach der Bevölkerungszahl kommt auch in folgenden Angaben über die Beschäftigten für 1982 zum Ausdruck (Devlet Istatistik Enstitüsü 1984, S.22/28):

- wissenschaftliches, technisches, akademisches Personal 19,62 %
- Verwaltungspersonal, Manager 4,22 %
- amtliches Büro-Personal 5,74 %
- Verkaufs-Personal 17,54 %
- Dienstleistungs-Personal 9,11 %
- Land- und Forstarbeiter, Jäger, Fischer 1,01 %
- Fabrikarbeiter 50,03 %
- unbekanntes Personal 0,83 %

Von der Gesamtbevölkerung der Stadt Bursa rechneten 1982 nur 40,62 % zur Arbeitsbevölkerung; davon waren 72,04 % Männer, 10,39 % Frauen; die Arbeitslosenquote wurde mit nur 2,8 % angegeben (Devlet Istatistik Enstitüsü 1984, S.2/3).

Gegenüber diesen Werten scheint nach nur 12 Jahren eine einschneidende Veränderung eingetreten zu sein. Denn für 1994 ergibt sich ein Anteil der männlichen Beschäftigten von 50,8 %, der weiblichen von 49,1 % bei den 12 und mehr Jahre alten Haushaltsmitgliedern (Devlet Istatistik Enstitüsü 1997, S.10). Haben die ökonomischen Verhältnisse der Stadtbevölkerung die deutliche Erhöhung des Anteils der weiblichen Beschäftigten erzwungen? Andererseits wird der Anteil von Haushalten, bei denen Mann *und* Frau ökonomisch aktiv sind, also Geld verdienen, 1994 mit nur 12,7 % angegeben; kommen noch andere Verdiener hinzu, steigt der Anteil der Mehrverdiener-Haushalte auf nur 18,3 % (Devlet Istatistik Enstitüsü 1997, S.17).

Weitere Sachverhalte lassen folgende Entwicklung erkennen, so die Gegenüberstellung der Haushaltsgrößen nach der Zahl der Mitglieder 1974 (STEWIG et alii 1980, S.62) und 1994 (Devlet Istatistik Enstitüsü 1997, S.56).

Haushalte in der Stadt Bursa:

Anzahl der Personen	1974	1994
1	1,0	0,7
2	8,7	12,1
3	12,2	23,5
4	21,7	32,7
5	23,6	18,3
6	14,8	8,6
7	8,1	1,6
8	4,4	0,7
9	2,4	0,5
10+	2,37	0,8

Danach ist eine deutliche Verminderung der Haushaltsgrößen durch Reduktion der Kinderzahl in nur zwanzig Jahren eingetreten – eine im Verlauf der Verstädterung bei der Entstehung von Industriegesellschaften typische Entwicklung.

Von den Wohnbesitz-Verhältnissen ist durch Erweiterung der erfassten Kategorien kein vollständiger Vergleich mit 1982 möglich. Zu den Besitzern von Wohneinheiten zählten 1994 56 %, zu den Mietern 29,9 %, zu den Dienstwohnungs-Besitzern 0,4 % und zu den übrigen 13,5 % (Devlet Istatistik Enstitüsü 1997, S.82).

Was die Arbeitsverhältnisse angeht, ergeben sich - gegenüber 1982 - undeutliche Veränderungen. 1994 gehörten 44,8 % der Haushalte Arbeitnehmern, 10,8 % gelegentlich Beschäftigten, 9,2 % Arbeitgebern, 14,6 % Selbstständigen an. 20,4 % waren wirtschaftlich inaktiv; unbezahlte Familien-Arbeitskräfte gab es - nach dieser Statistik - gar keine (Devlet Istatistik Enstitüsü 1997, S.26), 1982 waren es noch 3,54 %.

Die statistische Erfassung von Lebensverhältnissen in 19 ausgewählten türkischen Provinzhauptstädten im Jahr 1994 war vor allem auf die konsumptiven Ausgaben ausgerichtet.

Für die Stadtbevölkerung von Bursa wurden an Ausgaben für Nahrung, Getränke, Tabak 41,4 %, für Bekleidung 11,5 %, für das Wohnen 33,1 %, für Wohnungsmobiliar 13,8 %, für Gesundheit 3,4 %, für Verkehrsteilnahme 19,4 %, für Unterhaltung und Kultur 4,2 %, für Restaurants und Hotels 4,4 % und für verschiedene Dienstleistungen 7,6 % ermittelt (Devlet Istatistik Enstitüsü 1997, S.42/43; ein Vergleich mit früherem konsumptiven Verhalten ist nicht möglich). Im Vergleich zu dem entsprechenden Verhaltensbereich der Bevölkerung anderer großer türkischer Städte sind keine wesentlichen Unterschiede zu erkennen (Devlet Istatistik Enstitüsü 1997).

Tab. 3: Entwicklung der Einwohnerzahl dörflicher Siedlungen in der Umgebung der Stadt Bursa, 1970, 1980, innerhalb des Kreises Bursa (türk. *merkez ilçesi*)

	1970	1980
Zentral-Bezirk (türk. *merkez bucağı*)		
Ahmetbey	362	380
Aksungur	268	395
Arabayatağı	1.547	8.671
Armut(köy) (Ermut)	307	249
Balat	108	237
Beşevler	577	2 146
Cumalıkızık	877	1 889
Çağlayan (Maskarahasan)	849	971
Çeltik	819	1 322
Çukurca (Izvat)	520	581

Dağakçaköy	600	610
Değirmenlikızık	543	2.663
Dereçavuş	484	552
Dobruca	464	657
Doğanci	513	474
Doğanköy	322	394
Emek (Yalakcayır)		1.692
Fethiye	1.124	2.679
Fidyekızık	761	2.291
Geçit(köy)	603	1.166
Gökçeören (Gökçeviran)	286	329
Gümüştepe (Misi)	835	768
Gündoğdu (Filedar)	1.636	1.821
Hamitler	871	4.752
Hüseyinalanı	29	151
Ihsaniye	1.025	2.402
Inkaya	259	329
Karaman	1.024	6.784
Kirazlı	1.080	939
Küçükbalıklı	2.753	11.303
Minareliçavuş	300	358
Mürseller	473	466
Nilüfer	694	749
Odunluk	188	246
Samanlı	1.894	4.433
Soğanlı	2.586	10.779
Sultaniye	100	69
Süleymaniye (Elmaçukuru)	20	79
Tuzaklı	248	256
Uluçam (Şetanbudaklar)	302	275
Vakıf (Vakıfsusurluk)	684	821
Yeniceabat (Ovayenice)	266	294
Yiğitali (Congara)	371	472
Yunuseli (Biladiyunus)	1.181	1.357

Bezirk Çalı (türk. Çalı bucağı)

Çalı	2.558	1 890
Alaattinbey (Erikli-Fodra)	553	540
Atlas	328	284
Dağyenice	275	248
Demirci	678	750
Ertuğrul (Çakırköy)	273	300
Güngören (Armutalan-Mamure)	443	643

Hasanağa	2.760	1.417
Inegazi	155	176
Kadriye (Karaören)	310	260
Kayapa	2.780	1.604
Korubaşı (Balyaz)	444	491
Kuruçeşme	126	210
Makşenpınarı (Kazıklıçayır)	322	340
Tahtalı	715	772
Uncukuru		322
Üçpınar	168	209
Yaylacık	1.080	1.089

Bezirk Demirtaş (türk. Demirtaş bucağı)

Demirtaş	3.487	4.994
Alaşar	440	464
Avdancık	332	386
Dürdane	689	769
Ismetiye (Kelesen)	1.257	1.302
Karabalcık	465	528
Ovaakça (Akçaköy)	627	895
Panayır	779	1.896
Seçköy	920	748
Selçukgazi	600	641

Bezirk Görükle (türk.Görükle bucağı)

Görükle	2.209	2.401
Akçalar	2.333	2.251
Ayva	193	188
Badırga	467	538
Başköy	473	410
Büyükbalıklı	416	472
Çatalağıl (Çatalhan)	347	335
Çaylı (Anahor)	376	380
Fadıllı	545	493
Gökçe (Ermiye)	433	394
Gölyası (Abulyont)	1.405	1.900
Irfaniye (Dansara)	821	791
Karacaoba	507	456
Konaklı (Zirafta)	864	923
Özlüce (Inesi)	812	804
Ürünlü (Kite)	485	846
Yolçatı (Göbelye)	771	880

Bezirk Gürsu (türk.Gürsu bucağı)

Gürsu	4 870	8.755
Ada(köy)	792	861
Ağa(köy)	687	697
Ağlaşan (Ağlaşır)	175	170
Aksu	677	621
Alaçam (Teşfikiye)	376	586
Babasultan	988	1.029
Barakfakı (Barakfakıh-Baraköy)	1.144	1.206
Burhaniye	227	184
Cambazlar	375	343
Çataltepe	760	793
Derekızık	578	510
Dışkaya	667	494
Dudaklı	463	425
Erdoğan (Dinboz)	700	666
Ericek	173	144
Gölbaşı	136	96
Gölcük	630	658
Gözede (Pınarlı)	507	509
Hamamlıkızık	464	419
Hasanköy	475	454
Iğdir	577	612
Isabey (Esebey)	680	878
Karahıdır	524	597
Kayacık	191	106
Kazıklı	877	813
Kestel	5.459	8.619
Kuzluören (Kozuran, Kozluviran)	828	785
Kumlukalanı (Yeniköy)	603	661
Lütfiye (Masadalanı)	419	459
Narlıdere (Dereköy)	630	607
Nüzhetiye (Barak)	203	180
Orhaniye	394	483
Osmaniye	218	225
Saitabat (Seyitabat)	224	257
Sayfiye (Baydin)	243	274
Serme	651	689
Seymen	594	559
Soğuksu (Ayazma)	425	430
Şevketiye (Kurfal)	467	530
Şükraniye (Kasanci)	49	70
Turan (Boşnakköy)	297	339

Ümitalan	997	1.006
Yağmurlu (Ayniye)	200	201

Der zum (Stadt-)Kreis Bursa (türk. *merkez ilçesi*) gehörige Bezirk Soğukpınar liegt vollständig im Gebirge, deshalb wurde er hier nicht berücksichtigt.
Quelle: Devlet Istatistik Enstitüsü 1973, S.141-142; Devlet Istatistik Enstitüsü 1983, S. 5-6.

Tab. 4: Entwicklung der Einwohnerzahl dörflicher Siedlungen innerhalb der (Stadt-) Kreise Nilüfer, Osmangazi und Yıldırım und der angrenzenden (Land-) Kreise Gürsu und Kestel 1990, 1997 (de jure-Zählung, d.h. nach Dauer-Wohnort)

(Stadt-)Kreis Nilüfer (türk. Nilüfer Ilçesi), Zentral-Bezirk (türk. *merkez bucağı*)

	1990	1997
Akçalar	2.444	2.503
Atlas	325	294
Ayvaköy	167	149
Badırga	573	461
Başköy	427	384
Büyükbalıklı	511	514
Çalı	2.648	3.562
Çatalağıl	301	312
Çaylı	378	361
Dağyenice	203	255
Doğanköy	1.514	880
Fadıllı	593	584
Gökçe	413	450
Gölyazı	2.185	1.768
Görükle	5.404	8.406
Güngören	621	510
Hasanağa	1.480	1.405
Inegazi	151	177
Irfaniye	935	5.039
Kadriye	235	214
Karacaoba	408	311
Kayapa	1.710	1.063
Konaklı	1.036	1.116
Korubaşı	391	370
Kuruçeşme	133	102
Makşempınarı	287	268
Tahtalı	848	901
Unçukuru	285	251

Üçpınar	174	127
Yaylacık	1.180	1.687
Yolçatı	981	1.387

(Stadt-)Kreis Osmangazı (türk.Osmangazi Ilçesi, Zentral-Bezirk. (türk. *merkez bucağı*)

	1990	1997
Ahmetbey	420	427
Aksungur	344	343
Avdancık	420	246
Çağlayan	1.012	1.051
Doğakçaköy	527	536
Demirtaş	6.702	10.103
Doğancı	403	561
Dürdane	910	907
Emek	9.749	20.882
Gökçeören	261	227
Gündoğdu	1.922	2.323
Hüseyinalanı	268	251
Karabalçık	624	885
Kirazlı	2.663	1.538
Mürseller	423	346
Nilüfer	976	1.121
Seçköy	771	700
Selçukgazi	713	757
Süleymaniye	133	235
Ovaakça	1.987	3.867
Tuzaklı	177	413
Ulucam	268	256
Yiğıtali	504	529

(Stadt-)Kreis Osmangazi (türk.Osmangazi Ilçesi), Bezirk Soğukpınar (türk. Soğukpınar bucağı)

Soğukpınar	694	772
Bağlı	535	505
Büyükdeliller	779	714
Çaybaşı	559	584
Güneybayırı	439	491
Güneybudaklar	665	450
Karaislah	181	200
Küçükdeliller	1.253	781

Seferışıklar	318	272

(Stadt-)Kreis Yıldırım (türk.Yıldırım Ilçesi), Zentral-Bezirk (türk. *merkez bucağı*)

	1990	1997
Hamamlıkızık	782	1.137

(Land-)Kreis Gürsu (türk.Gürsu Ilçesi), Zentral-Bezirk (türk.*merkez bucağı*)

Adaköy	971	1.136
Ağaköy	758	754
Cambazlar	331	328
Dışkaya	336	336
Ericek	117	154
Hasanköy	555	484
Iğdir	571	635
Karahıdır	625	672
Kazıklı	866	795
Kumlukalanı	821	837

(Land-)Kreis Kestel (türk.Kestel Ilçesi), Zentral-Bezirk (türk.*merkez bucağı*)

Ağlaşan	157	133
Aksu	688	751
Alaçam	553	521
Babasultan	1.107	1.074
Barakfakı	2.062	1.462
Burhaniye	196	246
Çataltepe	879	898
Derekızık	574	618
Dudaklı	477	493
Erdoğan	675	714
Gölbaşı	45	73
Gölcük	555	495
Gözede	533	493
Kayacık	110	106
Kozluören	829	779
Lütfiye	588	613
Narlıdere	669	633
Nüshetiye	173	184
Orhaniye	544	569
Osmaniye	228	238

Saitabat	308	336
Sayfiye	370	297
Serme	682	675
Seymen	507	462
Soğuksu	438	394
Şevketiye	830	536
Şükraniye	69	174
Turanköy	428	456
Ümitalan	1.043	1.284
Yağmurlu	175	136

Quelle: Devlet Istatistik Enstitüsü 1998, S. 26-31; Devlet Istatistik Enstitüsü 1999, Abschnitt Bursa, S. 5-19

2 Entwicklung der Zuwanderung nach Bursa sowie einige soziale Merkmale der zugewanderten Bevölkerung

Wanderungen, Migrationen, Verlagerungen der Bevölkerung aus dem ländlichen in den städtischen Raum, verbunden mit Verstädterung, haben in der Vergangenheit der Industrieländer in großem Umfang stattgefunden und finden heute in den Entwicklungsländern in ähnlich großem Umfang statt. Es handelt sich um ein Teilphänomen des Industrialisierungsprozesses, der Entstehung von Industriegesellschaften. Die wissenschaftliche Beschäftigung mit Migrationen hängt in hohem Maße vom Umfang und der Qualität der differenzierten statistischen Erfassung des Phänomens ab.

Was die Türkei und den Fall Bursa angeht, so gab es Ansätze bereits bei der Volkszählung von 1960. Für die Stadt Bursa wurden die Geburtsorte der Stadtbevölkerung außerhalb der Stadt, in den Provinzen der Türkei, ermittelt, dargestellt in einer Graphik bei STEWIG 1970 (Diagramm 17, S.189). Es ergibt sich das Bild einer weiten Streuung der Geburtsorte, mit Schwerpunkt in den Provinzen der näheren Umgebung. Die Verkehrsverbindungen innerhalb der Türkei waren damals noch unterentwickelt. Bei noch begrenztem Umfang der Zuwanderung, die aber deutlich eingesetzt hatte, war es auch zur frühen Entstehung von türk. pl. *gecekondu evler* in der Stadt gekommen. 1960 (Bursa 1962 – ohne Seitenzählung, beim Thema türk. Bursa'da Imar Faaliyetleri) sollen es 3.561 gewesen sein – wohl eine Untertreibung.

Um über die Ermittlung der Zuwanderung nach Bursa nach Geburtsorten der Stadtbevölkerung hinauszukommen, wurde 1974 bei der Befragung von 1.356 Haushalten der Städter ein besonderer Schwerpunkt gesetzt: die Tatbestände und Umstände der Zuwanderung wurden auch ermittelt (STEWIG et alii 1980, S.64 ff). Im Rahmen der Erfassung der Herkunftsorte der Migranten ging es um die Anteile der Nah- und Fernwanderung, der Etappen- und Direkt-Wanderung, ferner um die zeitliche Staffelung und Einordnung der Zuwanderung, um Alter und Familienstand bei der Zuwanderung, um die Tätigkeitsbereiche der Zuwanderer vor und nach der Wanderung, um ihre Einkommensverhältnisse, um die Beurteilung der Schwere der Arbeit und der Lebensverhältnisse vor und nach der Zuwanderung. Vor allem wurde in Erfahrung gebracht – was nur im persönlichen Gespräch möglich ist -, wie es um die Motive der Abwanderung - also die engl. *push-forces* - und wie es um die Motive der Zuwanderung gerade nach Bursa - also die engl. *pull-forces* - steht (STEWIG et alii 1980, S.72 f).

Innerhalb des weiten Spielraumes von Gründen kristallisierten sich sowohl bei der Abwanderung als auch bei der Zuwanderung ökonomische Bedingungen als überwiegend heraus: höherer Verdienst in Bursa, außerdem bessere schulische und medizinische Versorgung, auch günstigere Freizeitmöglichkeiten - alles Gründe, wie sie bei der Zuwanderung in die entstehenden Industriestädte Deutschlands im 19.Jahrhundert bereits existierten.

Was die Binnen-Migration in der Türkei nach 1975 angeht, kann nur auf statistische Veröffentlichungen zurückgegriffen werden, auf zwei, die sich mit den Wanderungen im Zeitraum 1975-1980 und 1985-1990 befassten (Devlet Istatistik Enstitüsü 1985, 1997). Sie sind in Bezug auf Bursa in den Tabellen 5 und 6 wiedergegeben, dabei bezieht sich die Tabelle 5 auf die Stadt Bursa, die Tabelle 6 auf die Provinz Bursa als Zielort bzw. Zielgebiet. Doch bei der Zuwanderung in die Provinz Bursa kann davon ausgegangen werden, dass der größte - wenn auch unbekannte - Anteil auf die Stadt Bursa entfällt. (Zum Vergleich und zur Ergänzung die Karten 16-18 in Bursa Büyükşehir Belediyesi 1997).

Tab. 5: Die Stadt Bursa als Wanderungsziel 1975-1980

Von der Stadtbevölkerung Bursas 1980 wohnten 1975 in den folgenden Provinzen:

Adana	836	davon in der Provinzhauptstadt	666
Adıyaman	81	„	55
Afyon	300	„	202
Ağrı	621	„	416
Amasya	389	„	195
Ankara	4.055	"	3.556
Antalya	271	"	182
Artvin	2.036	"	150
Aydın	225	"	138
Balıkesir	1.952	"	1.080
Bilecik	1.075	"	602
Bingöl	166	"	135
Bitlis	218	"	173
Bolu	275	"	145
Burdur	95	"	0
Çanakkale	735	"	381
Çankırı	148	"	114
Çorum	358	"	205
Denizli	126	"	171
Diyarbakır	1.222	"	961
Edirne	611	"	356
Elazığ	1.067	"	867
Ercincan	2.475	"	1.500
Eskişehir	2.424	"	2.252
Gaziantep	378	"	317
Giresun	374	"	195
Gümüşhane	358	"	161
Hakkari	97	"	35
Hatay	347	"	269

Isparta	233	"	159
İçel	239	"	158
Istanbul	6.709	"	5.385
Izmir	1.381	„	1.099
Kars	3.557	„	2.914
Kastamonu	216	„	107
Kayseri	465	„	371
Kırklareli	194	„	200
Kırşehir	157	„	115
Kocaeli	753	„	513
Konya	1.159	„	676
Kütahya	547	„	350
Malatya	385	„	276
Manisa	578	„	262
K.Maraş	234	„	168
Mardin	198	„	139
Muğla	93	„	41
Muş	536	„	313
Nevşehir	98	„	58
Niğde	561	„	284
Ordu	233	„	149
Rize	612	„	357
Sakarya	572	„	379
Samsun	1.612	„	790
Siirt	296	„	163
Sinop	115	„	53
Sivas	737	„	562
Tekirdağ	631	„	323
Tokat	301	„	170
Trabzon	985		364
Tunceli	476	"	259
Şanlıurfa	459	"	335
Uşak	87	"	61
Van	371	"	257
Yozgat	416	"	233
Zonguldak	294	"	165

Quelle: Devlet Istatistik Enstitüsü 1985, S. 97-102

Tabelle 5 lässt erkennen, dass 1975-1980 die Herkunftsgebiete der Zuwanderer in die Stadt Bursa – wie früher – weit gestreut waren, allerdings wiederum mit räumlichen Schwerpunkten. Von den damals (1980) 67 türkischen Provinzen kamen aus 13 Provinzen (Ankara, Artvin, Balıkesir, Bilecik, Diyarbakır, Elaziğ, Erzurum, Eskişehir, Istanbul, Izmir, Kars, Konya, Samsun) je über 1.000 Zuwanderer. Die höchsten Werte der

Abwanderung erreichten Istanbul (6.709), Ankara (4.055), Kars (3.557), Erzurum (2.475), Eskişehir (2.424), Artvin (2.036), Samsun (1.612), Izmir (1.381). Weitere 13 Provinzen stellten zwischen je 500 und 1.000 Abwanderer (Adana, Ağrı, Çanakkale, Edirne, Kütahya, Manisa, Muş, Niğde, Rize, Sakarya, Sivas, Tekirdağ, Trabzon). Aus dem Ausland kamen 16.690 Personen (Devlet Istatistik Enstitüsü 1985, S.102).

Tabelle 5 zeigt weiter, dass die Abwanderer in hohem Maße aus den Provinzhauptstädten kamen, d.h. die Stadt-Stadt-Wanderung hatte – über die Land-Stadt-Wanderung hinaus – in der Türkei bereits Ende der 1970 Jahre bedeutende Ausmaße erreicht. Dass große Städte – mit für türkische Verhältnisse hohem Lebensstandard – wie Istanbul und Ankara, auch noch Izmir, an der Abwanderung nach Bursa beteiligt waren, ist kein Widerspruch zu der generellen Regel, dass aus ökonomisch schwachen bzw. unterentwickelten Regionen in ökonomisch starke – und deshalb attraktivere – Regionen bzw. Städte gewandert wird. Vor allem Istanbul und Ankara mit ihren höchstrangigen Ausbildungsstätten stellten Abwanderer, die in der sich entwickelnden Wirtschaft und Verwaltung von Stadt und Provinz Bursa Arbeitsplätze fanden. Im übrigen zeigt die Tabelle 5, dass es die in der Entwicklung zurückgebliebenen Regionen der Türkei in Nord-, Ost- und Südost-Anatolien waren, aus denen die Abwanderer kamen.

In der genannten Quelle (Devlet Istatistik Enstitüsü 1985, S.98) wurde die Einwohnerzahl der Provinzhauptstadt Bursa 1980 mit 333.352 angegeben – statt 445.113, wie bei der Volkszählung von 1980 ermittelt; davon wohnten 1975 in der Stadt selbst 322.531 Personen, in den Hauptstädten der Kreise der Provinz Bursa 4.993 Personen und in den Bezirken (türk. sing. *bucak*) bzw. Dörfern der Provinz 5.826 Personen. Somit sind aus dem Nahbereich der Stadt (= Provinz Bursa) zwischen 1975 und 1980 10.819 Personen zugewandert. Also spielte neben der Fern-(Zu-)Wanderung aus den ferneren türkischen Provinzen auch die Nah-(Zu-)Wanderung aus der Provinz Bursa eine nicht unbeträchtliche Rolle; insgesamt 51.145 Personen waren aus dem Inland (außerhalb der Provinz Bursa) zugewandert.

So ergibt sich an Zuwanderung nach Bursa im Zeitraum 1975-1980

aus der Provinz Bursa:	10.814 Personen
von außerhalb der Provinz Bursa:	51.145 Personen
aus dem Ausland:	<u>16.690 Personen</u>
	78.654 Personen

Das sind 23,5 % der in der genannten Quelle (Devlet Istatistik Enstitüsü 1985, S.98) für 1980 angegebenen Einwohnerzahl der Provinzhauptstadt von 333.357 Personen. Das Ergebnis steht im eklatanten Widerspruch zu dem durch die Befragung von 1974 ermittelten Ergebnis von 65,5 % zugewanderten Haushalten (STEWIG et alii 1980, S.64). Die Erklärung für den Widerspruch liegt darin, dass 1980 nur die im Zeitraum 1975-1980 zugewanderte Stadtbevölkerung erfasst wurde, 1974 aber alle jemals - also auch vor 1975 - zugewanderten Einwohner/Haushalte Bursas. Der Anstieg der Bevölkerungszahl der Stadt Bursa von 1970 275.953 Personen auf 1980 445.113 Personen legt einen ansteigenden Fortgang der Zuwanderung nahe.

Tab. 6: Die Provinz Bursa als Wanderungsziel 1985-1990
Aus den folgenden Provinzen wanderten zwischen 1985-1990 in die Provinz Bursa ab:

Adana	1.511		Kayseri	1.186
Adıyaman	234		Karaman	119
Afyon	1.121		Kırklareli	818
Ağrı	2.012		Kırıkkalı	353
Amasya	941		Kırşehir	632
Ankara	6.830		Kocaeli	2.111
Antalya	712		Konya	2.247
Artvin	6.045		Kütahya	2.678
Aydın	586		Malatya	1.157
Balıkesir	4.963		Manisa	1.187
Bilecik	2.283		K.Maraş	997
Bingöl	648		Mardin	1.115
Bitlis	939		Muğla	442
Bolu	906		Muş	4.900
Burdur	306		Nevşehir	287
Çanakkale	1.476		Niğde	887
Çankırı	407		Ordu	1.273
Çorum	1.343		Rize	1.568
Denizli	499		Sakarya	1.627
Diyarbakır	2.632		Samsun	6.079
Edirne	1.430		Siirt	826
Elaziğ	1.766		Sinop	411
Erzincan	1.582		Sivas	2.219
Erzurum	13.032		Tekirdağ	928
Eskişehir	2.618		Tokat	2.170
Gaziantep	1.089		Trabzon	5.321
Giresun	2.994		Tunceli	1.679
Gümüşhane	1.712		Sanlıurfa	773
Hakkari	179		Uşak	228
Hatay	942		Van	1.125
Isparta	411		Yozgat	1.613
Içel	745		Zonguldak	2.233
Istan	13.781		Aksaray	328
Izmir	2.925		Bayburt	1.544
Kars	6.538		Batman	225
Kastamonu	474		Şirnak	606

Quelle: Devlet Istatistik Enstitüsü 1997, S.12-49

Wie im Zeitraum 1975-1980 stellten wieder - außer Istanbul und Ankara, weniger Izmir - die türkischen Provinzen in Nord-, Ost- und Südost-Anatolien die Zuwanderer in die Provinz Bursa. Der gewaltige Umfang der Wanderungsbewegung in der Türkei wird mit der Ausrichtung auf (die Provinz) Bursa eindeutig belegt. Allerdings muss der Zuwanderung in die Provinz Bursa auch die Abwanderung von dort in andere türkische Provinzen gegenüber gestellt werden, was bei der Wanderungsstatistik für den Zeitraum 1985-1990 möglich ist. Für den Zeitraum 1975-1980 war keine entsprechende Statistik geführt worden.

Den 141.460 Zuwanderern in die Provinz Bursa im Zeitraum 1985-1990 standen 57.819 Abwanderer gegenüber, was aber immer noch zu einer positiven Wanderungsbilanz von 83.641 Personen führte (Devlet Enstitüsü 1997, S.1). Damit stand die Provinz Bursa an 3. Stelle der 20 türkischen Provinzen - bei im Jahr 1990 73 -, die positive Wanderungsbilanzen aufzuweisen hatten, nach den Provinzen Istanbul (1. Stelle mit 656.677), Izmir (2. Stelle mit 145.203), vor Kocaeli (4. Stelle mit 83.262) - knapp hinter Bursa -, Antalya (5. Stelle mit 82.737), Içel (6. Stelle mit 82.737), Ankara (7. Stelle mit 59.611), Adana (8. Stelle mit 26.934), Manisa (9. Stelle mit 20.945) und Aydın (10. Stelle mit 19.077) (Devlet Istatistik Enstitüsü 1997, S.1).

Zu der aufgezeigten positiven Wanderungsbilanz der Provinz Bursa (83.641) kommen noch 51.615 Zuwanderer aus dem Ausland, bei nur 421 Abwanderern in das Ausland, hinzu. Bei der Zuwanderung aus dem Ausland stand die Provinz Bursa in der Türkei an zweiter Stelle hinter der Provinz Istanbul (1. Stelle mit 103.529 Zuwanderern aus dem Ausland und 2.500 Abwanderern dorthin) vor der Provinz Izmir (3. Stelle mit 33.465 Zuwanderern aus dem Ausland und 698 Abwanderern dorthin) und der Provinz Ankara (4. Stelle mit 22.439 Zuwanderern aus dem Ausland und 1.090 Abwanderern dorthin).

Die positive Gesamtwanderungsbilanz der Provinz Bursa im Zeitraum 1985-1990 beträgt also 83.541 + 134.835 Personen. Davon entfällt ohne Zweifel der größte, aber im Ausmaß nicht genau bestimmbare Anteil auf die Stadt Bursa, seit 1987 Groß-Bursa (türk.Büyükşehir Belediyesi).

Durch die Unterscheidung von vier Gebietskategorien in der türkischen Wanderungsstatistik im Zeitraum 1985-1990 ist die Stadt Bursa als Wanderungsziel von folgenden Herkunftsorten bzw. Herkunftsgebieten auszumachen (Devlet Istatistik Enstitüsü 1997, S.2,3,11):

Provinzhauptstädte außerhalb der Provinz Bursa	44.664 Personen
Kreishauptorte (-städte) der Provinz Bursa	15.842 Personen
Kreishauptorte (-städte) außerhalb der Provinz Bursa	30.140 Personen
Dörfer der Provinz Bursa	<u>9.644 Personen</u>
	100.290 Personen

Nicht berücksichtigt ist die Gebietskategorie Dörfer außerhalb der Provinz Bursa. Dies - sowie die genannten Zahlen über die Herkunft aus städtischen Siedlungen - spricht für die schon vor dem Zeitraum 1985-1990 begonnene Dominanz der Migration von städtischen zu städtischen Siedlungen. Aus Dörfern in größerer Entfernung von Bursa wird über Städte als Zwischenstation (Etappenwanderung) zugewandert.

Die 1997 - mit größerer Detailliertheit als früher - veröffentlichte Wanderungstabelle über den Zeitraum 1985-1990 erlaubt es, einige demographische, soziale und ökonomische Merkmale der Zuwanderer in die Provinz Bursa zu benennen.

Tab. 7: Die Zuwanderer in der Provinz Bursa 1985-1990 nach Altersgruppen

Altersgruppe	Anzahl	Prozent
5-9	17.094	12,0
10-14	16.278	11,4
15-19	19.513	13,7
20-24	20.424	14,3
25-29	22.486	15,7
30-34	12.736	8,9
35-39	9.074	6,3
40-44	6.566	4,6
45-49	4.714	3,3
50-54	3.569	2,5
55-59	3.055	2,1
60-64	2.262	1,5
65-69	1.535	1,0
70-74	779	0,5
75+	1.143	0,8
Unbekannt	212	0,01
Gesamt	142.391	

Quelle: Devlet Istatistik Enstitüsü 1997, S. 50-55

Tab. 8: Die Zuwanderer in der Provinz Bursa 1985-1990 nach Altersgruppen und Geschlecht

Altersgruppe	Männer	Frauen
5-9	8.821	8.283
10-14	8.747	7.531
15-19	10.864	8.669
20-24	9.795	10.629
25-29	13.248	9.238
30-34	6.946	5.790
35-39	4.908	4.166
40-44	3.574	2.992
45-49	2.554	2.150
50-54	1.856	1.713
55-59	1.570	1.485
60-64	1.033	1.229
65-69	693	842
70-74	322	457
75+	442	701
Unbekannt	158	54

Quelle: Devlet Istatistik Enstitüsü 1997, S. 50-55

Tabelle 7 zeigt das erwartete Ergebnis: an der Wanderung sind überwiegend jüngere Jahrgänge beteiligt. Die 15- bis 35-jährigen machen nahezu die Hälfte (47,5 %) der Migranten aus. Bei der Unterscheidung der Wanderer nach Männern und Frauen lässt sich ebenfalls ein - erwartetes - Ergebnis erkennen, nämlich dass in der Regel (etwas) mehr männliche als weibliche Personen an der Migration beteiligt sind. Dennoch ist das Männer-Frauen-Verhältnis als relativ ausgeglichen zu bezeichnen – eine Tatsache, die dahingehend gedeutet werden kann, dass nicht wenige Zuwanderer als Familien migrieren, die Zuwanderung als Umzug funktioniert. Das spricht gegen die Verwendung des vielfach benutzten Begriffes der Landflucht.

Tab. 9: Ausbildungsstand der Zuwanderer in der Provinz Bursa 1985-1990 von Männern und Frauen

	Männer	%	Frauen	%
Analphabeten	4.356	5,8	11.749	18,2
Alphabeten	69.492	94,0	52.579	81,2
Mangelhafter Schulbesuch	9.596	12,9	9.318	14,9
Grundschule	33.692	45,6	2.946	46,5
Realschule	8.649	11,7	4.353	6,7
Berufsschule auf Realschul-Niveau	53	0,07	30	0,04
Gymnasium	7.804	10,5	4.768	7,4
Berufsschule auf gymnasialem Niveau	3.341	4,5	1.585	2,4
Universität	6.320	8,5	2.554	3,9
Unbekannter Schulbesuch	20	0,02	9	0,01
Unbekanntes Ausbildungsniveau	18	0,02	16	0,02
Unbekannter Alphabetismus	2	0,002	2	0,003
Gesamt	73.850	100	64.330	100

Quelle: Devlet Istatistik Enstitüsü 1997, S. 92/93

Was den Ausbildungsstand betrifft, so ist zunächst festzustellen, dass der Anteil der Zuwanderer mit zumindest Grundschulbesuch hoch ist, und zwar nicht nur bei der männlichen (45,6 %), sondern auch bei der weiblichen (sogar 46,5 %) Bevölkerung. Das dürfte darauf zurückzuführen sein, dass die Zuwanderer in geringem Umfang direkt aus dem ländlichen Raum kommen, vielmehr nach einem Zwischenaufenthalt (Etappenaufenthalt) in anderen Städten, in denen sie die Möglichkeit einer besseren Ausbildung als im ländlichen Raum haben wahrnehmen können. Als traditionelles Element ist die Tatsache zu interpretieren, dass der Anteil der Analphabeten bei den weiblichen Zuwanderern deutlich höher ist als bei den männlichen, etwa dreimal so hoch (5,8 % zu 18,2 %). Der Besuch von Realschule, Berufsschule, Gymnasium und Universität liegt bei den männlichen Zuwanderern sichtlich höher als bei den weiblichen – ebenfalls ein kulturtraditionelles Element. Der erstaunlich hohe Prozentsatz von männlichen Zuwanderern mit Universitätsausbildung (8,5 %) ist dadurch zu erklären - worauf bereits hingewiesen wurde -, dass ein Teil der Zuwanderer aus Städten mit hochrangigen Ausbildungsstätten (Istanbul und Ankara) stammt. Da Bursa selbst Universitätsstadt ist und von seiner Funktion als Heilbad her über zahlreiche Krankenhäuser verfügt, hat die Stadt auch hochrangige Arbeitsplätze anzubieten.

Tab. 10: Beschäftigungsstatus der Zuwanderer, Männer und Frauen, im Alter von 12 und mehr Jahren in der Provinz Bursa 1985-1990

	Männer	%	Frauen	%
Arbeitnehmer	37.838	82,6	7.869	71,8
Arbeitgeber	846	1,8	85	0,7
Selbstständige	5.546	12,1	611	5,5
Unbezahlte Familienarbeitskräfte	1.553	3,3	2.386	21,7
Unbekannt	21	0,04	-	-
Gesamt	45.804	100	10.951	100

Quelle: Devlet Istatistik Enstitüsü 1997, S.128, 129

Die Situation der Zuwanderung ist im Zielgebiet vielfach mit der Aufnahme einer neuen, überwiegend anderen Tätigkeit verbunden, als sie im Herkunftsgebiet ausgeübt wurde. In der Regel führt dies zu einer abhängigen Beschäftigung. Entsprechend hoch ist der Anteil der Arbeitnehmer - in Tab. 10 -, liegt bei Männern sogar über 80 % (82,6 %). Dagegen erscheint im Falle der Provinz Bursa der Anteil der Selbstständigen mit 12,1 % bei den Männern - die Frauen kommen nur auf 5,5 % - niedrig. Während sich in anderen großen Städten, so vor allem in Istanbul, unter der Kategorie Selbststständige durchaus Beschäftigungen im informellen Sektor und Gelegenheitsarbeiter verbergen, scheinen im Falle der (Provinz) Bursa die in der Stadt reichlich angebotenen Arbeitsplätze im sekundären und tertiären Sektor zu kontinuierlicher Arbeitsaufnahme zu führen. Unbezahlte Familienarbeitskräfte werden traditioneller und typischer Weise überwiegend im primären Sektor der Provinz Bursa von Frauen gestellt (Tab. 10). Das zeigt auch die Tab. 12 mit einem Anteil von 34 % der weiblichen Arbeitskräfte in der Land- und Forstwirtschaft.

Tabelle 11 lässt bei den männlichen Zuwanderern in der Provinz Bursa zwei Schwerpunkte erkennen: einmal - erwartungsgemäß - den hohen Anteil der (Industrie-) Arbeiter in der Industriestadt Bursa, zum anderen aber auch, dass ein zweiter Schwerpunkt bei den Berufstätigkeiten besteht (9,9 %), deren Ausübung eine hochrangige Berufsausbildung voraussetzt. Darin kommt zum Ausdruck, dass in der Stadt Bursa neben der Industrie und damit dem sekundären Sektor auch die Dienstleistungen und damit der tertiäre Sektor nicht unbedeutend durch die Universität, die zahlreichen Krankenhäuser und die Hotels für den Tourismus vertreten sind.

Der hohe Anteil der Frauen in landwirtschaftlichen Berufen (Tätigkeiten) - mit 31,2 % in Tab. 11 - ist darauf zurückzuführen, dass die räumliche Basis der statistischen Erhebung die Provinz - und nicht die Stadt - Bursa war. So ist auch in der Tabelle 12 der Anteil der Frauen, die in der Land- und Forstwirtschaft ihren wirtschaftlichen Tätigkeitsbereich haben, mit 34 % hoch. Dennoch kommt bei den weiblichen Beschäftigten die Sparte Industrie und Handwerk ebenfalls auf einen hohen Wert: 26,4 %.

In beiden Bereichen, in der Landwirtschaft der Provinz Bursa wie in Industrie und Handwerk der Stadt Bursa, stellen überwiegend Frauen die unbezahlten Familienarbeitskräfte (Tab. 10: 21,7 %). Dagegen erscheint bei den männlichen Arbeitskräften die Sparte Industrie und Handwerk unter den wirtschaftlichen Tätigkeitsbereichen mit 28,6 % (Tab. 12) unterrepräsentiert.

Tab. 11: Berufstätigkeit der Zuwanderer in der Provinz Bursa 1985-1990 von Männern und Frauen im Alter von 12 und mehr Jahren (Berufstätigkeit in der letzten Woche)

	Männer	%	Frauen	%
wissenschaftliche, technische, akademische Berufe	4.947	9,9	2.361	11,8
Verwaltungs- und Manager-Berufe	987	1,9	58	0,4
Büro-Berufe	2.446	4,9	1.174	9,8
Handels- und Verkaufs-Berufe	4.031	8,1	338	2,8
Dienstleistungs-Berufe	5.314	10,7	539	4,5
Land-, vieh-, forstwirtschaftliche Berufe	3.179	6,4	3.715	31,2
Nicht-landwirtschaftliche Berufe, Arbeiter	24.769	50,1	2.763	23,2
Unbekannte Berufe	31	0,06	3	0,02
Arbeitslose	3.829	7,7	934	7,8
Gesamt	49.633	100	11.885	100

Quelle: Devlet Istatistik Enstitüsü 1997, S.104/105

Tab. 12: Tätigkeiten in Wirtschaftsbereichen der Zuwanderer im Alter von 12 und mehr Jahren in der Provinz Bursa 1985-1990, von Männern und Frauen (Tätigkeiten in der letzten Woche)

	Männer	%	Frauen	%
Land- und Forstwirtschaft	3.336	7,2	3.726	34,0
Bergbau	472	1,0	14	0,12
Handwerk und Industrie	13.649	29,6	2.902	26,4
Elektrizität, Gas, Wasser	346	0,75	24	0,2
Bau	7.049	17,3	87	0,79
Groß- und Einzelhandel, Hotels, Restaurants	5.865	12,8	471	4,3
Transport, Lager, Kommunikation	1.714	3,7	142	1,2
Finanzen, Versicherungen, Immobilien	1.649	3,6	561	5,1
Kommunale, soziale, personale Dienste	10.011	21,8	2.916	26,6
Gesamt	45.804	100	10.951	100

Quelle: Devlet Istatistik Enstitüsü 1997, S.116, 117; die in einigen Fällen sich widersprechenden Angaben legen einen vorsichtigen Umgang mit den statistischen Werten nahe.

3 Entwicklung der Wirtschaftssektoren und ihrer Standorte in der Stadt Bursa

Was die statistische Erfassung der drei Wirtschaftssektoren, primärer, sekundärer und tertiärer Sektor, angeht, so bestehen nicht nur in der Türkei, sondern grundsätzlich Schwierigkeiten der Abgrenzung. Wenn der primäre Sektor noch relativ problemlos auf Landwirtschaft, Forstwirtschaft, Jagd und Fischerei (in der Türkei) fixiert werden kann, so stellt sich – auf der handwerklichen Ebene – die Frage der Abgrenzung von Handwerk und Industrie innerhalb des Oberbegriffs sekundärer Sektor als Industrie, dann die Frage der Zuordnung der Bauwirtschaft sowie des Bergbaus und der Energieerzeugung und -versorgung, auf die die Industrie angewiesen ist. Bei der städtischen Betrachtungsebene scheidet zwar der Bergbau in der Regel (und im Falle Bursas) aus, die Frage nach der Zuordnung zumindest der Bauwirtschaft, wenn nicht auch der Energieerzeugung, bleibt bestehen.

Nicht weniger schwierig ist – auch in der Türkei – die statistische Abgrenzung des tertiären Sektors mit seiner Vielzahl von Dienstleistungen privater, kommunaler und staatlicher Art, vom Einzelhandel bis zum Tourismus und mit fließenden Übergängen zum Handwerk – wenn Herstellung und Verkauf kombiniert auftreten. Ohne Erläuterungen über die Abgrenzung der drei Wirtschaftssektoren im Raumordnungsbericht der Stadt Bursa (Bursa Büyükşehir Belediyesi 1997) kann man sich nur auf die dort angegebenen Daten über die drei Wirtschaftssektoren verlassen. Ob es einen vierten, informellen Wirtschaftssektor in Bursa gibt bzw. wie umfangreich er eventuell ist, kann mangels statistischer Informationen und auch mangels Beobachtungen nicht untersucht werden.

Der relative und - nach Anzahl der Beschäftigten - absolute Umfang des primären (türk. *tarim*), des sekundären (türk. *sanayi*) und des tertiären (türk. *hizmetler*) Sektors in Bursa und seine Entwicklung seit 1970 sehen folgendermaßen aus (Bursa Büyükşehir Belediyesi 1997, S.89, Tabelle):

	1970	1980	1985	1990
I. Sektor	3.568 (4%)	1.911 (1%)	2.754 (2%)	11.889 (4%)
II. Sektor	45.069 (51%)	67.190 (49%)	92.097 (50%)	140.197 (51%)
III. Sektor	40.310 (45%)	61.422 (50%)	87.427 (48%)	131.105 (45%)
Insgesamt	88.947(100%)	138.523(100%)	82.278(100%)	273.191(100%)

Die Tabelle lässt zwei wichtige Aspekte im Zusammenhang mit der Stadt Bursa und ihrer Entwicklung erkennen:

Das ist einmal der enorme Anstieg der Anzahl der Beschäftigten seit 1970 sowohl im sekundären als auch im tertiären Sektor. Angesichts dieser Entwicklung, der Möglichkeiten, in der Stadt Bursa einen Arbeitsplatz zu finden, ist der aufgezeigte Zustrom, die umfassende und anhaltende Zuwanderung nach Bursa, keine Überraschung. Die engl. *pull forces* der Stadt Bursa sind außerordentlich hoch anzusetzen.

Der zweite Aspekt besteht darin, dass eine relative Ausgeglichenheit zwischen dem sekundären und dem tertiäten Sektor nach der Zahl der Beschäftigten besteht. Einmal, 1980, hatte der Anteil der im tertiären Sektor Beschäftigten sogar - leicht - den Anteil der im sekundären Sektor Beschäftigten übertroffen.

Wenn von PARLAK (1996, S.128) im Zusammenhang mit dem Thema Automobilindustrie-Arbeiterschaft das Thema Proletarisierung der Stadtbevölkerung angeschnitten wurde, so spricht der hohe Anteil der im tertiären Sektor der Stadt Beschäftigten für ein ausgesprochenes Gegengewicht.

Dass der primäre Sektor bei Städten - so auch im Falle der Stadt Bursa - eine untergeordnete Rolle spielt, ergibt sich aus dem funktionalen Charakter städtischer Siedlungen als vorrangige Standorte des sekundären und tertiären Sektors. Dass in Bursa für 1990 ein - etwas - höherer Anteil der im primären Sektor der Stadt Beschäftigten als in früheren Jahren angegeben wurde, hängt mit der administrativen Neugliederung von 1987, der Schaffung von Groß-Bursa (Bursa Büyükşehir Belediyesi), zusammen, die dem Westen und Süden der Stadt mehr ländliches Gebiet zuschlug.

Da Gürsu und Kestel, zwar (Land-)Kreise, in mancher Hinsicht der Stadt Bursa zuzurechnen sind - die Hauptorte beider Kreise gehen in die Bebauung der Stadt Bursa kontinuierlich über, und auch auf sie hat die Industrialisierung Bursas übergegriffen - sollen auch für Gürsu und Kestel die entsprechenden statistischen Werte - relativ und absolut (nach Anzahl der Beschäftigen) - angegeben werden (Bursa Büyükşehir Belediyesi 1997, S.93 f):

Gürsu	1980	1985	1990
I. Sektor	1.370 (41%)	1.326 (36%)	980 (23%)
II. Sektor	1.215 (36%)	953 (26%)	1.777 (42%)
III. Sektor	790 (23%)	1.408 (38%)	1.485 (35%)
Insgesamt	3.375 (100%)	3.688 (100%)	4.242 (100%)

Kestel	1980	1985	1990
I. Sektor	1.349 (41%)	1.449 (36%)	977 (20%)
II. Sektor	1.196 (36%)	1.041 (26%)	2.330 (47%)
III. Sektor	778 (23%)	1.539 (38%)	1.676 (33%)
Insgesamt	3.323 (100%)	4.029 (100%)	4.983 (100%)

3.1 Bursa und der sekundäre Sektor

Im Zusammenhang mit dem Thema sekundärer Sektor stellen sich Fragen nach der Definition und Abgrenzung der Inhalte des Begriffes. Soll der Bergbau - als Extraktion zum primären Sektor oder - auf Grund seiner funktionalen Verflechtung - zum sekundären Sektor gerechnet werden? Auch: wie steht es mit der Klassifizierung der Energiegewinnung als Grundlage der Industriewirtschaft? Und: ist die Bauwirtschaft dem sekundären Sektor zuzurechnen? Jedoch kann hier auf diese Fragen nicht eingegangen werden; die statistischen Grundlagen, speziell was Bursa angeht, reichen dazu nicht aus.

Wichtiger erscheint die Abgrenzung - innerhalb des sekundären Sektors - von Industrie zu Handwerk, bei denen prinzipielle Unterschiede bestehen (im Zusammenhang mit Bursa: STEWIG 1970, S.83 ff). Zur Grenzziehung kann die Zahl der Beschäftigten und/oder die Maschinenausstattung benutzt werden. Bei der statistischen Erfassung in der Türkei hat seit den Zeiten des Osmanischen Reiches diese Grenze mehrfach gependelt und dadurch zu Inkonsequenzen geführt (STEWIG 1998, 1999, 2000a). In der wissenschaftlichen Literatur wurde sie auch unterschiedlich gezogen, bei 10, bisweilen bei 25 Beschäftigten (IŞIK 2000, S.116). Gerade im Falle Bursas ist die Grenzziehung zwischen Industrie- und Handwerksbetrieb schwierig, gibt es doch seit den 1950er Jahren in der Textilwirtschaft der Stadt Bursa die vielen kleinen Webereien mit einer geringen Zahl von Beschäftigten, aber maschineller Ausstattung mit (mechanisch angetriebenen) Webstühlen als Produktions-, nicht als Hilfsmaschinen (STEWIG 1970, S.143 ff).

Neuerdings haben sich wirtschaftswissenschaftliche Veröffentlichungen über den sekundären Sektor in der Stadt Bursa gerade mit den kleinen Betrieben, speziell der Textilwirtschaft, beschäftigt (AKİSİK 1986; ÇINAR, EVCIMEN, KAYTAZ 1988; ERAYDIN 1995; KAYTAZ 1994; BAYAZIT 1995). Um sie dem sekundären Sektor zuschlagen zu können, hat man sie als Klein-Industrie - bis hinunter zu wenigen Beschäftigten (ERAYDIN 1994, S.170, Tabelle) (türk. *küçük sanayi*; engl. *small scale manufacturing*) - klassifiziert.

Bei den im Raumordnungsbericht der Stadt Bursa (Bursa Büyükşehir Belediyesi 1997) enthaltenen Daten, die in den folgenden Ausführungen herangezogen werden, wurde - unter der Bezeichnung türk. *sanayi* - keine Differenzierung von Handwerk und Industrie vorgenommen, setzte man den sekundären Sektor mit Industrie gleich, obwohl eine - unbestimmte - Anzahl von kleinen Betrieben im Übergang von Industrie zu Handwerk mit enthalten ist.

Die Zahl der Beschäftigten der Kategorie türk. *sanayi* hat in der Stadt Bursa seit 1970 außerordentlich zugenommen, von 1970 45.069 über 1980 67.190, über 1985 92.097 bis 1990 140.197 (Bursa Büyükşehir Belediyesi 1997, S.89, Tabelle). Auch in Gürsu und Kestel, die Bursa zuzurechnen sind, ist die Zahl der Industriebeschäftigten gestiegen, in Gürsu von 1980 1.215 auf 1990 1.777, in Kestel von 1980 1.196 auf 1990 2.230 (Bursa

Büyükşehir Belediyesi 1997, S. 93 f) - allerdings mit einem kleinen Einbruch der Entwicklung 1985.

Dass relativ, im Verhältnis zur Entwicklung des tertiären Sektors (türk. *hizmetler*), die Beschäftigten des sekundären Sektors „nur" auf rund 50 % (von 1970 bis 1990) kamen, liegt an der starken Ausprägung der Dienstleistungen in Bursa als Provinzhauptstadt, Universitätsstadt, Heilbad und Touristenzentrum (des endogenen Tourismus), so dass ein Gegengewicht zur Industrie vorhanden ist.

Im räumlichen Zusammenhang Nordwest-Anatoliens bzw. der Provinzen des Marmara-Gebietes haben nicht nur Izmit (Provinz Kocaeli) (STEWIG 1969) und Adapazarı (Provinz Sakarya) als Industriestädte gewonnen, sondern auch die Stadt Bursa, die – ebenso wie Izmit und Adapazarı - die Zahl der Industriebetriebe (mit 10 und mehr Beschäftigten) auf Kosten Istanbuls steigern konnte (Tab. 13, Abb. 7,8).

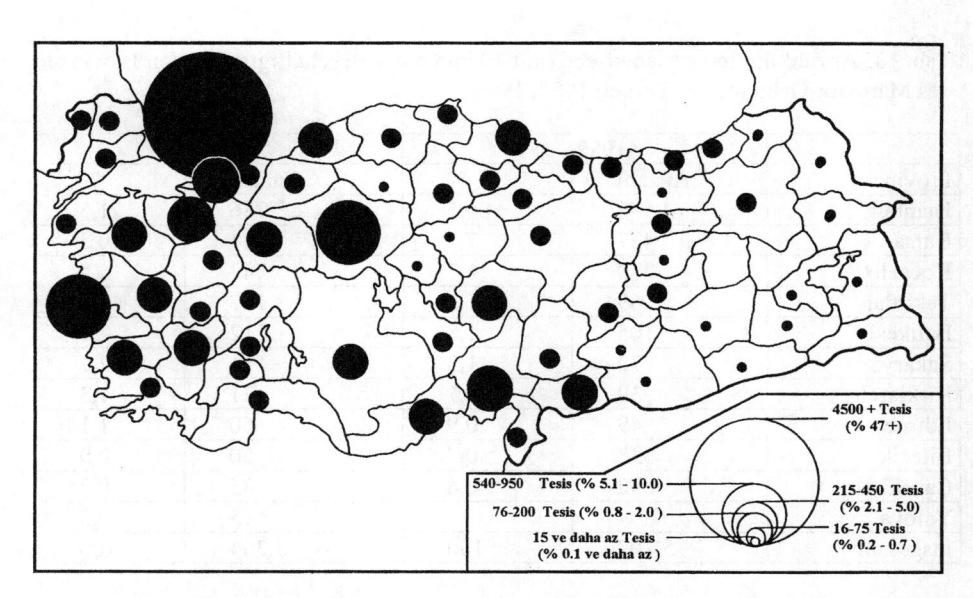

Abb. 7: Industriestandorte (Betriebe mit 10 und mehr Beschäftigten) in der Türkei, 1982
(türk. *tesis*: Betrieb; türk. 15 ve daha az tesis: 15 und weniger Betriebe)
Quelle: IŞIK 2000, S.115

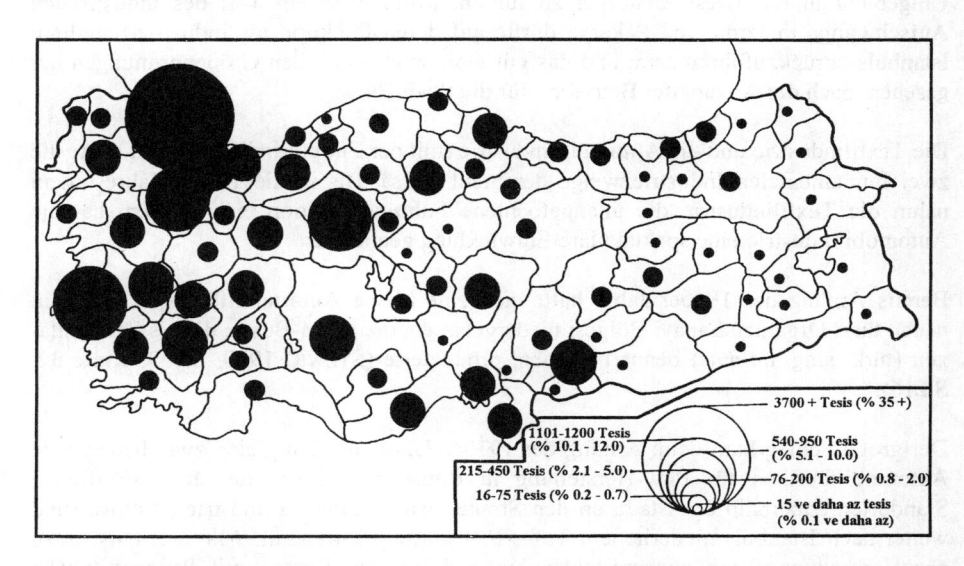

Abb. 8: Industriestandorte (Betriebe mit 10 und mehr Beschäftigten) in der Türkei, 1996
(türk. *tesis*: Betrieb; türk. 15 ve daha az tesis: 15 und weniger Betriebe)
Quelle: IŞIK 2000, S.115

Tab. 13: Anzahl der Industriebetriebe (mit 10 und mehr Beschäftigten) in den Provinzen des Marmara-Gebietes der Türkei, 1982, 1996

	1982		1996	
Provinz	Anzahl	%	Anzahl	%
Istanbul	4.596	80,5	3.786	71,5
Bursa	437	7,7	544	10,3
Kocaeli	270	4,7	343	6,5
Tekirdağ	69	1,2	157	3,0
Balıkesir	105	1,8	112	2,1
Sakarya	72	1,3	111	2,1
Kırklareli	39	0,7	71	1,3
Edirne	49	0,9	60	1,1
Bilecik	38	0,7	50	0,9
Canakkale	32	0,6	35	0,7
Yalova	-	-	15	0,3
Insgesamt	5.707	100	5.264	100

Quelle: IŞIK 2000, S. 114

Die Überbelegung Istanbuls mit Industriebetrieben scheint zu Ausweicheffekten auf die Umgebung in Nordwest-Anatolien zu führen. Mindestens ein Teil des industriellen Aufschwungs in Izmit und Sakarya dürfte auf deren Funktion als Industrie-Satelliten Istanbuls zurückzuführen sein, und das gilt wohl auch - von den Größenordnungen her gesehen, nach der Anzahl der Betriebe - für die Stadt Bursa.

Die Textilindustrie und die Automobilindustrie (mit der Zulieferindustrie) sind heute die zwei fundamentalen Industriezweige der Stadt Bursa. Bis in die 1970er Jahre hinein nahm die Textilindustrie die unangefochtene Führungsposition ein. Seitdem hat die Automobilindustrie eine spektakuläre Entwicklung genommen.

Bereits Anfang der 1960er Jahre hatte sich eine kleine Automobilfabrik, Karsan, im neuen türk. Organize Sanayi Bölgesi niedergelassen, die Klein-Busse, die als Sammeltaxen (türk. sing. *dolmuş*) benutzt werden, produzierte (STEWIG 1970, S.153, Karte 32, S.216).

Der große Schlag kam dann Anfang der 1970er Jahre, als sich gleich zwei bedeutende Automobilfabriken für Pkw-Herstellung in Bursa, auf eigens für sie geschaffenen Standorten außerhalb der Stadt, an den Straßen nach Mudanya und nach Yalova (und weiter nach Istanbul) niederließen: Tofaş-Fiat und Oyak-Renault. Alle drei entstanden aus Verbindungen mit ausländischen Automobilfirmen: Karsan mit Peugeot (ORAK 1991, S.21), Tofaş mit Fiat und Oyak mit Renault. Oyak ist eine Abkürzung für türk. Ordu Yardımlaşma Kurumu, dt. Solidargesellschaft der Armee; das Kapital kam aus dem Pensionsfond der türkischen Armee.

Bei Tofaş-Fiat wurde zunächst der Fiat 124, in der Türkei Murat genannt, produziert, bei Oyak-Renault der Renault 12 (ORAK 1991, S.17). Später wurde der Typ Fiat 131 Mirafiori als Tofaş Doğan hergestellt, der als Taxen-Fahrzeug weite Verbreitung fand. Auch Oyak-Renault nahm neuere Fahrzeug-Typen, so den Renault Mégane – mit gleichem Qualitätsstandard wie in Frankreich, wie es hieß – in Produktion.

Die Gründung der zwei großen Automobilfabriken, die Bursa – quasi schlagartig – zum Zentrum der türkischen Pkw-Produktion machte, ist vor dem Hintergrund der damaligen import-substituierenden Wirtschaftspolitik zu sehen, die den Import fertiger Kraftfahrzeuge durch Herstellung, anfangs Montage, im eigenen Land reduzieren wollte.

Der Vergleich der für zwei Fünfjahrespläne, den zweiten von 1968-1972 und den dritten von 1973-1977, angegebenen Daten zur Pkw-Herstellung zeigt dies deutlich (ORAK 1991, S.18):

2. Fünfjahresplan (1968-1972)			
	Nachfrage	Import	Produktion
1968	18.995	16.143	2.851
1969	7.088	3.186	3.902
1970	7.061	3.401	3.660
1971	17.216	4.029	13.187
1972	34.100	4.473	29.627

3. Fünfjahresplan (1973-1977)			
	Nachfrage	Import	Produktion
1973	47.305	7.087	46.856
1974	69.268	9.058	59.908
1975	79.540	13.676	67.291
1976	88.071	19.062	62.822

In den folgenden Fünfjahresplänen, im 4. von 1978-1982 und im 5. von 1983-1987, erhöhte sich die heimische Produktion weiter beträchtlich (ORAK 1991, S.18, Tabelle). Die Pkw-Produktion der beiden, auf etwa je 22.000 Einheiten Jahresproduktion ausgelegten Fabriken von Tofaş-Fiat und Oyak-Renault stieg bis 1976 bei Tofaş-Fiat auf 25.923, bei Oyak-Renault auf 29.890 Einheiten (STEWIG 1986, S.27, Tabelle).

Da ein Kraftfahrzeug aus einer Vielzahl von Teilen besteht (vgl. ORAK 1991, S.35), die nicht alle in den Automobilfabriken selbst erzeugt werden, hatte sich schon früh, gleichzeitig etwa mit Karsan, eine Firma der Zuliefer-Industrie im türk. Organize Sanayi Bölgesi niedergelassen (STEWIG 1970, Karte 32, S.216).

Dass gerade Bursa zum Hauptstandort der türkischen Pkw-Produktion gewählt wurde, kann nur zum Teil durch das traditionelle Vorhandensein von Wagen- und Karosseriebau-Firmen – auf handwerklichem Niveau - in der Stadt erklärt werden (STEWIG 1970, S.153, auch Photo 15, S.231) – wenn auch die gelernten Arbeitskräfte eine gewisse Rolle gespielt haben dürften.

Die neue, durch T. Özal 1980 initiierte Wirtschaftspolitik in der Türkei (STEWIG 2000a, S.12 ff), die auf Export-Orientierung setzte, bescherte – zusammen mit dem innertürkischen Wirtschaftsaufschwung – auch den Automobilwerken in Bursa Produktionssteigerungen (ORAK 1991, S.27, Tabelle)

	Karsan	Oyak-Renault	Tofaş-Fiat
1982	572	15.540	15.248
1983	1.365	21.556	26.657
1984	1.846	26.096	28.683
1985	2.152	29.100	30.149
1986	2.025	32.943	42.116
1987	2.625	43.057	53.796
1988	2.489	49.188	60.016

Von Tofaş-Fiat wurde der Export in umliegende arabische Länder (Jordanien, Irak, Ägypten, Libyen) in die Wege geleitet (PARLAK 1996, S.127). 1993, vor der danach eingetretenen wirtschaftlichen Rezession, machte die Produktion von Tofaş-Fiat und Oyak-Renault 95 % der Pkw-Produktion der Türkei aus.

1989 betrug die Belegschaft bei Karsan - einer Firma ohne ausländische Kapitalbeteiligung - 311 Mitarbeiter, bei Tofaş-Fiat - einer Firma mit 41,5 % ausländischer Kapitalbeteiligung - 4.007, bei Oyak-Renault - einer Firma mit 44 % ausländischer Kapitalbeteiligung - 3.050 Mitarbeiter (ORAK 1996, S.22, Tabelle). Nach einer anfänglichen Belegschaft von 880 wurde für Tofaş-Fiat für das Jahr 1993 eine Zahl von 8.104 Mitarbeitern angegeben (PARLAK 1996, S.129).

Doch im Laufe der Zeit ist die Marktführerschaft Bursas für Pkw-Produktion, die 1998 von Tofaş-Fiat auf Oyak-Renault überging, geschmälert worden. Es ließen sich internationale Automobilproduzenten in der Türkei nieder - aber nicht in Bursa: Otosan-Ford in Istanbul, Toyota in Adapazarı, Honda und Hyundai in Izmir und GM-Opel seit 1990 in Torbalı, südlich von Izmir, so dass 1998 die Pkw-Produktion in der Türkei auf 203.440 Stück stieg. Opel fertigt in Torbalı etwa 10.000 Pkw der Typen Astra und Vectra und importiert zusätzlich etwa 60.000 Pkw pro Jahr (Frankfurter Allgemeine Zeitung vom 11.Oktober 2000). Die Größe des türkischen Marktes für Pkws wurde von Opel auf etwa die des spanischen Marktes im Jahre 1980 eingeschätzt (Frankfurter Allgemeine Zeitung vom 11. Oktober 2000).

Die Konkurrenz, die der Stadt Bursa auf dem Gebiet der Pkw-Produktion in der Türkei erwachsen ist, bedeutete aber kein Zurückfallen der Automobilbranche in der Stadt. Vielmehr kam es – aus kleinen Anfängen (STEWIG 1970, S.153) – zu einem umfassenden Ausbau der Kfz-Zulieferindustrie, insbesondere durch kleinere Betriebe, in Bursa. Für sie wurden (Sammel-)Standorte im Osten der Stadt, an der Ausfallstraße nach Inegöl (und Ankara) ausgewiesen: Otosansit, gleich: Oto Sanayi Sitesi. Außerdem dient das ebenso planmäßig geschaffene Sanayi Sitesi von Beşevler, an der Ausfallstraße nach Karacabey (und Izmir), der Aufnahme von kleinen Betrieben der Automobil-Zulieferindustrie.

Mit allen ihren Standorten trug die Automobilindustrie wesentlich zur Überwindung der alten Ringstruktur der Industrieareale in der Stadt Bursa (STEWIG 1970, Karte 34, S.217) und zur Neuorientierung im Sinne dezentralisierter Konzentration bei, worauf noch einzugehen ist. Durch die zahlreichen kleinen Betriebe der automobilen Zulieferer- und Zubehörindustrie in Bursa erhielten die zwei Großbetriebe Tofaş-Fiat und Oyak-Renault in der Betriebsgrößenstruktur der Metallindustrie der Stadt Bursa ein Gegengewicht. Alle Betriebe waren in privatwirtschaftlichem, nicht staatlichem Besitz und stärkten somit diesen Wirtschaftszweig gegenüber den ehemals dominanten, etatistischen Besitzverhältnissen in der Türkei.

Aber nicht nur durch kleine Betriebe der Auto-Zulieferindustrie erhielt diese Wirtschaftsbranche in der Stadt Auftrieb. Auch internationale Firmen haben sich mit großen Zweigwerken (mit speziellen Produktionsausrichtungen) in Bursa niedergelassen: so die Firma Bosch, die ihr Zweigwerk für Dieseleinspritzpumpen, die exportiert werden, in Bursa erheblich ausbaut, von 2.500 auf 4.700 Beschäftigte (Frankfurter Allgemeine Zeitung vom 11.Oktober 2000 und Pressemappe, Bursa, Oktober 2002). Damit wird das Bild der Betriebsgrößenstruktur der Automobilindustrie in der Stadt Bursa bunter: zu den beiden großen Werken von Tofaş-Fiat und Oyak-Renault und den vielen Zulieferbetrieben ist die mittlere Größenordnung hinzugekommen.

Die Ausführungen von PARLAK (1996) erlauben einige Einblicke in den Betrieb von Tofaş-Fiat. Anfangs wurden fast alle wichtigen Teile (Motoren, Getriebe, Achsen) aus Italien importiert und in Bursa zusammengebaut, montiert. Doch bis 1993 war ein Anteil von 95 % lokaler Produktion erreicht. Anfangs vollzog sich die Produktion im Sinne des in der (traditionellen) Automobilindustrie üblichen Fordismus-Taylorismus, d. h. der Zerlegung der Produktionsprozesse in kleine und kleinste Schritte, so dass nur angelernte Arbeitskräfte beschäftigt zu werden brauchten (PARLAK 1996, S.129 f).

Mit der allmählichen und teilweisen Einführung neuer Produktionstechnologien gab es mehrere Produktionsniveaus nebeneinander: Fließband-Produktion und Bewegung/Verschiebung im Raum der Teil-Komponenten per Hand (PARLAK 1996, S.130f). Die Löhne lagen niedriger als in Istanbul (PARLAK 1996, S.128). Trotzdem bestand kein Mangel an Arbeitskräften. Auf 200 Stellenangebote meldeten sich 5.000 Bewerber, und die kleinen Kfz-Werkstätten in Bursa hatten Schwierigkeiten, ihre ausgebildeten Arbeitskräfte zu behalten. Es wurde auch berichtet, dass bei Tofaş-Fiat Arbeitskräfte, die untereinander familiär verbunden waren oder aus der gleichen Gegend stammten, bevorzugt eingestellt wurden, so dass soziale Beziehungen der Arbeiter untereinander und mit ihrem Umfeld in das Werk übertragen wurden (PARLAK 1996, S.133 ff).

Je nach Beschäftigung, in der Karosserie-Abteilung, an den Blechpressen oder bei den Farb-Spritzanlagen, wurde die Arbeit als durch physische Belastung schwer und für die Gesundheit schädlich empfunden. Auch die Schichtarbeit (zwei bis drei Schichten) wurde als nachteilig von der Belegschaft eingestuft (PARLAK 1996, S.138 f). Es zeigte sich also bei wissenschaftlichen Einblicken in den Betriebsablauf von Tofaş-Fiat die zu erwartende Problematik der Gewöhnung von zum Teil aus dem ländlichen Raum stammenden Migranten an die streng geregelte und dadurch Disziplin erforderlich machende Arbeitsweise eines Industriebetriebes – eine Problematik, wie sie überall, wo der Industrialisierungsprozess um sich greift, besteht.

Was die Verknüpfung der großen Automobilfirmen in Bursa mit den zahlreichen kleinen und ihren unterschiedlichen Produktionsausrichtungen angeht, so wurde vielfach die übliche Methode der Unterauftrags-Vergabe (engl. *subcontracting*) angewendet (dazu: KAYTAZ 1994, S.141 ff), so dass eine synergetische Verflechtung innerhalb der Automobilindustrie in der Stadt Bursa entstand, was dem Standort einige Sicherheit für die zukünftige Entwicklung – auch angesichts der Konkurrenz mit anderen Standorten der Automobilindustrie in der Türkei – gibt.

Die Textilindustrie ist das andere Standbein der Industrie in der Stadt Bursa. Es ist das ältere Standbein und war bis in die 1950er Jahre hinein das einzige und fundamentale. Wenn man die Einführung von – für ihre Zeit – modernen Produktionsmethoden in den Seiden-Haspeleien in der Stadt Bursa als den Anfang der Textilindustrie ansieht, dann geschah dies in der zweiten Hälfte des 19.Jahrhunderts.

Die Seidenindustrie, basierend auf dem Maulbeerbaumanbau in der Umgebung, der Seidenraupenhaltung und der Kokon-Erzeugung (mit Vermarktung im Koza Han) in der Stadt, bildete also den Ausgang und die Grundlage der Textilindustrie in Bursa (STEWIG 1970, S.133 ff). Die Rahmenbedingungen der Entstehung sollen hier nicht noch einmal dargestellt werden.

Nach dem politischen Neubeginn in Anatolien, der Gründung der Republik Türkei durch Kemal Atatürk, lag die Industrialisierung des Landes aufgrund der zuvor gemachten Erfahrung ungünstiger Einflussnahme des Auslandes ganz in Händen des Staates und war autarkie-orientiert (STEWIG 1998). Für die Stadt Bursa ergab sich daraus ein neuer Zweig der Textilindustrie durch die Schaffung einer staatlichen Wollfabrik, der Merinos-Werke, im Jahr 1938, die gleich als Großbetrieb angelegt worden sind und bis in die 1970er Jahre mit bis zu 4.000 Beschäftigten (WIEBE 1980) der größte Industriebetrieb der Stadt Bursa war (STEWIG 1970, S.94 ff). Es handelte sich um einen Betrieb, der alle Produktionsstufen, von der Rohstoff-Aufbereitung (Wäscherei) über Kämmerei,

Spinnerei, Färberei (im Garn) und Weberei, umfasste. Kamm- und Streichgarnstoffe waren seine Hauptproduktionsausrichtung.

Die Hoffnung, auf dem westlich der Ova von Bursa gelegenen Staatsgut (türk. Karacabey Harası) ein Merino-Schaf mit guter Wollqualität züchten zu können, so dass die Merinos-Werke mit ihrem Rohstoff aus der Umgebung versorgt werden konnten, brachte nicht den gewünschten Erfolg (STEWIG 1970, S.97); es musste auf Roh-Wollimporte zurückgegriffen werden.

Eine andere staatliche Gründung des Jahres 1938 war die Kunststoff-Fabrik (Garn-Produktion) im benachbarten Gemlik, wodurch auch für die Textilindustrie in Bursa ein neuer Rohstoff, erstmals halb-synthetisches Garn, zur Verfügung stand. Dagegen erlebte die Seidenindustrie in der Stadt Bursa nach dem Ersten Weltkrieg infolge des griechisch-türkischen Bevölkerungsaustausches durch Verlust ihrer Trägerschaft, die griechischen und armenischen Unternehmer und weiblichen Arbeitskräfte der Seidenindustrie der Stadt, einen tiefgreifenden Rückschlag (STEWIG 1970, S.140 ff).

Als Ende der 1940er Jahre das Ein-Parteien-System in der Türkei endete und eine Konkurrenzsituation der politischen Parteien entstand, wurde auch die bis dahin verfolgte etatistische Wirtschaftspolitik gelockert, und es wurden begrenzt privatwirtschaftliche Betriebe zugelassen (STEWIG 1998). Für die Textilindustrie der Stadt Bursa bedeutet dies, dass die Teilbranche der schon zuvor vorhandenen kleinen Webereien bedeutenden Auftrieb erhielt.

Es ergab sich die 1967 untersuchte Situation einer Vielzahl, bis zu 800/1000 Einheiten, kleiner und kleinster, privatwirtschaftlicher Webereien (STEWIG 1970, S.104 ff). Damit war innerhalb des Textilstandortes Bursa eine Struktur gegeben, die auch die Wirtschaft des Landes Türkei grundlegend kennzeichnete, es war das Nebeneinander (engl. *mixed economy*) der staatlichen und privatwirtschaftlichen Betriebe. Angesichts des Aufschwungs der Textilindustrie in Bursa durch die Teilbranche der Webereien erfolgte – noch vor den 1970er Jahren – eine Rückwärtsintegration: zwei (Voll-)Synthese-Faser-Fabriken für Nylon- und Polyester-Garne wurden gegründet, Sifaş (Abkürzung für türk. Sentetik Iplik Fabrikası Anonim Şirketi) und Polylen (türk. Sentetik Iplik Sanayi Anonim Şirketi), die sich nebeneinander in dem neu geschaffenen türk. Bursa Organize Sanayi Bölgesi (STEWIG 1970, Karte S. 32, S.216) niederließen.

Auch die Vorwärtsintegration ergab sich aus der neuen Siuation mit den vielen kleinen Webereien: es wurde die Bearbeitungsstufe der Färberei, Stoffdruckerei und Appreturanbringung deutlich erweitert (STEWIG 1970, S.151 f), um die grauen Rohtuche gefälliger für den Verkauf zu gestalten. So hatte die Textilindustrie der Stadt Bursa Ende der 1960er/Anfang der 1970er Jahre eine erstaunliche Vielfalt erworben, und zwar:

- bei den Rohstoffen (Seide, Wolle, halb-synthetische und voll-synthetische Garne; Baumwolle wurde von den türkischen Baumwollspinnereien in den Hauptanbaugebieten der Baumwolle - West- und Süd-Anatolien - bezogen),
- bei den Produktionsstufen (Garnerzeugung, Spinnerei, Weberei, Färberei, Stoffdruckerei, Appreturanbringung),
- bei den Betriebsgrößen (dem sehr großen Betrieb der Merinos-Werke standen die vielen kleinen Webereien gegenüber; dazwischen schoben sich die mittelgroßen Betriebe der Synthesegarnerzeugung und der Färbereistufe),
- bei den Besitzverhältnissen (staatliche und privatwirtschaftliche Betriebe).

Allerdings: die Verarbeitungs-Produktionsstufe Konfektion fehlte noch. Tuche und Tücher wurden produziert, darunter auch Handtücher – eine traditionelle Produktionsausrichtung der handwerklichen Zeit, die auf die vielen Badeeinrichtungen der Stadt Bursa zurückgeht.

Je nach Qualität der Produkte erfolgte der Absatz im ländlichen Raum oder bei der städtischen Bevölkerung (STEWIG 1972, S.37), aber überwiegend im eigenen Land.

Wie in anderen Industrieländern mit früher Textilindustrie entstand auch in Bursa eine kleine Maschinenbau-Industrie, die sich der Produktion von Webstühlen und anderem für die Textilindustrie brauchbarem Gerät annahm (STEWIG 1970, Photo 17, S.232).

Standortmäßig hatte sich durch die lange Entwicklungszeit der Textilindustrie die alte, ringförmige Struktur der Industrieareale in der Stadt Bursa (STEWIG 1970, Karte 34, S.217) herausgebildet: die ersten Industrieareale der Seidenindustrie am südlichen Stadtrand, am Cilimboz und am Gökdere, die jüngeren Industrieareale der Merinos-Werke und der vielen kleinen Webereien am nördlichen und östlichen Stadtrand.

Die Textilindustrie in Bursa hatte sich aus der alleinigen Wurzel der Seidenindustrie heraus in der zweiten Hälfte des 19.Jahrhunderts in mehreren Wachstumsschüben zu einem tragfähigen Baum mit starken Verzweigungen entwickelt. Bursa war zur vielfältigsten Textilindustriestadt der Türkei geworden. Die ausgeprägten lokalen Verflechtungen stellten ein synergetisches System dar.

So erhebt sich die Frage nach der Entwicklung der Textilindustrie der Stadt Bursa in den letzten 30 Jahren. Wesentlich war dabei eine Änderung der Rahmenbedingungen, wiederum in Gestalt der Wirtschaftspolitik. Die von T. Özal initiierte und durch ihn in seinen politischen Ämtern auch umgesetzte neue Wirtschaftspolitik war auf Exportförderung orientiert (STEWIG 2000a, S.12 f, 194 f, 211 f, 222 f). Dies galt vorrangig für die türkische Textilindustrie und darunter – in nicht geringem Maße – für die etablierte Textilindustrie der Stadt Bursa. Diese Exportförderung bestand aus Rückvergütung von Steuern, verbilligten (subventionierten) Krediten, zollfreiem Import von Rohstoffen, Körperschaftssteuererlass und direkten Exportprämien (STEWIG 2000a, S.211 f).

Besonders die mittleren und größeren Betriebe der Textilindustrie profitierten davon; ihr Größenwachstum wurde gefördert; kleinere und mittlere Betriebe gelangten in eine höhere Größenordnung; neue Betriebe entstanden. Wenig oder gar keinen Nutzen hatten die ganz kleinen Webereien in Bursa, die sich an einem direkten Export aufgrund ihrer mangelnden Kompetenz und zu geringer Kapitalausstattung nicht beteiligen konnten. So ergab sich eine etwas veränderte Betriebsgrößenstruktur der Textilindustrie in Bursa, auf die noch einzugehen ist. Mit der neuen Situation, der Konkurrenz der türkischen Textilindustrie auf dem Weltmarkt – Exporte wurden in die größeren Industrieländer der Europäischen Union und in die USA getätigt – erwuchs die Notwendigkeit, auf den ausländischen Märkten bestehen zu können. Das wiederum erzwang den Einsatz moderner und modernster Produktionsmaschinen, für deren Anschaffung Kapital gebraucht wurde.

In dieser Situation waren die vielen sehr kleinen Webereibetriebe in der Stadt Bursa benachteiligt, so dass sie vielfach aufgeben mussten. Die großen und mittleren Betriebe dagegen deckten sich mit neueren Produktionsmaschinen, die in der Textilindustrie der hochindustrialisierten Länder frei wurden, ein. Das führte dazu, dass die älteren Maschinen der großen und mittleren Betriebe an kleinere weitergegeben wurden, so dass auch für kleine Webereien ein Fortbestand ermöglicht wurde (ERAYDİN 1994, S.169 f). Der Wandel war also vom (Auslands-)Markt her und technologisch induziert.

Selbst bei den Nylon- und Polyestergarn herstellenden Betrieben in Bursa, Sifaş und Polylen bestand der Zwang zu technischen Innovationen, um die Konkurrenzfähigkeit zu erhalten bzw. wiederzuerlangen. So wurde die ursprüngliche Verwendung von Chips – bei der Betriebsbesichtigung des Verfassers der vorliegenden Veröffentlichung im Jahre 1967 wurden diese von der BASF, über Mudanya, importiert - aufgegeben, und es wurde auf flüssiges Rohmaterial umgestellt, um die Energiekosten zu senken, die durch die Erwärmung der Chips anfielen, um sie flüssig zu machen.

Die Entwicklung der türkischen Textilindustrie und speziell der in Bursa war also in den letzten 30 Jahren durch einen nicht unbedeutenden Technologieschub gekennzeichnet.

Eine Untersuchung von Industriebetrieben im türk. Bursa Organize Sanayi Bölgesi von BOZKURT und AYTAŞ (1997), die allerdings nur nach Betriebsgröße (nach der Zahl der Beschäftigten), nicht nach Branchen differenzierte, aber sicher auch für die Textilindustrie der Stadt Bursa Gültigkeit hatte, stellte fest, dass sich nur größere Betriebe – begrenzt – R. & D. (engl. *Research and Development*, dt. Forschungs- und Entwicklungsabteilungen) leisten konnten.

Für 1989, nachdem die neue Wirtschaftspolitik seit Anfang der 1980er Jahre gültig war, wurde folgende Betriebsgrößenstruktur der Textilindustrie in Bursa angegeben (ERAYDIN 1994, S.170):

Anzahl der Beschäftigten	Anzahl der Firmen	durchschnittliche Beschäftigtenzahl
1-10	162	6
11-25	117	17
26-50	70	37
51-100	38	70
101-250	37	152
251-500	8	366
501-1.000	6	733
1.000+	8	1.650

Die Statistik lässt erkennen, dass eine nicht unerhebliche Zahl kleiner und kleinster Betriebe weiter bestand. Für Anfang der 1980er Jahre gibt es eine Aufgliederung dieser kleinen Betriebe (AKİSİK 1986, S.99).

durchschnittliche Beschäftigtenzahl	% der Firmen	% der Beschäftigten
1	8,2	2,1
2	38,6	19,7
3	11,2	8,6
4	13,2	13,5
5	8,5	10,9
6-9	13,2	23,0
10-15	7,1	22,2
Insgesamt	100	100

Das Weiterbestehen kleiner Betriebe hängt auch mit der Verflechtung und Organisation der Textilindustrie in der Stadt Bursa zusammen. Einerseits kam es zu übergreifenden – das gilt räumlich, d.h. über die Stadt Bursa hinausgehend, als auch sachlich, d.h. über die Textilbranche hinausgehend – größeren Zusammenschlüssen. So entstand eine Textil-Holding-Gesellschaft über mehrere Produktionsstufen hinweg bis zur Konfektion, Nergis, mit Sitz in Bursa, zu der auch die Synthese-Garn-Fabriken Sifaş und Polylen gehören.

Andererseits erfolgte die Verflechtung größerer und mittlerer Textilfabriken in Bursa dadurch, dass sie – besonders bei Engpässen – Unteraufträge (engl. *subcontracting*) an kleine und kleinste Betriebe vergaben (AKİSİK 1986, S.115 ff; ÇİNAR, KAYTAZ & EVCİMEN 1987; KAYTAZ 1994).

Daneben bestand weiter das alt-hergebrachte, schon in der frühen, ersten Textilindustrie der Welt, auf den Britischen Inseln, existierende engl. *putting-out system*, dt. Verlagssystem, bei dem ein Kaufmann, als engl. *middleman*, verschiedene Produktionsstufen und Produktionsbetriebe, Rohstoffe und Absatzmärkte, miteinander verknüpft (AKİSİK 1986, S.111 ff). Darin waren besonders kleine und kleinste Betriebe eingebunden. So finden sich in der Stadt Bursa zahlreiche Textil-Handels-Agenturen, nicht zuletzt im traditionellen Teil des Stadtzentrums (vgl. STEWİG 1973, Abb. 4).

Was die Branchenstruktur der Textilindustrie in Bursa angeht, so bestehen die traditionellen Teilbranchen weiter. In relativ geringem Umfang ist die Verarbeitungsstufe Konfektion hinzugekommen. Vor allem Sportkleidung wird hergestellt, Jerseys, Shorts, auch Jogging-Anzüge (ÇİNAR, KAYTAZ & EVCİMEN 1987). Diese Produktausrichtung wird vielfach von den kleinen Betrieben vertreten, in denen – wie auch in kleinen Textil-Betrieben anderer Produktionsausrichtungen – unbezahlte Familienarbeitskräfte in bedeutendem Umfang, bis zu 50%, beschäftigt werden (ÇİNAR, KAYTAZ & EVCİMEN (1987, S.140). Hoch spezialisierte kleine Betriebe der Konfektion schalteten sich sogar in den Export ein. Für engl. *sportswear* wurden als Märkte solcher Betriebe angegeben: 10 % Provinz Bursa, 50 % die drei größten Städte der Türkei, 40 % die übrige Türkei, 30 % Export (ÇİNAR, KAYTAZ & EVCİMEN 1987, S.134).

Zwei neueste Entwicklungen der Textilindustrie Bursas sollen nicht unerwähnt bleiben, eine positive, eine negative. Zu der positiven zählt die Entwicklung von Buttim (Abkürzung für türk. Bursa Uluslararası Tekstil Ticaret ve Alışveriş Merkezi), an der Ausfallstraße nach Gemlik und Yalova (und weiter nach Istanbul); es ist ein Messe-, Handels- und Einkaufszentrum, das zur Verbindung der Textilindustrie in der Stadt Bursa untereinander und zur Präsentation ihrer Produkte - hauptsächlich Stoffe unterschiedlicher Art - und nach außen, für den Export, dient. Die andere Entwicklung ist negativer Art. Die – jahrzehntelang größte - Textilfabrik in der Stadt Bursa ist geschlossen worden. Die Schließung der Merinos-Werke dürfte im Zusammenhang mit den Problemen - auch eine Auswirkung der neuen Wirtschaftspolitik - der Privatisierung von Staatsbetrieben stehen.

Auf weitere Industriebranchen soll hier nicht eingegangen werden. Über ihre Anfänge unterrichtet STEWİG 1970 (S.121 ff). Auf die nicht unbedeutende Nahrungsmittelindustrie wird im Rahmen des Themas "Bursa und der primäre Sektor" hingewiesen.

Nach Computer-Ausdrucken, die dem Verfasser der vorliegenden Veröffentlichung von der Handels- und Industriekammer in Bursa (türk. Bursa Ticaret ve Sanayi Odası) zugänglich gemacht wurden, kam die Industrie in Bursa – insgesamt – 1995 auf 746 Firmen mit 56.000 Beschäftigten (ohne Abgrenzung zu Handwerksbetrieben). Diese Angabe steht in starkem Widerspruch zu den in Bursa Büyükşehir Belediyesi 1997, S.89, Tabelle, genannten Werten.

Wenn es um die strukturellen Veränderungen des sekundären Sektors in der Stadt Bursa seit den 1970er Jahren geht, dann handelt es sich in einschneidender Weise um die räumlichen Veränderungen, um den Kontrast zwischen alter und neuer räumlicher Struktur.

Die alte Strukrur ist die in der Untersuchung von STEWIG 1967 ermittelte und 1970 publizierte; sie kommt klar in der Karte 34 (S.217) zum Ausdruck. Sie besteht aus einem aus mehreren Zellen (Industriearealen) zusammengesetzten Ring. Am südlichen Stadtrand bildeten, am Flüsschen Cilimboz im Westen und am Flüsschen Gökdere im Osten, die aus den Anfängen der Industrialisierung Bursas, aus der zweiten Hälfte des 19.Jahrhunderts stammenden Standorte der Seidenindustrie zwei Zellen. Diese Lage war bedingt sowohl durch die Möglichkeit der Wasserversorgung aus den beiden Gebirgsbächen – die Fabriken benötigten viel Wasser - als auch dadurch, dass dort die die Fabriken tragende griechische und armenische Unternehmerschaft und die (weiblichen) Arbeitskräfte wohnten (ERDER 1975).

Am nördlichen Stadtrand waren die Merinos-Werke in der Zeit zwischen den beiden Weltkriegen entstanden, und nach dem Zweiten Weltkrieg hatten sich – weiter östlich – die zahlreichen kleinen Webereien etabliert, die sich in einer zweiten Zelle auf der Ostseite des Gökdere ausdehnten. Bis auf den westlichen Bereich, wo sich der Bade-Ortsteil Çekirge erstreckte, hatte sich ein ziemlich geschlossener Ring gebildet.

Doch wurden die Anfänge der neuen, heutigen Struktur, die als planmäßige dezentralisierte Konzentration der Industrieareale – ein modernes stadtplanerisches Konzept – bezeichnet werden kann, bereits Anfang der 1960er Jahre in die Wege geleitet, und zwar durch die Schaffung des ersten engl. *industrial park/industrial estate*, türk. *organize sanayi bölgesi*, in der Türkei (AVCI 2000, S.57), dem bis 1999 43 weitere in vielen Städten der Türkei folgten.

Das Bursa Organize Sanayi Bölgesi (STEWIG 1970, S.162 ff, Karte 32, S.216) wurde Anfang der 1960er Jahre etwa 10 km weit vom damals geschlossen bebauten Stadtgebiet entfernt, an der Straße nach Mudanya angelegt. Es sollte sich – mit umfassendem Ausbau – zu einem Hauptstandort der Industrie der Stadt Bursa entwickeln. Diese Gründung kann nicht hoch genug für die planerische Entwicklung und neue räumliche Ordnung der Stadt Bursa eingeschätzt werden – wurde doch dadurch ein Standort-Chaos vermieden, wie es in anderen, heute hoch-industrialisierten Ländern in deren Frühzeit industrieller Entstehung – besonders auf den Britischen Inseln – verbreitet war.

1962/63 waren auf 180 ha 72 Parzellen angelegt worden (STEWIG 1970, S.162 f), 1995 wurde das Areal auf 600 ha erweitert. Die Zahl der Betriebe und Arbeitskräfte wuchs wie folgt:

1970	18 Betriebe	3.164 Arbeitskräfte
1976	51 Betriebe	12.476 Arbeitskräfte
1983	86 Betriebe	15.931 Arbeitskräfte

(aus Ekonomi, Nr. 1 vom Juni 1984, der Hauszeitschrift der Handels- und Industriekammer von Bursa, türk. Bursa Ticaret ve Sanayi Odası, S.18/19).

Der Anteil der Industriebranchen in diesem Industrieareal betrug 1983/84: 35 % Textilindustrie, 30 % Automobilindustrie, 15 % Metall- und Maschinenbauindustrie, 20 % übrige. Über die Entwicklung des Elektrizitäts- und Wasserverbrauchs siehe STEWIG 1985 (S.26, Tabelle).

Bis 1995 war die Besetzung des engl. *industrial park* auf 140 Firmen mit 25.000 Arbeitskräften gestiegen, und auf die Branchen entfielen: 40 % Textilindustrie, 21 % Metall- und Maschinenbauindustrie, 18 % Automobil- und –zulieferindustrie, 4 % Chemieindustrie, 2 % Nahrungsmittelindustrie, 7 % Reifen- und Plastik-Industrie, 3 % Holz- und Papierindstrie, 5 % übrige (Bursa Büyükşehir Belediyesi 1997, S.109).

Praktisch hatte sich ein Querschnitt der Industrie Bursas im BOSB niedergelassen, und mit dem Ausbau der Firma Bosch stand eine fortschreitende Erweiterung an. Der BOSB-Standort hatte noch eine weitergehende Bedeutung für die dezentralisierte Konzentration der Industriebetriebe in Bursa, insofern sich – bereits Anfang der 1970er Jahre - Oyak Renault benachbart eingerichtet hatte.

Das grundlegende Planungskonzept der Industriestandorte in Bursa, im Raum von Bursa, wurde noch weiter geführt dadurch, dass – benachbart zu der anderen großen Automobilfabrik Tofaş-Fiat – an der Straße nach Gemlik und Yalova (und weiter nach Istanbul) - seit den 1970er Jahren ein weiterer engl. *industrial park* angelegt wurde, unweit der Ortschaft Demirtaş, das Demirtaş Organize Sanayi Bölgesi (DOSB), überwiegend auf zu dem eigenen administrativen Bezirk (türk. *bucak*) Demirtaş gehörenden Gebiet.

1995 wies das DOSB 111 Betriebe mit 19.000 Arbeitskräften auf. In die Branchen teilten sich 58 % Textilindustrie, 24 % Automobil- und -zulieferindustrie, 5 % Metall- und Maschinenbauindustrie, 13 % übrige (Bursa Büyükşehir Belediyesi 1997, S.110). Abb. 9 gibt – auf einem türkischen Stadtplan – einen Eindruck von der Belegung des DOSB.

Beide Industrieareale, BOSB und DOSB, waren für mittlere und größere Industriebetriebe gedacht. Durch diese beiden Industrieareale – zusammen mit den je benachbarten beiden Automobilfabriken - war das Konzept der dezentralisierten Konzentration der Industriebetriebe in Bursa im Grundansatz schon verwirklicht. Man ging jedoch noch weiter.

Hatte man bereits in den 1960er Jahren – wohl als Folge des großen Brandes von 1958 im alten Stadtzentrum, wodurch auch traditionelle Standorte der Handwerker betroffen wurden – neue Standorte innerhalb des damaligen Stadtgebietes für Handwerks- und Kleinindustrie-Betriebe planmäßig geschaffen (das türk. Küçük Sanayi Çarşısı: STEWİG 1970, S.161 f, Karte 31, S.215 und das Küçük Sanayi Bölgesi: STEWİG 1970, Karte 34, S.217), so schlug man nun zwei Fliegen mit einer Klappe: Hinausverlagerung dieser alten Standorte aus der Innenstadt durch Schließung und Entwicklung neuer, speziell für kleine Industrie- und Handwerksbetriebe geschaffene, planmäßige, neue Anlagen, den türk. pl. *organize sanayi bölgeler* vergleichbar: das türk. Otosansit (türk. Otomobil Sanayi Sitesi) an der Straße nach Inegöl (und weiter nach Ankara) und das zweite, nicht auf Automobile spezialisierte Klein-Industrie-Gebiet von Beşevler (türk. Sanayi Sitesi) an der Straße nach Karacabey (und weiter nach Izmir). Wie die Ausbreitung der engl. *industrial parks* in der Türkei, über Bursa hinaus, wurde auch die Entstehung und Ausbreitung von Arealen für Kleinindustrie (türk *küçuk sanayi*, auch türk. *sanatkar*) in der Türkei, über Bursa hinaus, üblich (BAYAZIT 1995, speziell S.20 f, Tabellen).

Mit den großen, jeweils mehrere zig-Hektar umfassenden Arealen für die kleinen Industrie- und Handwerksbetriebe ist das Konzept der dezentralisierten Konzentration des sekundären Sektors in der Stadt Bursa vollends umgesetzt worden, hat sich die neue räumliche Struktur der Industriebetriebe Bursas gegenüber der alten Ringstruktur vollkommen durchgesetzt (Abb. 10).

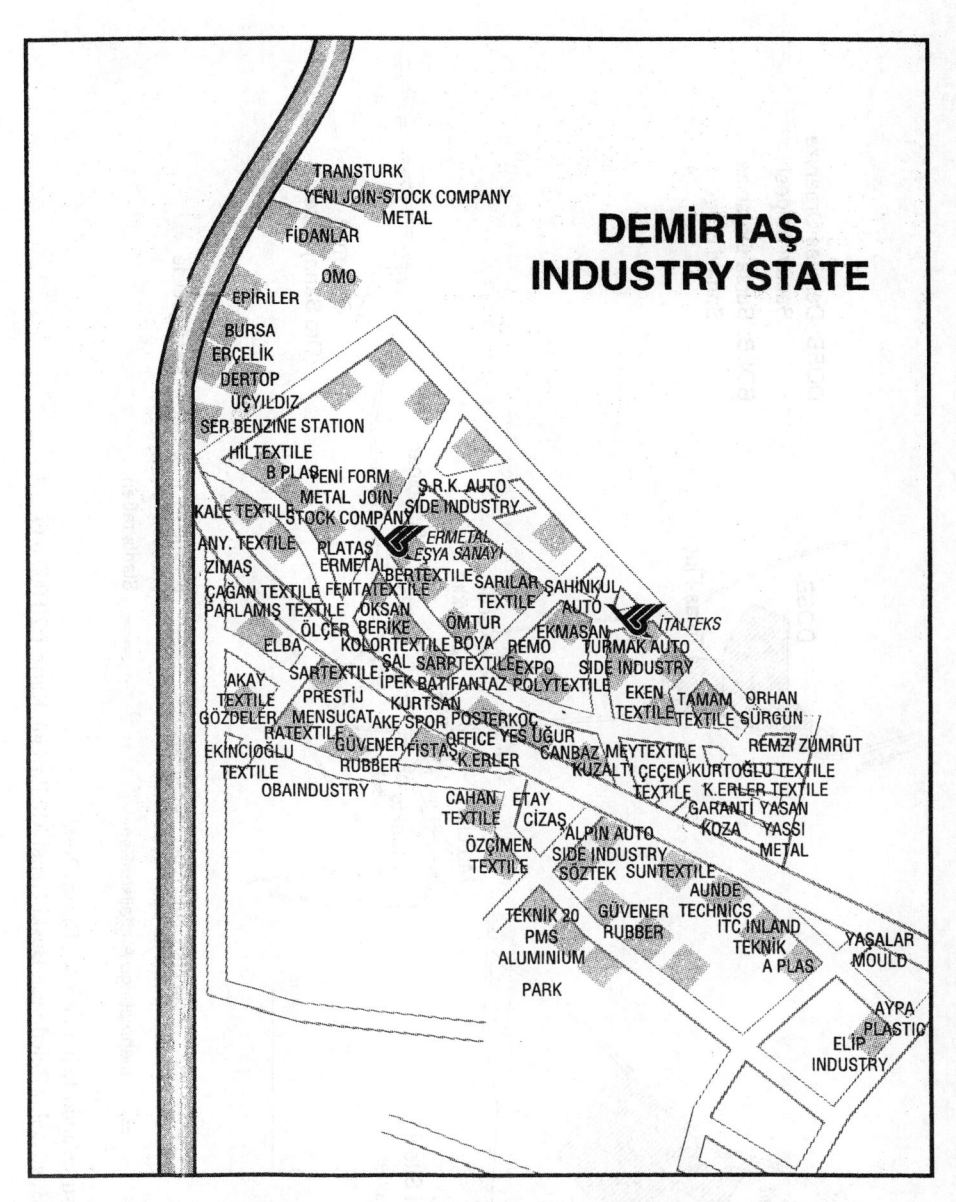

Abb. 9: Belegung des Demirtaş Organize Sanayi Bölgesi (DOSB), etwa 2000
Quelle: vergrößerter Ausschnitt aus einem Stadtplan von Bursa von Doğu ve Taze Bilgi
Iki Nokta, ISBN 975-340-062-4, im Maßstab 1:10 000

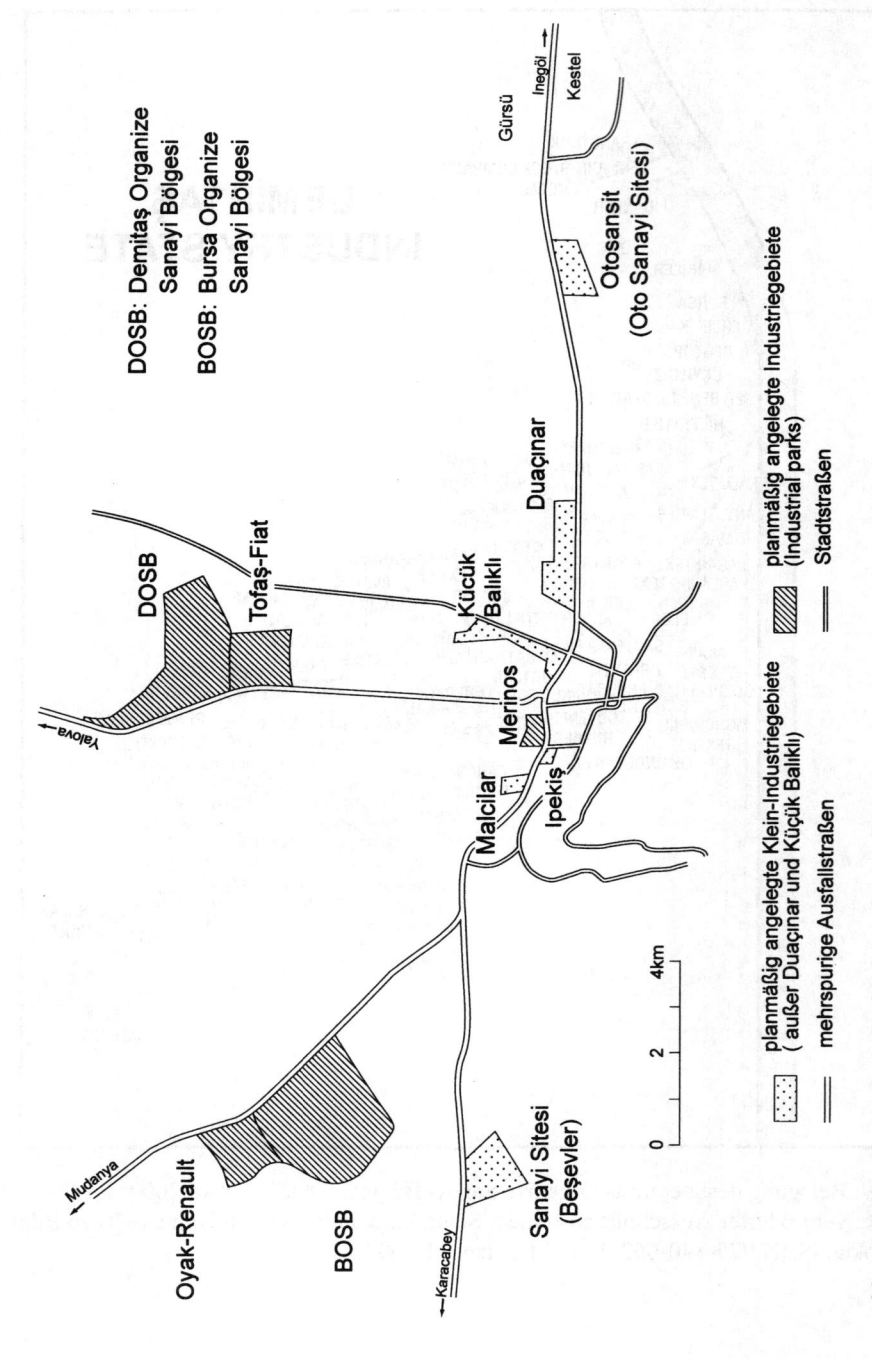

Abb. 10: Industriestandorte in der Stadt Bursa, 2002
Quelle: Bursa Büyükşehir Belediyesi, Buski Genel Müdürlüğü, Karte 1:20 000 o.O. o.J.

3.2 Bursa und der tertiäre Sektor

Unter dem Begriff tertiärer Sektor – im Türkischen *hizmetler* (dt. Dienste, Dienstleistungen) – wird eine Fülle von Sachverhalten subsummiert. Sie reichen vom Einzel- und Großhandel, von Banken und Versicherungen, Hotels und Gaststätten über politische Administration auf verschiedenen Ebenen, juristische, medizinische und schulische/universitäre Dienstleistungen bis zu Verkehr und Kommunikation traditioneller und moderner Provenienz, bis zu Tourismus und Unterhaltungs- und Vergnügungsstätten. Nicht alle Aspekte können oder sollen hier behandelt werden.

Für die (Industrie-)Stadt Bursa ist es wichtig festzuhalten, dass der tertiäre Sektor in der Stadt ein bedeutendes Gegengewicht zum sekundären Sektor darstellt. So betrug der Anteil der türk. *hizmetler* zwischen 1970 und 1990 zwischen 45 und 48 %. Dabei stieg die Zahl der Beschäftigten kontinuierlich von 1970 40.310 über 1980 69.422 bis 1990 auf 121.105 an (Bursa Büyükşehir Belediyesi 1997, S.89). Dagegen wiesen die (Land-)Kreise Gürsu und Kestel, wenn man sie wegen der baulichen Verbindung ihrer Hauptorte zu Bursa mit betrachtet, nur geringe Anteile im tertiären Sektor auf, und zwar zwischen 23 und 38 % (Bursa Büyükşehir Belediyesi 1997, S.93, 94). Die übermächtige Stadt Bursa lässt keine Rivalen im tertiären Sektor in der näheren Umgebung aufkommen.

Ein historischer Rückblick macht deutlich, dass Bursa anfangs und über Jahrzehnte vom tertiären Sektor – in unterschiedlicher Weise – vollkommen geprägt war. In römischer Zeit wurden die heißen Quellen von Çekirge genutzt (SÖLCH 1920, S.266). In byzantinischer Zeit war Bursa, damals Prusa, ein kleines, regionales Zentrum, auch Bischofssitz, trat an Bedeutung hinter – im staatlichen und kirchlichen Zusammenhang - den damals größeren Nachbarstädten Nikomedia (heute Izmit) und Nikäa (heute Iznik) zurück (SÖLCH 1920, S.272 ff). Anfang des 14.Jahrhunderts, als Ibn Battuta in Anatolien reiste, zu einer Zeit, als sich die Osmanen in West-Anatolien etablierten, war Bursa einer von mehreren regionalen Fürstensitzen, aber von Ibn Battuta bereits als groß und wichtig beschrieben (STEWIG 1971, Tafel).

Der tertiäre Sektor erhielt in Bursa mächtigen Auftrieb, als die Stadt 1326 Hauptstadt des expandierenden Osmanischen Reiches wurde – mit einem immer weiter ausgreifenden Hinterland.

Auch als Bursa nach einigen Jahrzehnten die Hauptstadtfunktion wieder verlor, 1365 an Edirne (SÖLCH 1920, S.297), trat keine Schwächung, aber ein Strukturwandel des tertiären Sektors der Stadt ein. Bursa, wo die Gründer des Osmanischen Reiches, Orhan und Osman, ihre Begräbnisstätten gefunden haben, wurde bis in die Zeit nach der Eroberung Konstantinopels (1453) Nekropolstadt der frühen osmanischen Sultane und damit nationaler Schrein. Von der Hauptstadtfunktion her wirkte sich aus, dass Bursa im Fern- und Levantehandel eine bedeutende Rolle übernahm.

Bei INALCIK (1960, S.133-135) gibt es eine lange Liste von Kaufleuten aus Bursa, die im 15. Jahrhundert in arabischen Ländern tätig waren. Aus jener Zeit stammen die ersten Anlagen der Karawansereien (türk. plur. *hanlar*), die um das traditionelle, kommerzielle und religiöse Zentrum der Stadt, um die türk. Ulu Cami, den Bedesten und den türk. Kapalı Çarşı (ÖZDEŞ 1954; SCHARABI 1985) errichtet worden sind (STEWIG 1973, Abb.4; vgl. Fig.71 bei WIRTH 2001, S.147; GABRIEL 1958; ERLER 1967, S. 52 ff).

Nach der Glanzzeit des teriären Sektors Bursas durch den Levantehandel sank die Stadt seit dem 16.Jahrhundert wieder auf das Niveau eines regionalen Zentrums ab, zumal auch die seit byzantinischer Zeit ansässige Seidenmanufaktur zurückging (LIEBE-HARKORT 1970, S.55 f).

So musste sich in der Neuzeit der tertiäre Sektor der Stadt hauptsächlich auf die Funktion als Provinzhauptstadt stützen. Die Untersuchung von STEWIG (1974a) zeigte die räumliche Verflechtung, Struktur und Reichweite dieser Funktion auf verschiedenen sachlichen Ebenen innerhalb der Provinz Bursa auf. Zu den sachlichen Ebenen gehörte die Ausstattung der zentralen Orte in der Provinz Bursa mit schulischen, medizinischen, kommunikativen, politisch-administrativen und marktlichen Versorgungseinrichtungen; die Marktwege innerhalb der Provinz Bursa für Getreide, Baumwolle, Sonnenblumen, Tabak, Weintrauben, Oliven, Kokons; die Einkaufswege für Kleidung, Haushaltsgeräte, Radios, Traktoren, Lastwagen; die Versorgungswege zur Apotheke, zum praktischen Arzt, zum Zahnarzt, zum Optiker, zum Krankenhaus; die Schulwege zur Realschule, Fachschule, zum Gymnasium. Dabei ergab sich, dass Bursa konkurrenzlos der höchstrangige Ort der gleichnamigen Provinz war und dass innerhalb der Provinz eine zweistufige zentralörtliche Orientierung bestand: entweder auf die Hauptorte der Kreise oder auf die Stadt Bursa gerichtet – eine Zweistufigkeit, wie sie sich auch innerhalb der Stadt Bursa (STEWIG 1973) eingestellt hat.

Was die weitere Ausstattung Bursas als höchstrangiger zentraler Ort der Provinz – und darüber hinaus – in den 1960er und 1970er Jahren betrifft, findet sich eine entsprechende Erfassung – Bursa als wirtschaftliches, administratives, kulturelles und medizinisches Zentrum – bei STEWIG (1970, S.66 ff), so dass hier nicht darauf eingegangen wird.

Die wiedergegebenen Daten über die Entwicklung der im tertiären Sektor Beschäftigten seit 1970 ließen erkennen, dass sich der tertiäre Sektor der Stadt weiter aufwärts und umfangreich entwickelt hat. Das hängt zunächst mit der Bevölkerungsentwicklung der Stadt und der Provinz Bursa zusammen: Zunahme von Bevölkerung und wirtschaftliche Entwicklung machen umfangreichere Dienstleistungen erforderlich.

Aber auch bei speziellen Funktionen/Teilbereichen des tertiären Sektors konnte Bursa eine günstige Entwicklung aufweisen. Als Anfang der 1970er Jahre mit den zwei neuen Automobilfabriken, Tofaş-Fiat und Oyak-Renault, der sekundäre Sektor mächtigen Auftrieb erhielt, erfuhr auch der tertiäre Sektor eine vergleichbare Stärkung: nach Gründungsbeschluss von 1972 wurde seit 1976 die Universität Bursa (türk. Uludağ Üniversitesi) geschaffen, nachdem zuvor bereits eine Pädagogische Hochschule in Bursa bestanden hatte.

Auf der Basis der zahlreichen staatlichen und privaten Krankenhäuser der Stadt (STEWIG 1970, S.81), die wiederum mindestens teilweise auf der Heilbadfunktion Bursas beruhten, entstanden zuerst eine medizinische Fakultät (türk. Tip Fakültesi), auch eine tierärztliche Fakultät (türk. Veteriner Fakültesi), weiter eine landwirtschaftliche Fakultät (türk. Ziraat Fakültesi), eine wirtschafts- und verwaltungswissenschaftliche Fakultät (türk. Ihtisadi ve Idari Bilimler Fakültesi), eine geisteswissenschaftliche Fakultät (türk. Edebiyat Fakültesi), und die Pädagogische Hochschule wandelte man in eine erziehungswissenschaftliche Fakultät (türk. Eğitim Fakültesi) um.

Als Standort wurde weit westlich des bebauten Stadtgebietes, an der Straße nach Karacabey (und Izmir) ein riesiges Campus-Gelände ausgewiesen (16.000 ha nach MURAT 1991, S.28), auf dem auch ein Universitätskrankenhaus, das Rektorat, die Universitätsbibliothek sowie Unterkünfte und Einkaufsmöglichkeiten, mit Vergnügungsstätte (türk. Eğlence ve Alışveriş Merkezi), errichtet wurden. Das Campus-Gelände (Abb. 11.) ist so groß, dass es weitere verstreute Standorte der türk. Uludağ Üniversitesi innerhalb der Stadt Bursa aufnehmen kann.

Mit der Gründung der Universität Bursa ist nicht nur ein Gegengewicht zum sekundären Sektor der Stadt geschaffen worden, sondern mit dem Campus-Gelände weit im Westen ein neuer Markstein für die räumliche Entwicklungsrichtung Bursas.

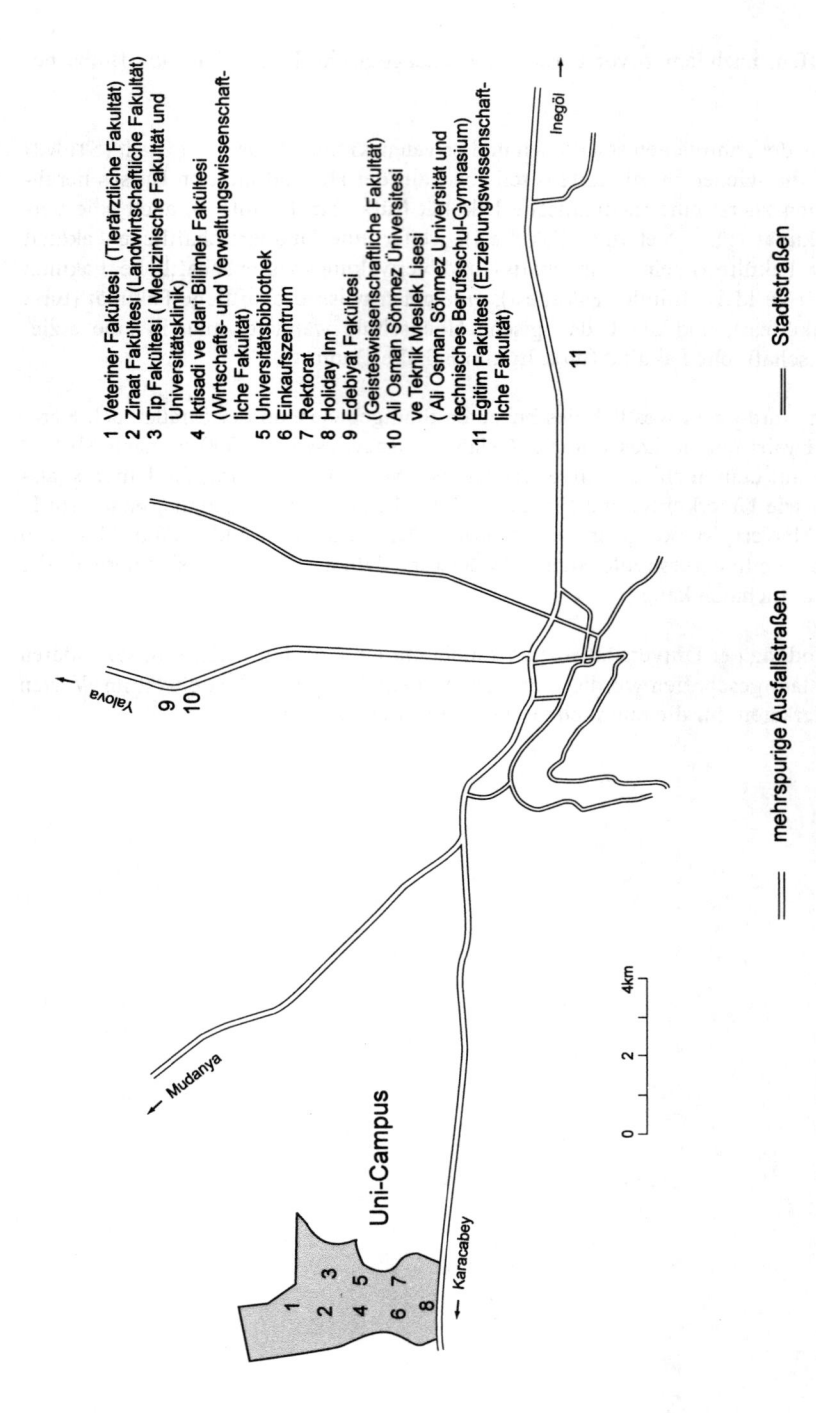

Abb. 11: Standorte der Uludağ-Universität (türk. Uludağ Üniversitesi) in der Stadt Bursa, 2002
Quelle: Bursa Büyükşehir Belediyesi, Buski Genel Müdürlüğü, Karte 1:20 000 o.o.o.J.

1 Veteriner Fakültesi (Tierärztliche Fakultät)
2 Ziraat Fakültesi (Landwirtschaftliche Fakultät)
3 Tıp Fakültesi (Medizinische Fakultät und Universitätsklinik)
4 İktisadi ve İdari Bilimler Fakültesi (Wirtschafts- und Verwaltungswissenschaftliche Fakultät)
5 Universitätsbibliothek
6 Einkaufszentrum
7 Rektorat
8 Holiday Inn
9 Edebiyat Fakültesi (Geisteswissenschaftliche Fakultät)
10 Ali Osman Sönmez Üniversitesi ve Teknik Meslek Lisesi (Ali Osman Sönmez Universität und technisches Berufsschul-Gymnasium)
11 Eğitim Fakültesi (Erziehungswissenschaftliche Fakultät)

== mehrspurige Ausfallstraßen
== Stadtstraßen

Statistisch untergliedert sich die Entwicklung des tertiären Sektors in der Stadt Bursa seit 1970 (Bursa Büyükşehir Belediyesi 1997, S.177, Tabelle), nach der absoluten und relativen Anzahl der Beschäftigten, wie folgt:

	1970		1980		1990	
Einzelhandel, Großhandel, Gaststätten, Hotels	15.399	38 %	26.285	38 %	46.422	38 %
Transportwesen, Nachrichtenaustausch; Lagerwesen	4.361	11 %	6.628	10 %	11.766	10%
Finanz- und Versicherungsgesellschaften, Immobilien, Vermögen betreffende Dienste	2.712	7 %	5.226	8 %	10.890	9 %
Persönliche Dienstleistungen	17.662	44 %	30.904	44 %	50.742	42 %
Elektrizität, Gas, Wasser	166	0 %	379	0 %	1.285	1 %
Gesamt	40.310	100%	69.422	100 %	121.105	100%

In den angegebenen Daten spiegeln sich einerseits die allgemeinen Dienstleistungen der Stadt Bursa im zentralörtlichen Rahmen für die eigene Bevölkerung und Wirtschaft und die Bevölkerung und Wirtschaft der Provinz Bursa. Andererseits hat die Stadt Bursa spezielle Dienste ihres tertiären Sektors aufzuweisen, die in den Daten ebenfalls zum Ausdruck kommen. Dazu zählen die Dienste für den endogenen, einheimischen, in der Türkei selbst entstehenden, sowie den exogenen, aus dem Ausland hereingetragenen Tourismus.

Dabei ist zu unterscheiden zwischen der Funktion Bursas als Ausgangsstation für den (Winter-)Tourismus auf dem Uludağ, der über eine Straße und eine Seilbahn (türk. *teleferik*) erreicht werden kann, und dem auf die Badeeinrichtungen und die historischen Sehenswürdigkeiten gerichteten Tourismus innerhalb der Stadt Bursa (STEWIG 1970, S.52 ff). Auch die Universität Bursa sowie einige weitere Einrichtungen wissenschaftlicher (Konservenforschungsinstitut, türk. Gıda Teknolojisi Enstitüsü; Seidenforschungsinstitut, türk. Ipekböcekçiliği Araştırma Enstitüsü) und schulischer Art (Kadettenanstalt/Offiziersschule, türk. Işıklar Askeri Lisesi) sind dem überregional bedeutsamen Teil des tertiären Sektors der Stadt Bursa zuzuordnen.

Im Rahmen des tertiären Sektors der Stadt können in einem Teilbereich, dem stationären Einzelhandel, eine alte Struktur und eine neue, die sich in den letzten drei Jahrzehnten entwickelt hat, unterschieden werden.

Die alte Struktur ist untersucht und umfassend dargestellt in STEWIG (1973). Die alte Struktur – des stationären Einzelhandels – der Stadt Bursa ist die typische Struktur des Einzelhandels in der traditionellen orientalischen Stadt – innerhalb und außerhalb des Stadtzentrums -, die aber bereits von Wandlungen/Ergänzungen mit geprägt wurde. So präsentiert sich – auch heute noch – in Bursa der traditionelle Bereich des (stationären) Einzelhandels als der eine Pol des Stadtzentrums, zu dem der zweite, der moderne Pol hinzugekommen ist – bevor sich in den letzten 30 Jahren ein noch weiter gehender Wandel zur modernen Struktur des (stationären) Einzelhandels der Stadt herausgebildet hat.

Der traditionelle Pol des Einzelhandels in Bursa (ÖZDEŞ 1954, S.10-18; STEWIG 1973, Abb.4 und 5; SCHARABI 1985, an vielen Stellen) besteht aus dem Bedesten, dem fest überdachten und abschließbaren zentralen Gebäude, in dem die hochrangigen Waren, Gold, Silber, Edelsteine, heute auch Uhren, angeboten werden, der überdachten Basarstraße (türk. Kapalı Çarşı) und der offenen Basarstraße (in Bursa türk. Uzun Çarşı und Tuzpar), mit nach Branchen geordneten, auch heute noch offenen Verkaufsständen, wobei die Wertigkeit der Waren mit zunehmender Entfernung von der Hauptmoschee (in Bursa der türk. Ulu Cami) abnimmt, von Devotionalien über Textilien und Schuhen bis zu den Metall-Handwerkern und -Händlern, die Schneidwaren, Beschläge und Öfen herstellen. Dazu gesellten sich im Umkreis um die Hauptmoschee, den Bedesten und den türk. Kapalı Çarşı die in der Vergangenheit, überwiegend im 14./15. Jh. angelegten Karawansereien (türk. plur. *hanlar*): Pirinç Han, Eski Ipek Han (Arabacılar Han), Emir Han, Koza Han, Geyve Han, Mahmut Paşa Han (Fidan Han) (STEWIG 1973, Abb. 4). Ursprünglich hat es wohl noch einige Karawansereien mehr gegeben (ERLER 1967, S.62 ff; WILDE 1909, S.103 ff)).

Ihre Namen deuten zum Teil auf ihre Stifter, zum Teil auf den spezialisierten Warenumschlag in ihnen, z.B. Reis im Pirinç Han, Seide im (Eski) Ipek Han, Kokons ım Koza Han. Heute dienen die Karawansereien in Bursa nicht mehr der Aufnahme von Tragtierkolonnen, ihrer Begleiter und ihrer Waren.

Nach dem Brand von 1958, der große Teile des traditionellen Stadtzentrums – mit Ausnahme der Hauptmoschee und des Bedesten – vernichtet hatte, wurden fast alle Karawansereien wieder aufgebaut und restauriert. Als neue Nutzer zogen Handelsagenturen und Rechtsanwälte in die Unter- und Obergeschosse ein (STEWIG 1973, Abb.4 und 5).

Die Rechtsanwälte sind heute zum großen Teil ausgezogen, und zwar in die oberen Geschosse der Apartment-Wohn(hoch)häuser an den Geschäftsstraßen des modernen Pols des Stadtzentrums Bursas. Dieser moderne Pol – ohne offene Verkaufsstände, mit nach europäischem Vorbild nach außen abschließenden Schaufenstern und Ladentüren –

hatte sich an der Atatürk- und der Altıparmak-Straße, auch an der Cumhuriyet-Straße, herausgebildet (STEWIG 1973, Abb. 6 und 7).

Im Gegensatz zum traditionellen Pol des Stadtzentrums, in dem allein der stationäre Einzelhandel, ohne Wohnen, vertreten ist – es also keine Standortidentität von Wohnen und Arbeiten wie in der mittelalterlichen europäischen Stadt gab und gibt – sind im modernen Pol die Geschäfte in den Erdgeschossen der Apartment- Wohn(hoch)häuser angesiedelt.

Auch unter einem weiteren Aspekt unterscheiden sich traditioneller und moderner Pol – auch heute noch – in der Stadt Bursa. Der traditionelle Pol wird von der traditionell orientierten Kundschaft, d.h. der Land-Kundschaft, aufgesucht, die Geschäfte im modernen Pol werden von der modern orientierten städtischen Kundschaft besucht.

Es soll nicht unerwähnt bleiben, dass sich – als Ergänzung und räumliches Gegenstück zu dem modernen Pol des Stadtzentrums – ein auf Kraftfahrzeugbedarf spezialisierter Einzelhandelsbereich, unmittelbar an den Hauptstraßen zu dem alten Omnibusbahnhof (türk. Santral Garaj) – als Ausgangspunkt des automobilen Fernverkehrs – herausgebildet hatte (STEWIG 1973, Abb. 8).

Zur alten Struktur des stationären Einzelhandels in der Stadt Bursa gehört auch die spezifische Ausprägung des städtischen Einzelhandels außerhalb des Stadtzentrums (STEWIG 1973, Abb. 9). Dort war eine Fülle von kleinen Zentren, für jedes Stadtviertel (türk. *mahalle*) eines, vorhanden. Diese Klein-Zentren unterschieden sich nicht wesentlich voneinander. Außer einem Brunnen, einer Moschee, einem Teehaus, gehörten ein Gemischtwarenladen (türk. *bakkal*) für den täglichen Bedarf, ein Obst- und Gemüseladen, ein Bäcker, selten ein Schlachter - die Ernährung war vegetarisch ausgerichtet -, ein Friseur und ein Schneider dazu (STEWIG 1973, S. 164).

Was das innerstädtische zentralörtliche Verhalten der Bevölkerung anging, so ergab sich eine Zweistufigkeit, die mit dem religiösen Verhalten vielfach gekoppelt war: die Viertelsmoschee und der Lokalbasar dienten der alltäglichen Bedarfsdeckung, die Hauptmoschee und der Zentralbasar befriedigten gehobene Ansprüche (STEWIG 1973, S. 167).

Es soll nicht verschwiegen werden, dass neben den Stadtviertel-Zentren auch Wochenmärkte abgehalten wurden: dazu im einzelnen STEWIG (1973, S. 164; vgl. für Istanbul heute ÖZGÜÇ & MITCHELL 2000).

Die Entstehung einer neuen Struktur des (stationären) Einzelhandels in größeren Städten der Türkei wurde eingeleitet durch die Gründung von modernen Einkaufszentren (engl. sing. *shopping centre*, türk. sing. *alışveriş merkezi*, auch türk. *büyük alışveriş merkezi*) (zur Definition und Verbreitung TIMOR 2001). Bis zum Jahr 2000 entstanden allein in Istanbul 21 moderne Einkaufszentren (Liste bei TIMOR 2001, S. 65). Abb. 12 zeigt die Verbreitung von Einkaufszentren in der Türkei.

Sicherlich besteht bei der Ausgestaltung von Einkaufszentren – nicht nur in der Türkei – ein weiter Spielraum nach Größe, Umfang des Sortiments und der Qualität des Angebots. Auch gibt es große Unterschiede, was die Einrichtung von Parkplätzen oder Parkhäusern für die mit dem privaten Pkw anreisende Kundschaft angeht – dies ist nicht nur in Westeuropa und Nordamerika, sondern auch in der Türkei heute der Fall.

In Istanbul offerieren die zwei modernsten Einkaufszentren, Galleria von 1988 und Akmerkez von 1993, die höchstrangigen modischen Angebote der großen internationalen Designer. Um so bemerkenswerter ist es, dass auch in der Industriestadt Bursa das moderne Einkaufszentrum Einzug gehalten und zu einer neuen Struktur des (stationären) Einzelhandels geführt hat (Abb. 13).

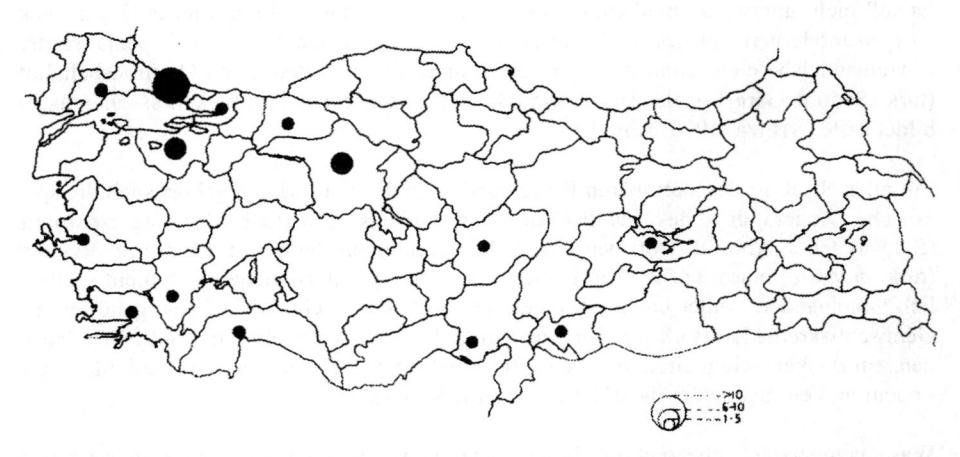

Abb. 12: Verbreitung von Einkaufszentren (türk. sing. *alışveriş merkezi*) in der Türkei, nach Anzahl: >10, 6-10, 1-5
Quelle: TIMOR 2001, S.64

Das spektakulärste Einkaufszentrum in Bursa, im Stadtzentrum, heißt Zafer Plaza (türk. *zafer* = Sieg). Es ist dreigeteilt: in der Mitte eine gläserne Eingangs-Pyramide nach dem Vorbild des Eingangs zum Louvre in Paris; daneben befinden sich zwei weitere Gebäude mit – außer hochrangigen Geschäften – Vergnügungsstätten und einem Parkhaus. Die türkische Benennung des Zentrums, Alışveriş ve Yaşam Merkezi (dt. Einkaufs- und Lebensstil-Zentrum), deutet auf die Hochrangigkeit der Angebote.

Nicht weit entfernt – ebenfalls im Stadtzentrum – befindet sich ein weiteres Einkaufszentrum, Tower Plaza, ein vielstöckiges Hochhaus mit einem aus dem Gebäude hervorragenden Riesenrad; es war im März und Oktober 2002 geschlossen, wegen Baumängeln, wie es hieß, und der dadurch bedingten Erdbebengefährdung.

Zu diesen zwei Einkaufszentren gesellt sich in Bursa eine Reihe von weiteren an der Peripherie der Stadt, was in Abb. 13 standortmäßig aufgezeigt wird: Metro, Carrefour, As, Kumluk, Özdilek, Real, Büyük Oto Ticaret Merkezi, und – ganz im Osten, schon zu Kestel gehörig – Sariyer.

Die Abbildung lässt ihre Lage an den Haupstraßen nach Westen, Norden und Osten erkennen. Im Osten ist das (Handels-) Zentrum, das sich gegenüber dem Otosansit Industrie-Areal befindet, auf Automobile spezialisiert.

Alle neuen Einkaufszentren sind auf Kundschaft orientiert, die mit dem Pkw anreist. Da es in der Innenstadt Bursas an Parkplätzen mangelt, wurde der Bau eines Parkhauses beim Zafer Plaza-Zentrum notwendig: aber auch das (geschlossene) Tower Plaza-Zentrum verfügt über eine Tiefgarage. An den Ausfallstraßen nach Westen, Norden und Osten war die Anlage von großen Parkplätzen neben den Einkaufszentren naturgemäß einfacher.

In der (Angebots-) Qualität unterscheiden sich die Einkaufszentren in Bursa deutlich. An der Spitze stehen Zafer-Plaza, dann As Merkez im Norden – ohne hochrangige Wohnbebauung in der Umgebung (!) – und Carrefour S.A. im Westen – mit hochrangiger Wohnbebauung in der Umgebung. Kumluk – als verhältnismäßig kleines Einkaufszentrum wohl relativ früh angelegt – und Özdilek, beide im Norden, sind mehr auf traditionelle Kundschaft mit Pkw orientiert.

Mit riesigen Warenstapeln im Einkaufszentrum und dem weitläufigen Parkplatz davor macht Carrefour S.A. ganz den Eindruck, den man von entsprechenden Zentren in Frankreich gewohnt ist.

Eine besondere, auch für westeuropäische Verhältnisse neue Form eines Einkaufszentrums ist das Buttim genannte (Abürzung für türk. Bursa Uluslararası Tekstil Alışveriş Merkezi, dt. Bursa Internationales Textil-Handels- und Einkaufszentrum): es stellt die Kombination eines auf Textilien – vor allem Stoffe - spezialisierten Einkaufszentrums mit einem Ausstellungs- und Handelszentrum – auch für den Export – der Textilindustrie der Stadt Bursa dar.

Noch in einem anderen Punkt deutet sich die Modernität der neuen Einkaufszentren-Struktur in Bursa, verglichen mit den Städten der westeuropäischen Industrieländer, an: wie dort gibt es auch in Bursa die Spannung zwischen Einkaufen im Stadtzentrum und Einkaufen in den Stadtrand-Einkaufszentren. In Bursa handelt es sich einerseits um die Einkaufszentren Zafer Plaza (und Tower Plaza) sowie den traditionellen und den modernen Pol des stationären Einzelhandels im Stadtzentrum, andererseits um Carrefour, Metro, As, Kumluk, Özdilek, Real, Buttim und Sariyer, periphere Einkaufszentren an den Ausfallstraßen (Abb. 13).

Sicher ist die alte, auf Stadtteil-Kleinzentren orientierte Struktur des (stationären) Einzelhandels in der Stadt Bursa außerhalb des Stadtzentrums nicht völlig überwunden, aber die neue, auf Einkaufszentren orientierte Struktur ist ausgeprägt vorhanden und dürfte in Zukunft erweitert werden.

Unter der Stadtbevölkerung kursiert schon die Rede vom Niedergang der alten kleinen Stadtteil-Zentren, vom Untergang des türk. *bakkal* in Bursa.

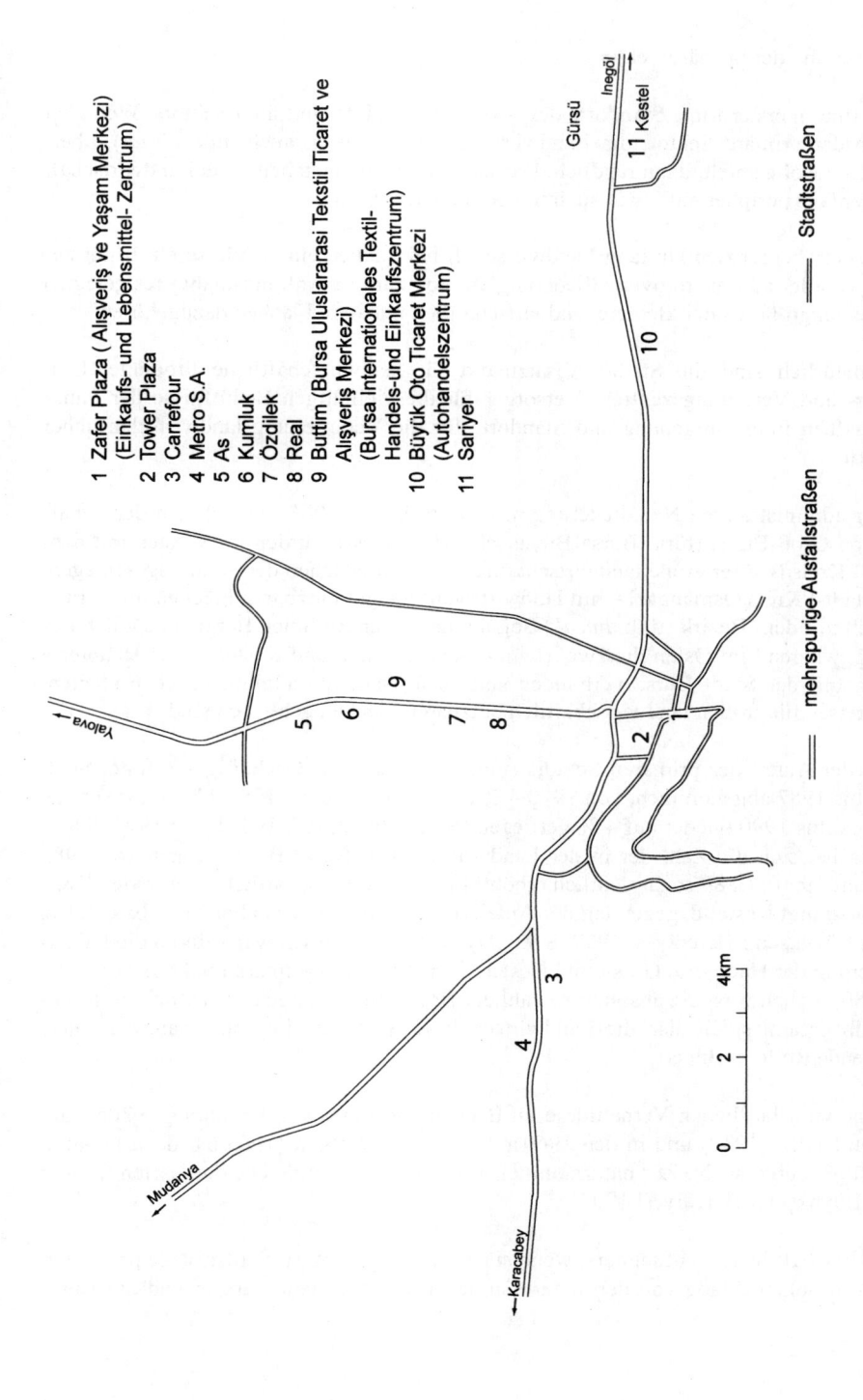

1 Zafer Plaza (Alışveriş ve Yaşam Merkezi)
  (Einkaufs- und Lebensmittel- Zentrum)
2 Tower Plaza
3 Carrefour
4 Metro S.A.
5 As
6 Kumluk
7 Özdilek
8 Real
9 Buttim (Bursa Uluslararasi Tekstil Ticaret ve
  Alışveriş Merkezi)
  (Bursa Internationales Textil-
  Handels-und Einkaufszentrum)
10 Büyük Oto Ticaret Merkezi
   (Autohandelszentrum)
11 Sariyer

═══ mehrspurige Ausfallstraßen   ═══ Stadtstraßen

Abb. 13: Standorte der Einkaufszentren (türk. sing. *alışveriş merkezi*) in der Stadt Bursa, 2002
Quelle: verschiedene Handkarten und eigene Beobachtungen

3.3 Bursa und der primäre Sektor

Städte sind in erster Linie Standorte des sekundären und des tertiären Sektors. Wenn bei Städten der primäre Sektor, die Landwirtschaft (türk. *tarim*, auch türk. *ziraat*), überhaupt eine Rolle spielt, dann randlich. Das ist konkret zu verstehen – die Landwirtschaft tritt allenfalls peripher auf – wie auch in übertragenem Sinne.

In welchem begrenzten Umfang Landwirtschaft bei Städten eine Rolle spielt, hängt zunächst von der administrativen Gliederung ab – ob zum verwaltungsmäßig festgelegten Stadtgebiet größere oder kleinere landwirtschaftlich nutzbare Flächen dazugehören.

Aber natürlich sind die Städte Absatzmarkt für landwirtschaftliche Produkte, Umschlags- und Verteilungszentren, Versorger für die vielfältigen Bedürfnisse der Landwirtschaft in ihrer Umgebung und Standorte für die Verarbeitung landwirtschaftlicher Produkte.

Bei der administrativen Neugliederung in und um Bursa, 1987, im Rahmen der Schaffung von Groß-Bursa (türk. Bursa Büyükşehir Belediyesi) wurden im Westen mit dem (Stadt-) Kreis Nilüfer große landwirtschaftlich genutzte Flächen der Stadt zugeschlagen. Der (Stadt-) Kreis Osmangazi – mit landwirtschaftlich gut nutzbaren Flächen im Norden – erhielt mit dem Bezirk (türk. *bucak*) Soğukpınar sogar ein Stück Bergland südlich des Uludağ, während im Osten die zwei (Land-) Kreise Gürsu und Kestel, deren Hauptorte baulich mit der Stadt Bursa verbunden sind, selbstständige administrative Einheiten, Landkreise, mit großen landwirtschaftlich nutzbaren Flächen geblieben sind.

So hat der Anteil des primären Sektors (türk. *tarim*) an der Beschäftigung in der Stadt Bursa bis 1987 abgenommen, von 1970 4 % auf 1980 1 % bzw. 1985 2 %, ist aber nach 1987 und bis 1990 wieder auf 4 % gestiegen (Bursa Büyükşehir Belediyesi 1997, S.89). Absolut hat sich die Zahl der in der Landwirtschaft in Bursa Beschäftigten von 1985 2.754 auf 1990 11.889 sogar deutlich erhöht. In den landwirtschaftlich orientierten Kreisen Gürsu und Kestel dagegen lag der Anteil des primären Sektors bei 23 % bzw. 20 % (Bursa Büyükşehir Belediyesi 1997, S.93, 94). In beiden Kreisen war – durch die Industrialisierung der Hauptorte Gürsu und Kestel – der Anteil des primären Sektors von je 41 % (1980) – auch was die absolute Anzahl der Beschäftigten angeht – deutlich im Rückgang. Insgesamt spielt also die Landwirtschaft selbst heute eine nicht ganz zu unterschätzende Rolle in Bursa.

Die landwirtschaftlichen Verhältnisse im Becken von Bursa wurden in den 1930er Jahren von STOTZ (1939) und in den 1960er Jahren von DENKER (1963/64, dazu DENKER 1962, 1963) untersucht. Zur naturräumlichen Ausstattung vergleiche die Karten I.4-8 in Bursa Büyükşehir Belediyesi 1997.

Landwirtschaft hängt – besonders, wenn sie auf niedrigem Wirtschaftsniveau praktiziert wird – in hohem Maße von den naturräumlichen Gegebenheiten ab. In und um Bursa herrscht bei weitgehend einheitlich mediterranen klimatischen Verhältnissen – Sommertrockenheit mit hohen Temperaturen, Winterniederschlag bei niedrigeren Temperaturen, nach Höhenlage differenziert – eine vielfältige edaphische Ausstattung vor. Zur Bodenklassifikation im Becken von Bursa MURAT 1991, S.6-10. Das niedrige, bis 600 m hohe Küstengebirge am Marmara-Meer, das die nördliche Begrenzung des Beckens von Bursa darstellt, ist auf seiner Nordseite etwas stärker beregnet und ermöglicht dort Ölbaumkulturen. Die nach Süden exponierte, trockene Seite mit Macchia-Beständen erlaubt nur Schaf- und Ziegenhaltung.

Im Süden wird das Becken von Bursa vom Uludağ begrenzt, mit steilem Abfall nach Norden. Dort tritt in Abhängigkeit von der Höhenlage eine Abfolge von mediterraner Vegetation, Laubwäldern, Nadelwäldern bis zur baumfreien Höhenzone auf (RATHJENS 1952).

Zwischen der nördlichen und südlichen Begrenzung des Beckens von Bursa lassen sich mehrere, landwirtschaftlich unterschiedlich nutzbare Bereiche unterscheiden. An die Travertin-Terrasse, von wo aus - als Festung - die Stadt Bursa den Ausgang ihrer Entwicklung und Ausbreitung genommen hat, lehnt sich eine mehr und weniger geneigte, breite Schwemmfächer-Zone an, die im Osten bis an die Schwelle zum nächsten Becken reicht, dabei weite Teile der (Land-) Kreise Gürsu und Kestel erfasst (STEWIG 1970, Karte 2, S.193).

Da die Schwemmfächer einer wasserundurchlässigen Lehmschicht aufliegen (STOTZ 1939, S.85), steht artesisches Wasser für Bewässerungszwecke zur Verfügung, wodurch Obst- und Gemüse-Kulturen möglich sind. Außerdem spenden die vom Berghang herabkommenden Gebirgsbäche, im inneren Stadtgebiet Cilimboz und Gökdere, Bewässerungswasser.

Der Hauptfluss und Vorfluter des Beckens von Bursa, der Nilüfer, der westlich der Stadt dem Gebirge entspringt, ist in seiner Laufrichtung nach Norden orientiert und durchquert bis zum Küstengebirge das Becken von Bursa. Dort nimmt er von Osten kommende kleine Nebenflüsse auf, die lange Zeit am Nordrand der Ebene versumpfte Gebiete bildeten. Sie sind potenziell für Reisbau und Großviehhaltung (Wasserbüffel, STOTZ 1939, S.95/96 – heute verschwunden) geeignet, stellten aber lange Zeit malariagefährdete Gebiete dar. Erst spät, überwiegend seit den 1960er Jahren, wurde durch den staatlichen Wasserdienst (türk. Devlet Su İşleri) die Malaria-Gefahr beseitigt und die größte Anzahl von Wasserläufen kanalisiert (STEWIG 1970, Karte 2, S.193), so dass Überschwemmungen selten und Bewässerungs-Kulturen möglich geworden sind.

Zwischen den Schwemmfächern mit artesischem Wasser im Süden und den ehemals sumpfigen Gebieten im Norden des Beckens von Bursa dehnt sich ein relativ trockener Bereich aus, der für Getreidebau, als Trockenfeldbau, geeignet ist (STOTZ 1939, S.82, Fig. 2 und 3) und der nach Westen, bis Karacabey und Mustafa Kemalpaşa, an Umfang zunimmt.

Das Becken von Bursa, und damit auch dessen Landwirtschaft, war von den griechisch-türkischen Auseinandersetzungen am Ende des Ersten Weltkriegs unmittelbar betroffen, der Waffenstillstand wurde 1922 in Mudanya geschlossen. Dadurch wurde das Becken von Bursa auch von der Abwanderung griechischer Bevölkerung beeinflusst; das wirkte sich besonders auf den Maulbeerbaum-Anbau und die Seidenraupen-Haltung aus.

Mit seiner im Vergleich zu großen Teilen der Türkei landwirtschaftlich günstigen naturräumlichen Ausstattung stellte und stellt das Becken von Bursa ein landwirtschaftliches Überschussgebiet dar, das nicht nur die Bevölkerung der Stadt Bursa, sondern – seit längerem – auch die Stadt Istanbul versorgte. Auch waren früh Anreize zur Verbindung nach Istanbul, über die Häfen Mudanya und Gemlik, auch über Yalova als Fährhafen und zu einer über das Subsistenzwirtschaftsniveau hinausgehenden landwirtschaftlichen Produktion gegeben.

Im Verlauf wirtschaftlicher Aufwärtsentwicklung, Bevölkerungsentwicklung und Verstädterung in der Türkei setzte im Becken von Bursa eine Spezialisierung und Intensivierung der landwirtschaftlichen Produktion ein, und zwar auf Pfirsich-Kulturen vor allem in der Schwemmfächerzone und in angrenzenden bewässerbaren Arealen (DENKER 1963/64).

Der Verfasser der vorliegenden Veröffentlichung erinnert sich, damals in Bursa die größten und qualitativ besten Pfirsiche jemals gegessen zu haben.

Stockwerkartig dehnte sich unter den Pfirsichbäumen Getreide- und auch Gemüse-Anbau aus. Für den Umschlag des Obst und Gemüses wurde in den 1960er Jahren in Bursa die türk. Sebze ve Meyve Hali – auf dem Gelände des aufgelassenen Bahnhofs der Stadt (der Bahn nach Mudanya) - errichtet, dazu ein Kühlhaus (türk. Soğuk Hava Deposu). Zur Verarbeitung von Obst und Gemüse ließen sich die ersten Fabriken dieser Produktionsausrichtungen in der Stadt Bursa nieder (STEWIG 1970, S.123 und Karte 26, S.210). Der Name Tamek war damals der in der Türkei weit bekannte Name der größten Obstsaft-Herstellungs-Firma in Bursa.

Das bebaute Stadtgebiet Bursas grenzte unmittelbar an den Bereich intensivster landwirtschaftlicher Nutzung der Schwemmfächerzone. Daraus ergab sich im Laufe der weiteren Entwicklung, d.h. Ausbreitung der Stadt Bursa, ihr Haupteinfluss auf die Landwirtschaft der Umgebung: Verdrängung, wie von MURAT (1991) dargelegt.

Für 1987 wurde das Verhältnis der landwirtschaftlichen Produktionsausrichtungen in der türk. *ova* von Bursa folgendermaßen angegeben (MURAT 1991, S.8): Gemüse 42,8 %, Obst 24,4 %, Baumschulen 11,8 %, Pappeln 10,8 %, Getreide 9,1 %; der Rest verteilte sich auf Futterpflanzen, Mais, Sonnenblumen und Kartoffen.

Offenbar hatte der Pfirsich-Anbau seinen Höhepunkt überschritten. Das lag nicht nur an der Verdrängung der Landwirtschaft gerade in den für den Pfirsich-Anbau wichtigen, leicht bewässerbaren Bereichen, sondern auch an Problemen des Transportes der empfindlichen Früchte (allein schon auf dem Weg nach Istanbul). Und außerdem lag es wohl auch an dem Vermarktungssystem - durch mehrere Händler - so dass dem kleinbäuerlichen Erzeuger wenig übrig blieb. Vielfach wurde auf den risikoärmeren Getreidebau ausgewichen (DENKER 1963/64, S.133).

Im Laufe der Entwicklung Bursas, und das heißt hier der Ausbreitung der Stadt, wurden immer mehr Flächen für die Industrie, die Wohngebiete, den Verkehr benötigt. Hinzu kamen nicht wenige Flächen für weitere Nutzungen, wie die Gewinnung von Trink- und Brauchwasser, die Reinigung von Schmutzwasser (auch der Industrie) und für Müll-Deponien (dazu MURAT 1991, S.37 ff). Durch die großen Mengen Wasser, die für die Industrie und die Wohnbevölkerung benötigt wurden, erwuchs der auf künstliche Bewässerung angewiesenen Landwirtschaft in der türk. *ova* von Bursa eine starke Konkurrenz. So überrascht der Rückgang von landwirtschaftlichen Flächen innerhalb der türk. *ova* von Bursa nicht.

Schon bis 1990 ergaben sich nach MURAT (1991, S.13 f) für eine Reihe von Dörfern in der näheren und weiteren Umgebung der Stadt Bursa, des städtisch bebauten Gebietes, folgende Verluste an landwirtschaftlichen Flächen (in ha):

	ursprüngliche Landwirtschaftsfläche	Verlust an Landwirtschaftsfläche
Samanlı	2.425	1.325
Vakıf(köy)	490	50
Isabey	370	65
Arabayatağı	450	200
Küçükbalıklı	960	250
Panayır	460	140
Yeniceabat	280	20
Dereçavuş	700	120
Armut(köy)	360	20
Yunuseli	880	150
Geçit	590	471
Hamitler	870	400
Çeltik	490	20
Çukurca (früher Izvat)	450	15
Soğanlı	700	500
Ismetiye	860	80
Nilüfer	470	390
Balat	570	400
Doğanköy	850	50
Yolçatı	1.100	800

Özlüce	830	220
Minareliçavuş	790	290
Fethiye	750	600
Ertuğrul	220	20
Ihsaniye	330	260
Ürünlü	630	150
Alaaddinbey	780	80
Beşevler	580	430
Odunluk	300	150
Ovaakça-Alaşar	760	230

Nicht wenige dieser Siedlungen sind heute Stadtteile von Bursa: Arabayatağı Küçükbalıklı, Panayır, Hamitler – vom Minarett der Moschee in Hamitler hat der Verfasser der vorliegenden Veröffentlichung einstmals, 1967, die Lage der Stadt Bursa am Fuße des Uludağ photographiert (STEWIG 1970, Photo 1, S.224), Soğanlı, Fethiye, Ertuğrul, Ihsaniye, Beşevler, Odunluk.

Insgesamt spiegelt sich in dieser Entwicklung, in der Umgebung der Stadt Bursa, die Bevölkerungszunahme in den ländlichen Siedlungen, wie sie bereits in einem früheren Kapitel dargelegt worden ist.

Der Verlust an landwirtschaftlichen Flächen in der Umgebung der Stadt Bursa verteilte sich – wie die Statistik für 1990 zeigt – recht unterschiedlich. Einige Dörfer hatten bis 1990 nur wenig Flächen verloren. Dazu gehörten Yeniceabat, Çeltik, auch Armut und Çukurca (früher Izvat) – die beiden letzten waren die von DENKER (1962) untersuchten Dörfer. Alle vier lagen und liegen innerhalb des großen Bogens des Nilüfer, zwischen diesem Fluß und der (verkürzten und) kanalisierten Laufstrecke des Nilüfer. Dadurch waren besonders günstige Bedingungen für künstliche Bewässerung vorhanden.

Insgesamt ergab und ergibt sich bei der räumlichen Verteilung des Verlustes an landwirtschaftlichen Flächen folgendes Bild: Da sich die Stadt Bursa entlang der Ausfallstraßen nach Westen, Nordwesten und Osten ausdehnte, blieben die Sektoren zwischen den Bändern länger, teilweise bis heute, von städtischer Bebauung verschont – so der Bereich zwischen dem kanalisierten und dem nicht-kanalisierten Nilüfer. Andererseits ging dort, wo die Ausfallstraßen relativ dicht beieinander lagen, wie im Westen und Nordwesten, die Bebauung beider Bänder ineinander über.

Im Rahmen der Untersuchung der zentralörtlichen Struktur der Provinz Bursa (STEWIG 1974a) wurden auch die Wege zum Markt der landwirtschaftlichen Produkte Getreide, Baumwolle, Sonnenblumen, Tabak, Wein, Oliven und Kokons ermittelt (STEWIG 1974a, Fig. 10-16).

Entsprechend der unterschiedlichen naturräumlichen Ausstattung der Provinz Bursa war die Stadt Bursa nicht für alle aufgezählten landwirtschaftlichen Produkte das Haupt-

Vermarktungszentrum, worauf hier nicht im einzelnen eingegangen werden soll. Doch diente die Stadt Bursa als Hauptversorgungszentrum für die materiellen Bedürfnisse der Landwirtschaft der Provinz Bursa, von Haushaltsgeräten bis Traktoren.

Trotz der Rückläufigkeit der Landwirtschaft in der Umgebung der Stadt Bursa spielt nach der Wertmäßigkeit ihrer Produktion, die ja zum größten Teil aus Gemüse und Obst besteht, die Landwirtschaft immer noch eine bedeutende Rolle. Im Vergleich der Kreise der Provinz Bursa lag die landwirtschaftliche Produktion im Bereich der Stadt Bursa 1981 wertmäßig sogar an erster Stelle mit 22,7 %, während der Kreis Karacabey mit 22,6 % auf die zweite Stelle kam, gefolgt von dem Kreis Iznik (Oliven) mit 10,8 %, dem Kreis Yenişehir mit 10,3 %, dem Kreis Mustafa Kemalpaşa mit 8,7 %, dem Kreis Inegöl mit 8,3 % und dem Kreis Orhangazi mit 5 % (Bursa Büyükşehir Belediyesi 1997, S.104, Tabelle).

Weiterhin ist die Stadt Bursa in hohem, wenn auch nicht genau bekanntem Maße, Verarbeitungszentrum der Agrarprodukte der Umgebung und der Provinz Bursa, dazu zählen Fleisch und Fleischverarbeitung, Milch und Milchverarbeitung, Gemüse- und Obstverarbeitung, darunter Konserven, Tomatenpaste, Obstsäfte und Obstsaftkonzentrat - die heute weit bekannte auf diesem Feld tätige Firma Aroma befindet sich in Gürsu -, Obstpüree, Zitronenkonzentrat, Obstsaftabfüllung, Oliven-Pökelung, Pflanzenölgewinnung, Marinadenherstellung und Herstellung von Tiefkühlnahrungsmitteln (Bursa Büyükşehir Belediyesi 1997, S.108, Tabelle).

Im Verlauf der Entstehung der Industriegesellschaft in der Türkei (STEWIG 1998, 1999, 2000a) hat die Nahrungsmittelindustrie einen großen Aufschwung genommen. Die Stadt Bursa konnte sich dabei eine bedeutende Position – letztlich auf der Grundlage der reichen und vielfältigen Agrarwirtschaft in ihrer Umgebung – sichern.

Aber mit der Ausbreitung der städtischen Bebauung in die grüne Obst- und Gemüseanbauzone hinein - die der Stadt die Bezeichnung türk. Yeşil Bursa (dt. Grünes Bursa) eingebracht hatte - ist die alte oasenartige Einbettung der Stadt weitgehend verloren gegangen.

4 Entwicklung des Wohnens und der Wohngebiete in der Stadt Bursa

Unter dem Begriff Wohnen lässt sich eine Reihe von Sachverhalten subsumieren. Zur Qualität des Wohnens gehört die Zahl der Räume der Wohnung oder des Hauses, absolut und relativ, bezogen auf die Anzahl der Bewohner; die Ausstattung mit Elektrizität, Gas, Trinkwasser und die Brauchwasserentsorgung; die Ausstattung mit Möbeln, in Bursa mehr europäisch oder mehr orientalisch; die bauliche Gestaltung der Wohnung oder des Hauses; der Benutzer-Status: Mieter oder Eigentümer; die Kosten der Miete der Wohnung oder des Hausbaus in Abhängigkeit von den Einkommensverhältnissen; die Lage der Wohnung oder des Hauses zur Umgebung.

Es zeigt sich, dass Wohnen in hohem Maße Ausdruck sozialer Verhältnisse ist. Auf das Wohnen bezogene Daten sind – vor allem in Ländern auf dem Niveau von prä-industriellen Agrargesellschaften – selten Gegenstand der amtlichen Statistiken. Solche Daten müssen in eigens darauf angelegten Befragungen gesammelt werden.

Die Untersuchung der Stadt Bursa im Jahre 1974 war – im Gegensatz zu der auf die ökonomischen Verhältnisse hin orientierten Untersuchung des Jahres 1967 (STEWIG 1970) – ganz auf die demographischen und sozialen Verhältnisse der Bevölkerung ausgerichtet (STEWIG et alii 1980; STEWIG 1986).

Angesichts der 1.356 befragten Haushalte, die nach dem Zufallsprinzip örtlich ausgewählt wurden, ergab sich auch ein Bild des Wohnens in der damals rund 340.000 Einwohner aufweisenden Stadt Bursa. Wenn man von etwa 60.000 Haushalten ausgeht, wurden etwas über 2 % befragt. Die Befragungsergebnisse wurden nicht nur in Tabellen niedergelegt (STEWIG et alii 1980, S.95-102: zusammenfassende Tabellen), sondern auch in das gesamte damals bebaute Stadtgebiet umfassenden Karten (STEWIG 1986, Abb. 6,7).

Da die Qualität des Wohnens als Ausdruck der sozialen Verhältnisse gesehen werden kann, interessiert in diesem Zusammenhang die Sozialstruktur der Stadtbevölkerung Bursas (1974). Auf der Grundlage der Einkommensverhältnisse, die erstaunlich bereitwillig bei den Befragungen mitgeteilt wurden, ergaben sich – trotz ungewisser Grenzziehung – folgende Mengenanteile der sozialen Schichten: etwa 3 % Oberschicht, etwa 75 % Unterschicht (STEWIG et alii 1980, S.88, Tabelle). Die Werte erfüllen die Erwartungen, die an die Sozialstruktur einer Stadt der traditionellen, prä-industriellen Agrargesellschaft gestellt werden. Doch kamen noch etwa 22 % Mittelschicht-Haushalte dazu. Sie können als Indiz der Tatsache gesehen werden, dass sich – infrage kommen Haushalte mit längerem Stadtaufenthalt – eine Mittelschicht infolge des sozialen Wandels auf dem Wege der Stadt Bursa und der Türkei von der Agrar- zur Industriegesellschaft herauszubilden begann.

Sichtbaren, also durch Beobachtung zugänglichen und gleichzeitig zusammenfassenden Ausdruck der sozialen Verhältnisse und speziell des Wohnens stellen die Haustypen dar (vgl. TOMSU 1950; WILDE 1909). Danach wurden für Bursa unterschieden:

- die Villa mit Garten als Wohnquartier der Oberschicht

- das Apartmentwohn(hoch)haus, das nicht als Mietskaserne zu verstehen ist, sondern Haushalten mit höheren Einkommen als Wohnquartier dient

- das moderne Stadthaus, mit geringer Stockwerkszahl und variantenreicher Bauausführung, das von der sich herausbildenden Mittelschicht bewohnt wird

- das osmanische Stadthaus als historischer Vorläufer des modernen Stadthauses – wenn auch von der Konstruktion und Bauform her eine Übertragung des ländlichen Hauses in die Stadt; es wird von der Mittel- bis Unterschicht bewohnt

- das Einfachhaus (als deutsche Bezeichnung für türk. sing. *gecekondu ev*, „über Nacht gebautes Haus"), das der Masse der Unterschicht-Zuwanderer als Wohnquartier dient.

Dazu: statistisch STEWIG et alii 1980, S.94 f, photographisch STEWIG 1986, S.211-222.

Die räumliche Verbreitung der Wohnhaustypen in der Stadt Bursa entsprach den schematischen Erwartungen, die man an die typisch räumliche Sozialstruktur der präindustriellen Stadt der Agrargesellschaft richtet: die Oberschicht und obere Mittelschicht in der Mitte, im Zentrum und in Zentrums-Nähe, die soziale Unterschicht an der Stadtperipherie. Es bestand also ein zentrifugales Sozialgefälle. Es ist die alte räumliche Sozialstruktur der Stadt Bursa.

Diese Struktur fügte sich ein in die Verhältnisse, die sich durch die massenhafte Zuwanderung nach Bursa ergaben. Die Zuwanderung war so umfangreich, dass – für die sozioökonomisch schwachen Migranten – nur eine Niederlassung an der Peripherie in Frage kam. Dabei ergab sich im Falle Bursas in doppeltem Sinne eine sozial-räumliche Sortierung. Der südliche und der nördliche Stadtrand unterschieden sich deutlich, was die Möglichkeiten der Ansiedlung betraf.

Am steilen, zum Teil sehr steilen südlichen Stadtrand, der den unteren Hang des Uludağ darstellt, entstanden keine Kosten für den Erwerb von Grund und Boden, weil er angeblich niemandem, in Wahrheit der staatlichen Forstverwaltung gehörte. Dort ließen sich, nach gleichem Herkunftsort gruppiert, die ärmsten Zuwanderer nieder. Dies waren oft die Migranten aus dem südlichen Bergland der Provinz Bursa.

Am nördlichen, flachen, von den Schwemmfächern der Gebirgsbäche gebildeten Stadtrand bestand die hochwertige, landwirtschaftliche Nutzung auf der Grundlage von artesischem Bewässerungswasser mit Gemüse- und Obstanbau. Dort fielen Kosten für den Landerwerb an. So konnten sich dort nur Zuwanderer niederlassen, die entsprechende Investitionen tätigen konnten (STEWIG et alii 1980, S.235 ff). An beiden Stadträndern entstanden Einfachhäuser, türk. pl. *gecekondu evler*, die sich nach Bauausführung deutlich unterschieden (STEWIG 1986, Photos 15-19); hinzu kamen unterschiedliche Versorgungsprobleme, insbesondere der Trinkwasserversorgung am steilen Hang des Uludağ.

Verglichen mit anderen türkischen Städten, wurde der Anteil der türk. pl. *gecekondu evler* in Bursa in den 1970er Jahren mit 25 % erstaunlich niedrig eingeschätzt, während Istanbul auf 45 %, Ankara auf 65 %, Izmir auf 35 % und selbst Adana auf 45 % kamen (STEWIG 2000a S.249)

Die alten, historischen osmanischen Stadthäuser fanden sich naturgemäß in der Innenstadt, besonders in dem ältesten Stadtgebiet Bursas auf der Travertin-Terrasse, dem türk. *hisar* (dt. Festung) (STEWIG 1986, Photos 10-14). Andere Teile der Innenstadt waren von den zahlreichen Varianten der modernen Stadthäuser mit begrenzter Stockwerkzahl besetzt (STEWIG 1986, Photos 6-9).

Die Apartmentwohn(hoch)häuser erstreckten sich linear an den wenigen Haupt-Innenstadtstraßen, so an der Atatürk-Straße und der Altıparmak-Straße, die zum modernen Pol des zweipoligen Stadtzentrums, der engl. *city* bzw. des CBD (engl. *central business district*) gehörten (STEWIG 1986, Photos 3-5). Die wenigen Villen mit Gärten beschränkten sich auf den Bade-Stadtteil Çekirge und die Straße dorthin (STEWIG 1986, Photos 1,2).

Nach der Untersuchung von 1974 (STEWIG et alii 1980, S.95, Tabelle) betrug – bei den befragten Haushalten – der Anteil der Villen mit Gärten 0,5 %, der Apartmentwohn(hoch)häuser 14,5 %, der modernen Stadthäuser 22,7 %, der osmanischen Stadthäuser 7,5 % und der Einfachhäuser 54,5 % - ein Wert, der der Realität der damaligen Verbreitung der türk. pl. *gecekondu evler* in Bursa nahekommen dürfte.

Besonders interessant ist, dass die Wohnqualität – von der gesamten Stadtbevölkerung – so eingeschätzt wurde (STEWIG et alii 1980, S.102, Tabelle), dass der Bade-Stadtteil Çekirge und die Innenstadtteile (Altıparmak, Heykel, das ist der Atatürk-Platz mit dem Atatürk-Denkmal) Muradiye und Setbaşı, auch Yeşil und Hisar als die erstrebenswerten Wohngebiete angesehen wurden.

Erwähnt werden soll noch, dass es auch (kleinere) Wohngebiete gab, die aus dem zentrifugal-sozialen Schema herausfielen. Das waren die vom Staat durchgeführten Flüchtlingsansiedlungen in Bursa.

Schon in der zweiten Hälfte des 19.Jahrhunderts wurden türk.sing. *muhacir* (dt. Rückwanderer) genannte Flüchtlinge am damals nördlichen Stadtrand südlich der späteren Merinos-Werke untergebracht. Nach dem Exodus der türkisch-stämmigen Flüchtlinge aus Bulgarien in den 1950er Jahren des 20.Jahrhunderts (KOSTANICK 1957) entstanden die Flüchtlingssiedlungen Adalet (dt.Gerechtigkeit), Istiklal (dt. Unabhängigkeit), Milliyet (dt. Nationalität) und Hürriyet (dt. Freiheit) beim Flugplatz (STEWIG 1970, S.39 f, Karte 30, S.214).

Was die Frage nach der Entwicklung des Wohnens und der Wohngebiete in den letzten Jahren in Bursa angeht, so muss zunächst festgehalten werden, dass eine mit der Untersuchung von 1974 vergleichbare statistische Basis fehlt. So wird die der Beobachtung zugängliche Verbreitung der Wohnhausypen und ihre Weiter-Entwicklung herangezogen. Doch ist es – zur Beurteilung der neuesten Wohnverhältnisse in der Stadt Bursa – nützlich, Fragen zu stellen, die sich aus der Kenntnis der modernen Entwicklung anderer großer Städte in den USA, in Lateinamerika, in Südafrika und aus den historischen Verhältnissen großer Städte der heute hoch-industrialisierten Länder ergeben.

Außerdem müssen die neuen Rahmenbedingungen berücksichtigt und dargelegt werden, d.h. die neue Wohnungsbaupolitik in der Türkei seit den 1980er Jahren, die für das Wohnungswesen der Stadt Bursa – wie auch für andere Städte der Türkei - von großer Bedeutung ist. Ein Teil davon ist die neue Einstellung zum Thema türk. pl. *gecekondu evler*.

Zu den Prozessen, die sich beim Wandel von der Großstadt zur Millionenstadt abspielen – das lehrt die Stadtentwicklung der Vergangenheit und der Gegenwart – gehören die zwei: Suburbanisierung der Oberschicht, der oberen Mittelschicht, wenn nicht auch der Mittelschicht, und Degradation, Verwahrlosung, city-naher Stadtteile – zwei komplementäre Prozesse.

In der mittelalterlichen europäischen Stadt wohnte und arbeitete – in Standortidentität – die sozial und ökonomisch hochrangige Stadtbevölkerung im Stadtzentrum, um den zentralen Marktplatz herum.

Wurde solch eine Stadt vom Industrialisierungsprozess erfasst und wandelte sie sich dadurch zu einer sehr großen, allmählich zur Millionenstadt, kam es im Laufe der Zeit zur Abwanderung der hochrangigen Arbeits- und Wohnbevölkerung aus dem Stadtzentrum – die wohnbevölkerungs-leere City, der engl. Central Business District (CBD) entstand. Die abwandernde Stadtbevölkerung ließ sich weit draußen – unter Umständen außerhalb der Stadt – in Vororten nieder.

In jüngerer Zeit sind infolge politischer Unsicherheiten, aber auch durch lebensbedrohende Verhältnisse in den Innenstädten spezielle Wohnareale hoher und höchster zivilisatorischer Ausstattung, mit Bewachung und schützender Umzäunung, die engl. *gated communities*, entstanden. Auch in der Türkei, in der Umgebung von Istanbul, gibt es solche engl. *gated communities*. Es fragt sich, ob das auch in Bursa der Fall war oder ist.

Der komplementäre Prozess zeigte sich darin, dass in die frei werdenden Wohnbereiche an der Peripherie des Stadtzentrums ärmere Stadtbevölkerung, meist Zuwanderer, nachzogen und sich dort niederließen. Vielfach entstanden in einem Baubestand, der von der Architektur her, rein äußerlich, Besseres versprach, Unterschicht-Wohngebiete, unter Umständen mit Ghettobildung, das, was engl. *urban blight* genannt wurde. Es fragt sich, ob das auch in Bursa der Fall war oder ist.

Es muss hier festgehalten und betont werden, dass in Bursa der Vorgang des Wandels von der Großstadt zur Millionenstadt so jungen Datums ist, sich in so kurzer Zeit vollzog, dass die beiden skizzierten Teil-Prozesse (noch) nicht in signifikantem Umfang haben einsetzen können – jedenfalls nicht, soweit sie der Beobachtung zugänglich sind.

Zwar gibt es östlich von Mudanya, unmittelbar am Meer bei Altıntaş und Kurşunlu Feriensiedlungen, die von der besser gestellten Stadtbevölkerung Bursas als Wohnquartier benutzt werden, aber dies sind allenfalls Ansätze zur Suburbanisierung der hochrangigen Wohnbevölkerung. Deren umfangreiche Abwanderung aus dem Innenstadtbereich hat (noch) nicht begonnen, obwohl in die Apartmentwohn(hoch)häuser an der Altıparmak-Straße in die Stockwerke oberhalb der Geschäfte im Erdgeschoss mehr und mehr Büros von Rechtsanwälten und Praxen von Ärzten eindringen.

Es gibt in Bursa (bisher) keine engl. *gated community*. Wenn gut ausgebildete Zuwanderer höherer Einkommensschichten nach Bursa kommen, quartieren sie sich in Çekirge oder in der Innenstadt ein.

So ist auch der komplementäre Prozess des Eindringens von Unterschicht-Wohnbevölkerung in die Peripherie des Stadtzentrums in Bursa (bisher) ausgeblieben. Wohl ist besonders im Bereich des türk. *hisar*, auf der Travertin-Terrasse, dem ältesten Stadtgebiet Bursas, da und dort ein Verfall der alten osmanischen Stadthäuser zu beobachten, aber eine flächenhafte Degradation hat sich (bisher) nicht eingestellt oder ausgebreitet.

Damit unterscheidet sich Bursa (noch) wesentlich von Millionenstädten in Europa, USA, Lateinamerika und Südafrika, die eine längere Entwicklung hinter sich gebracht haben. Beide Extreme, engl. *gated communities* am Stadtrand und Verwahrlosung in der Innenstadt, sind (bisher) in Bursa vermieden worden. Vielleicht bedarf es auch einer noch größeren Einwohnerzahl, um solche Extreme entstehen zu lassen.

Zu den neuen gesellschaftlichen Rahmenbedingungen in der Türkei seit Anfang der 1980er Jahre gehört die neue Wohnungsbaupolitik. T. Özal ist der Initiator nicht nur der neuen, auf Liberalisierung und Privatisierung setzenden Wirtschaftspolitik, sondern auch der neuen Wohnungsbaupolitik (STEWIG 2000a, S.252 ff).

War vor 1980 bereits die Zahl der Wohnungsbau-Genossenschaften in der Türkei mit dem Ziel, einkommensschwachen Arbeiter-Haushalten Wohneigentum zu ermöglichen, beträchtlich angestiegen (STEWIG 2000a, S.251), so brachten die Jahre 1981 und 1984 durch Gesetze die Einrichtung eines Fonds für Massenwohnungsbau (türk. Toplu Konut Fonu). Aus diesem Fond gab es für private und öffentliche Bauträger verbilligte, d.h. subventionierte und langfristige Kredite.

Auch die türkische Versicherungsgesellschaft für Arbeitnehmer (türk. Sosyal Sigortalar Kurumu, SSK) und die Sozialversicherungsgesellschaft für Selbstständige (türk. Bağkur) vergaben günstige Wohnungsbaukredite (STEWIG 2000a, S.252).

Damit war eine Lawine des (Massen-)Wohnungsbaus in der Türkei ins Rollen gekommen, die nicht nur große Städte erfasste, auch überraschend viele kleinere, und in deren Gefolge ein neuer Haustyp Einzug hielt: der vielgeschossige Wohnhausblock, der aber nicht als Mietskaserne gesehen werden darf, obwohl er in seinem Äußeren entsprechenden Bauten in Europa und anderswo ähnelt, weil er überwiegend für Wohnungseigentum gedacht ist.

Die von der Religion, dem Islam, geforderte, traditionelle Separierung der Familie wurde durch den neuen Wohnhaustyp, in dem viele Familien sehr zusammengefasst leben, modifiziert.

Die neue Entwicklung kam gerade rechtzeitig, war doch durch die Liberalisierung der türkischen Wirtschaft die Kommerzialisierung sehr verstärkt worden. Die Preise für Grund- und Boden-Erwerb und für den Bau - selbst von Einfachhäusern – hatten sich vervielfacht, so dass für die Entstehung von türk. pl. *gecekondu evler* im alten Stil kaum noch Raum und Möglichkeiten blieben. Auch auf den neuen massenhaften Wohnungsbau wirkte sich die Kommerzialisierung aus, so dass er in einer von STEWIG (2000a, S.252) zitierten wissenschaftlichen Veröffentlichung als engl. *immoral* bezeichnet worden ist. Die weiter anhaltende Stadtwanderungsbewegung wurde auf den neuen Wohnhaustyp gelenkt.

Auch gegenüber den türk. pl. *gecekondu evler* nahm man eine neue Haltung ein. Hatte es seit Beginn der türk. *gecekondu*-Bewegung wechselnde Einstellungen gegeben – "zwischen Verbot, Abriss, Einschränkung, Beschränkung auf bestimmte Areale, Verhinderung von Neubauten, infrastruktureller Ausbau" (STEWIG 2000a, S.251) – so kam es nun zu einer weitgehenden Legalisierung der bisher entstandenen türk. pl. *gecekondu evler*. Auch statistisch nahm dadurch der Anteil der türk. pl. *gecekondu evler* am Wohnhausbestand türkischer Städte ab (STEWIG 2000a, S.252). Die Frage lautet also: wie wirkte sich das alles in der und auf die Stadt Bursa aus?

Natürlich zog der neue Wohnhaustyp massenhaft in Bursa ein. Schon vor 1980 hatte es ihn in Ansätzen im Rahmen des genossenschaftlichen Wohnungsbaus gegeben (STEWIG 1986, Photo 20, S.222: Photo von 1976).

In Bursa wurden große Areale von städtischer Seite für den Wohnungsbau ausgewiesen: in Beşevler 330 ha, in Fethiye-Ihsaniye 540 ha – beide Bereiche im Westen der Stadt Bursa in der Umgebung des Bursa Organize Sanayi Bölgesi und der Beşevler Sanayi Sitesi – und auch im Osten, östlich des Gökdere, bei der Ortschaft Çumalıkızık 140 ha (MURAT 1991, S.28).

Ganz im Westen, noch westlich des Universitätsgeländes, hatte der Staat zur Aufnahme von aus Bulgarien ausgewiesener, türkisch-stämmiger Bevölkerung Wohnquartiere geschaffen (türk. Göçmen Konutları). Weitere Wohnsiedlungen, mit infrastruktureller Ausstattung, entstanden, zu denen außer Einkaufsmöglichkeiten auch schulische und medizinische Versorgung, darunter nicht nur Volksschulen, gehören – von der Planungsidee her Nachbarschaftszentren. Dabei betätigten sich Wohnungsbaugenossenschaften (wie türk. Yenikent, dt. Neustadt, türk. Emirkoop, türk. Meis Villakent), aber auch sehr kommerziell eingestellte Gesellschaften, wie eine Firma der Textil-Holding Nergis, die das angeblich größte Wohnungsbauprojekt in der Türkei in Bursa initiierte, was aber nur teilweise realisiert worden ist (Frankfurter Allgemeine Zeitung vom 12.Juli 1999). Die von der Nergis-Firma geschaffene Wohnsiedlung, (genannt Yeşilşehir, dt. Grünstadt) unweit des Demirtaş Organize Sanayi Bölgesi, soll – so hieß es in Bursa – Baumängel aufweisen, so dass sie erdbebengefährdet ist. Sie ist bisher (Oktober 2002) als Wohnsiedlung nicht abgenommen, steht – fertiggebaut – leer. Sie ist umzäunt; dies ist jedoch nicht als engl. *gated community* zu werten, sondern um zu verhindern, dass ungebetene Gäste eindringen.

Weitere neue Groß-Wohnsiedlungen im Osten von Bursa, östlich des Gökdere, südlich der Ausfallstraße nach Inegöl (und weiter nach Ankara), in der Nähe des türk.Otosansit (türk. Oto Sanayi Sitesi) wiesen – eindrucksmäßig – deutlich geringere Bauqualität auf. Hier ist besonders das Wohngebiet Değirmenlıkızık als türk. *toplu kon ut* bekannt.

Ganz im Westen der Stadt Bursa und nahe beim Universitäts-Campus standen ausgedehnte Groß-Wohnsiedlungen im Oktober 2002 unter den Bezeichnungen Emirkoop und Ertuğul zum Teil unfertig gebaut leer. Vielleicht hat sich der kolossale Massenwohnungsbau selbst in Bursa – einer Stadt mit weiter positiver industrieller Entwicklung und anhaltender, starker Zuwanderung – schon über den Bedarf hinaus ausgedehnt.

Dagegen macht die umfangreiche Wohngegend im Einzugsgebiet des Einkaufszentrums Carrefour, nördlich der Schnellbahnstation Nilüfer, einen prächtigen Eindruck.

Mit diesen neuen, riesigen Groß-Wohnsiedlungen und vielgeschossigen Gebäudeblöcken, die durch mehr oder weniger kleine Grünflächen gegeneinander abgesetzt sind, hat die Stadt-Physiognomie in einigen Teilgebieten Bursas einschneidende Veränderungen erfahren, wie sie vor 30 Jahren undenkbar waren.

Doch geht die Entstehung von türk. *gecekondu evler*, besonders östlich des Gökdere, nördlich und südlich der Straße nach Inegöl (und Ankara) weiter – vielfach mit mehr städtisch als früher anmutenden Einfachhäusern und aufgesetztem höheren Stockwerk, teilweise mit baulichen Vorbereitungen in vertikaler Richtung.

So stellt sich abschließend die Frage, wie es um die alte sozial-räumliche Struktur der Stadt Bursa bestellt ist. Sie ist nicht völlig überwunden. Es besteht weiter ein zentrifugales Sozialgefälle vom Stadtzentrum, wo weiter sozial hochrangige Bevölkerung wohnt, nach außen: nach Norden, auf dem flachen Hang, nach Süden auf dem steilen Hang, wo die einkommensschwache Bevölkerung in den vor längerer Zeit angelegten türk. pl. *gecekondu evler* wohnt.

Aber es deutet sich eine tiefgreifende Modifizierung an. Nicht nur der alte (Bade-) Ortskern von Çekirge ist verstärkt Wohngebiet sozial-hochrangiger Bevölkerung, wo sich auch ein neues 4-Sterne-Hotel, Kervansaray, aufgetan hat.

Die Universität dürfte ein Übriges tun, dass sich sozial hochrangige Bevölkerung weiter und stärker noch als bisher im Westen Bursas niederlässt. Dagegen ist der Osten der Stadt Bursa, nördlich und südlich der Ausfallstraße nach Inegöl (und weiter nach Ankara), nach dem ungünstigen Erscheinungsbild der Wohnbauten zu urteilen, das Siedlungsgebiet einkommensmäßig schwach ausgestatteter Wohnbevölkerung.

So zeigt sich, dass neben dem alten zentrifugalen Sozialgefälle vom Stadtzentrum aus nach Norden und Süden ein zweites Sozialgefälle, in breiter bandförmiger Erstreckung, vom Westen nach Osten, nicht nur im Entstehen begriffen, sondern bereits entstanden ist.

5 Entwicklung des Verkehrs und der (Verkehrs-)Infrastruktur in der Stadt Bursa

Was die Entwicklung des Verkehrs in Städten überhaupt im Rahmen der Entstehung von Industriegesellschaften angeht, so gibt es das idealtypische Schema einer Abfolge von Stufen, worauf von STEWIG (1983, S.222 ff) bereits einmal eingegangen worden ist. Es ist ein Muster, das auch bei der Beurteilung der Entwicklung des innerstädtischen Verkehrs der Stadt Bursa angewendet werden kann.

Die erste Stufe dieser Abfolge, also der Verkehr in der prä-industriellen Stadt der Agrargesellschaft, ist als innerstädtischer Verkehr der engl. *pedestrian city* bezeichnet worden. Der Begriff schließt nicht aus, dass in der prä-industriellen Stadt, in Europa der mittelalterlichen Stadt, in der Wohnen und Arbeiten – im Gegensatz zum Orient – standortidentisch auftraten, auch Trag- und Reittiere sowie von Pferden gezogene Wagen für Transportzwecke benutzt wurden.

Im Verlauf der Entstehung der Industriegesellschaft kam es nicht nur zur technologischen Entwicklung neuer Verkehrsmittel, sondern auch zur Ausuferung der Städte, zu großen Entfernungen zwischen Wohn- und Arbeitsstätten, die verbunden werden mussten, und – im Laufe der Zeit – auch zu einer sozio-ökonomisch positiven Entwicklung der Stadtbevölkerung, so dass sie sich die neuen Verkehrsmittel auch leisten konnte.

Auf die engl. *pedestrian city* folgte die engl. *rapid transit city* mit schienengebundenen Schnellverkehrsmitteln, vor allem der Straßenbahn, in besonders großen Städten der Industriegesellschaften auch die U- und S-Bahn. Schließlich entstand mit der Entwicklung und massenhaften Verbreitung des Personenkraftfahrzeugs die engl. *automobile city* (STEWIG 1983, S. 222 ff).

Was die Stadt Bursa angeht, so liegt für 1960 in einer Sondererhebung des türkischen staatlichen statistischen Instituts (Devlet Istatistik Enstitüsü 1962, S. XIX) eine Angabe vor, die die Stadt Bursa damals deutlich als engl. *pedestrian city* ausweist: 80,47 % der beschäftigten Haushaltsvorstände erreichten ihre Arbeitsstätte zu Fuß, 19,53 % benutzten verschiedene Verkehrsmittel. Der damalige Bestand an Kraftfahrzeugen in der Provinz Bursa, 2.869, bestätigt die Einschätzung der Stadt Bursa als engl. *pedestrian city* um 1960.

Tab. 14: Entwicklung des Kraftfahrzeugbestandes (Pkw, Autobus, Lkw) in der Provinz Bursa, 1950-1960

Jahr	Anzahl Pkw, Autobus, Lkw
1950	829
1951	972
1952	1.326
1953	1.684
1954	1.899
1955	1.847
1956	2.436
1957	2.306
1958	2.479
1959	2.583
1960	2.869

Quelle: Devlet Istatistik Enstitüsü 1959, S.463

Nachdem der Begriff „alte Struktur" schon mehrfach im Zusammenhang mit der Stadt Bursa zur Kennzeichnung früherer Verhältnisse verwendet worden ist, kann auch auf der Betrachtungsebene des innerstädtischen Verkehrs Bursas Charakter als engl. *pedestrian city* als alte Struktur bezeichnet werden.

Doch schon in den 1960er Jahren hatte die dynamische Entwicklung zu einer moderneren Verkehrs-Infrastruktur eingesetzt: ein innerstädtisches Omnibus-Liniennetz wurde geschaffen (Turizm Mecmuası, Bursa 1962 – ohne Seitenangabe).

Als Schnittpunkt des innerstädtischen Verkehrs mit dem Omnibus-Fernverkehr wurde am damaligen nördlichen Stadtrand (heute Innenstadt) ein Omnibusbahnhof (mit Hotel), türk. Santral Garaj, eingerichtet. Außerdem hatte Bursa damals Flugverbindung nach Istanbul über den im Nordwesten gelegenen Flugplatz, der heute allseitig von Bebauung umgeben ist.

Auch wurde eine breite Ost-West-Straße am damaligen Nordrand der Stadt als weiterführende Verbindung und Ausfallstraße nach einerseits Inegöl (und Ankara), andererseits nach Karacabey (und Izmir) angelegt. Die Wichtigkeit des Verkehrs nach Istanbul (über Yalova und Fähre über den Golf von Izmit oder über die Straße um den Golf von Izmit herum) war bereits abzusehen, so dass auch nach Norden, nach Yalova, eine neue Ausfallstraße gebaut wurde.

Doch hat man nach 1967 die Arbeitskräfte des zuvor geschaffenen Bursa Organize Sanayi Bölgesi, an der Straße nach Nordwesten, nach Mudanya, täglich aus der Innenstadt heraus in Werksbussen zu ihren Arbeitsplätzen gefahren (STEWIG 1970, S.163 f). Der

Sammeltaxen-Verkehr (für Sammeltaxe türk. sing. *dolmuş*) hatte sich aber schon vervielfacht.

Seit den 1960er Jahren entwickelte sich der Kraftfahrzeugbestand in der Provinz Bursa – wobei der größte, aber unbestimmte Teil auf die Stadt Bursa fällt – zunächst langsam, aber zunehmend stürmischer.

Tab. 15: Entwicklung des Kraftfahrzeugbestandes (Pkw, Autobus, Lkw) in der Provinz Bursa, 1961-1963

	Pkw	Autobus	Lkw	insgesamt
1961	1.441	604	2.180	4.225
1962	1.341	684	2.456	4.481
1963	1.575	700	2.640	4.915

Quelle: Devlet Istatistik Enstitüsü 1963, S.454

Seit den 1970er Jahren entfernte sich Bursa in zunehmendem Maße von der Struktur der engl. *pedestrian city*. Bei der Befragung von 1.356 Haushalten in der Stadt Bursa im Jahre 1974 war der Anteil der Stadtbevölkerung, der seine Arbeitsstätte zu Fuß erreichte, bereits auf 47,7 % gesunken. Der Stadtbus hatte damals einen Anteil von 18,7 %, der Werksbus 11,0 %, das Sammeltaxi (türk. *dolmuş*) 13,7 %.

Inzwischen benutzten bereits 8 % den privaten Pkw für die Fahrt zur Arbeitsstätte (STEWIG et alii 1980, S.93, Tabelle). Der Zeitaufwand für den einfachen Weg zur Arbeitsstätte betrug 1974 für 70,9 % der Haushalte bis zu 15 Minuten. Die Stadt Bursa war damals noch relativ kompakt (STEWIG et alii 1980, S.92, Tabelle).

Der Bestand an Kraftfahrzeugen in der Provinz Bursa sah 1973 folgendermaßen aus: Pkw 5.654, Minibus 871, Autobus 884; insgesamt 12.277 (Bursa 1973, Il Yıllığı, S. 298).

Seit den 1970er Jahren hat nicht nur eine außerordentliche Zunahme der Stadtbevölkerung Bursas von 1975 346.103 auf 2000 1,2 Millionen stattgefunden, sondern auch eine relativ noch größere Zunahme des Kraftfahrzeugbestandes in der Provinz Bursa von 1973 12.277 auf 2000 248.797 (Tab. 16). Natürlich war damit auch eine außerordentliche Zunahme des innerstädtischen Verkehrs verbunden.

Tab. 16: Entwicklung des Kraftfahrzeugbestandes (Pkw, Minibus, Autobus, Klein-Lkw, Lkw) in der Provinz Bursa 1985, 1990-1993, 1997, 2000

	Pkw	Minibus	Autobus	Klein-Lkw	Lkw	İnsgesamt
1985	31.100	3.411	1.566	13.021	5.951	55.049
1990	58.760	5.024	2.385	17.370	8.342	91.881
1991	66.942	5.233	2.667	18.764	8.960	102.566
1992	77.151	5.493	3.099	20.599	9.358	115.700
1993	94.214	5.777	3.822	23.221	10.097	137.131
1997	133.527	6.672	5.192	33.854	11.083	190.328
2000	174.644	7.699	5.644	47.858	12.652	248.497

Quelle: Devlet Istatistik Enstitüsü 1986, S.2; 1991, S.2; 1992, S.4; 1994, S.2; 1995, S.2; 1998, S.6; 2001, S.3

Doch mit der Dynamik der demographischen Entwicklung der Stadt Bursa zog der Ausbau der Verkehrs-Infrastruktur mit. So kam es zur Aufhebung des Standortes der türk. Santral Garaj bzw. zur Hinausverlagerung des Omnibusbahnhofs als türk. Otobüs Terminali an den heutigen nördlichen Stadtrand, den Nordrand des Beckens von Bursa. Die Entfernung zur Innenstadt beträgt mehr als 10 km, und es mangelt noch an innerstädtischem (Linien-) Zubringerverkehr, der in Zukunft über eine Schnellbahn abgewickelt werden soll. Der neue Standort befindet sich dort, wo die zukünftige Autobahn Istanbul-Izmir auf die Umgehungsautobahn der Stadt Bursa (am Nordrand der Ova) trifft. Zur Zeit ist die prächtige, dem Empfangsgebäude eines Flughafens ähnelnde Anlage noch überdimensioniert.

Als gelungen ist dagegen die horizontale und vertikale Verkehrssegregation in der Innenstadt anzusehen. Dass diese Segregation in beide Richtungen, horizontal und vertikal, erfolgte, kann allein schon als Anschluss Bursas an moderne Verkehrsstrukturen der Stadt der Industriegesellschaft beurteilt werden.

Die horizontale Verkehrssegregation besteht aus der Schaffung einer innerstädtischen Einbahn-Ringstraße, um den kommerziellen Teilbereich der Altstadt – auch dies eine Errungenschaft, wie sie in den Städten der Industrieländer erst nach dem Zweiten Weltkrieg eingeführt wurde.

Zu diesem Zweck hat man die Atatürk-Straße, die Hauptgeschäftsstraße des modernen Teils der altstädtischen Geschäftsansammlungen, zur Einbahnstraße gemacht, ebenso einen Teil der Inönü-Straße und die Cumhuriyet-Straße in Gegenrichtung zur Atatürk-Straße.

So ergab sich auf der Westseite der Zwang zu einer entsprechenden Verbindungsstrecke (als Gegenstück zur Inönü-Straße auf der Ostseite). Diese Verbindung wurde – an dem opulenten Einkaufszentrum Zafer Plaza vorbei – durch einen Hochstraßenabschnitt hergestellt – ein weiterer kleiner Beitrag zur vertikalen Verkehrssegregation in der Innenstadt.

Zur vertikalen Verkehrssegregation der Innenstadt von Bursa zählen mehrere Fußgänger-Unterführungen, von denen die am Atatürk-Platz als Ladenpassage ausgebaut ist, außerdem mehrere Parkhäuser, so bei den Einkaufszentren Zafer Plaza und Tower Plaza und beim Yeşil-Kern (für den ruhenden Verkehr). Hinzu kommen zweigeschossige Straßenkreuzungen bzw. Kreisverkehre in der nördlichen Innenstadt, im Bereich des ehemaligen türk. Santral Garaj, und der östlichen Innenstadt am Gökdere (-Fluss).

Die moderne Stadt der Industriegesellschaft in Europa zeichnete sich nach dem Zweiten Weltkrieg durch die Schaffung von engl. *pedestrian precincts*, dem Fußgänger-Verkehr vorbehaltenen Straßen(abschnitten) im Stadtzentrum, aus. Deren Entwicklung war in Bursa, wie in anderen orientalischen Städten, nicht nötig: traditionell bestanden und bestehen im Basarbereich überwiegend von Fußgängern benutzte Zonen, durch die früher der Waren-Anlieferverkehr mit Tragtieren erfolgte, durch die sich heute Kraftfahrzeuge hindurchwinden (STEWIG 1973, Karten und Photos).

Bursa als Industriestadt steht im Verkehrsverbund mit Istanbul, Ankara und Izmir. In Industriegesellschaften findet der Warenaustausch vor allem zwischen Städten, besonders den großen Städten, statt. So hat jüngst der Ausbau der Verkehrsverbindungen Bursas dorthin erhöhte Aufmerksamkeit gefunden. Zwar wurde der allseitig von bebautem Gebiet umgebene Flugplatz Bursas geschlossen, jedoch hat man eine Fähr-Schnellverbindung für Personen und Pkw (mit moderner Katamaran-Schnellfähre) zwischen Yalova und Istanbul eingerichtet; außerdem besteht eine weitere Schiffsverbindung nach Istanbul für den Personenverkehr von Mudanya aus. Die Katamaran-Schnellfähre schafft die Strecke Yalova-Istanbul (mit Anleger in der Innenstadt Yenikapı) in einer Stunde.

Um die über Bursa geführten Straßenverbindungen zwischen Istanbul und Izmir und zwischen Ankara und Izmir unter gleichzeitiger Entlastung der nördlichen Innenstadt mit ihrer alt ausgebauten Ost-West-Straße sicherzustellen, sind Arbeiten zur Verlegung der weiterführenden Straßenverbindungen (Ausfall- und Umgehungsstraßen) an den Nordrand des Beckens von Bursa als Umgehungs-Autobahn im Gange und abschnittsweise fertiggestellt (Oktober 2002).

Durch alle diese Baumaßnahmen hat man wesentliche Voraussetzungen für die Etablierung Bursas als engl. *automobile city* geschaffen und damit zur Überwindung der alten Verkehrsstruktur beigetragen.

Doch die Modernisierung ging noch weiter: man entschied sich für den Bau von Verkehrsanlagen des engl. *rapid transit*. 1997 erhielt die Firma Siemens, die seit Ende des Zweiten Weltkriegs in Mudanya durch eine Kabelfabrik präsent war, den Auftrag für

für den Bau eines innerstädtischen Schnellbahnsystems in Bursa (mit der Beteiligung eines italienischen und eines türkischen Unternehmens).

Seitdem war ein bisher 21 km langes System im Bau (Abb. 14), das im August 2002 eröffnet worden ist. Es besteht aus zwei Strecken, die eine Strecke vom Innenstadt-Endpunkt Şehreküstü (im Stadtzentrum) bis zur Haltestelle Küçük Sanayi im Westen, die andere Strecke vom Innenstadt-Endpunkt Şehreküstü (im Stadtzentrum) bis zur Haltestelle Organize Sanayi Bölgesi im Nordwesten. Bis zur Abzweigung bei der Haltestelle Acemler verlaufen beide Strecken identisch, und in der Mitte der beiden Ausfallstraßen gabeln sie sich nach Westen (nach Karacabey und Izmir) und nach Nordwesten (nach Mudanya). Im innersten Innenstadtbereich wird die Schnellbahn unterirdisch geführt. Auch an einigen Kreuzungspunkten mit Straßen verläuft die Schnellbahn-Trasse unter der Erde.

Bezeichnenderweise stellen das Klein-Industriegebiet Küçük Sanayi im Westen und das Bursa Organize Sanayi Bölgesi und Oyak-Renault im Nordwesten die (vorläufigen) Endpunkte in der Peripherie Bursas dar. Im Oktober 2002, nur zwei Monate nach Eröffnung, erschien dem Verfasser der vorliegenden Veröffentlichung die neue Schnellbahn von der Bevölkerung als voll angenommen. Der Fahrpreis betrug, unabhängig von der gefahrenen Streckenlänge, 400.000 T.L., in Istanbul betrug der Fahrpreis unter gleichen Bedingungen 650.000 T.L. (im Oktober 2002 gab es für 1 Euro 1,6 Mio. T.L.).

Der Verfasser der vorliegenden Veröffentlichung konnte im Oktober 2002 beobachten, dass auch Landfrauen mit Ernteerträgen (Gemüse und Obst) die Schnellbahn von der Haltestelle Küçük Sanayi an benutzten, um ihre Waren auf den Innenstadt-Markt Bursas zu bringen.

Die Schnellbahn-Trassen werden in der Mitte der vielspurigen Ausfallstraßen nach Westen und Nordwesten geführt; die Verbindungen zur Umgebung der Haltespunkte stellen Fußgänger-Unterführungen her.

Die Schnellbahn-Strecken haben noch in anderer Hinsicht das innerstädtische Verkehrsnetz Bursas neu geordnet.

War zuvor bereits eine Differenzierung beim Sammeltaxen-Verkehr eingetreten, indem in der relativ engen Innenstadt die Taxen von Pkw gestellt werden, nicht mehr durch die größeren Minibusse, so wurden nun die Haltestellen der Schnellbahn im peripheren Bereich der Stadt zu Sammelstellen der Minibusse, die von dort die Verteilung der Passagiere auf die weitläufigen Wohngebiete vornehmen. Dazu verteilt die Schnellbahn-Firma (Bursa Ray) Listen, in denen die Straßen aufgeführt sind, die von den jeweiligen Haltestellen aus über Minibus-Sammeltaxen zu erreichen sind. Außerdem können die Einkaufszentren Metro und Carrefour - beide im Westen - leicht über die Schnellbahn mit entsprechenden Haltestellen (Metro: Küçük Sanayi; Carrefour: Nilüfer) erreicht werden.

Schon das bisherige Schnellbahnsystem wird zum Grundgerüst des innerstädtischen Personenverkehrs der Stadt Bursa. Ein weiterer Ausbau nach Westen, vielleicht bis zum Standort der Universität Bursa, nach Norden zum Demirtaş Sanayi Bölgesi und Tofaş-Fiat und bis zum neuen Omnibusbahnhof und nach Osten bis zum türk. Otosansit und weiter in Richtung Gürsu und Kestel ist vorgesehen - sobald dies finanziell machbar ist.

Noch einen Clou der verkehrsinfrastrukturellen Entwicklung hält Bursa bereit: den neuen Flugplatz Bursa-Yenişehir. Nicht nur dass eine entsprechende vorausschauende Planung eingeleitet worden ist, sie wurde sogar vollends umgesetzt. In der Ova von Yenişehir steht ein fertig gebauter Zivilflugplatz zur Eröffnung bereit, mit Start- und Landebahnen, Vorfeld, betonierter Zufahrtstraße, großzügigen Abfertigungsgebäuden und Beschriftung in türkischer und englischer Sprache - im Oktober 2002 noch völlig menschenleer.

In dem neuesten, im Oktober 2002 von der Tourist Information in Bursa verteilten Prospekt über die Stadt und ihre Hotels wird bereits die Entfernung vom Flugplatz für die verschiedenen Hotels (50-60 km) angegeben, während die neue, schon eröffnete Schnellbahn noch nicht einmal erwähnt wird.

Mit der umfassenden Neuordnung des innerstädtischen Verkehrs reiht sich die Stadt Bursa in typische Strukturen der Städte der Industrieländer ein, hat Bursa die alte, traditionelle, auf Fußgänger orientierte Verkehrsstruktur überwunden und das Niveau der modernen, engl. *rapid transit* und engl. *automobile city* erreicht.

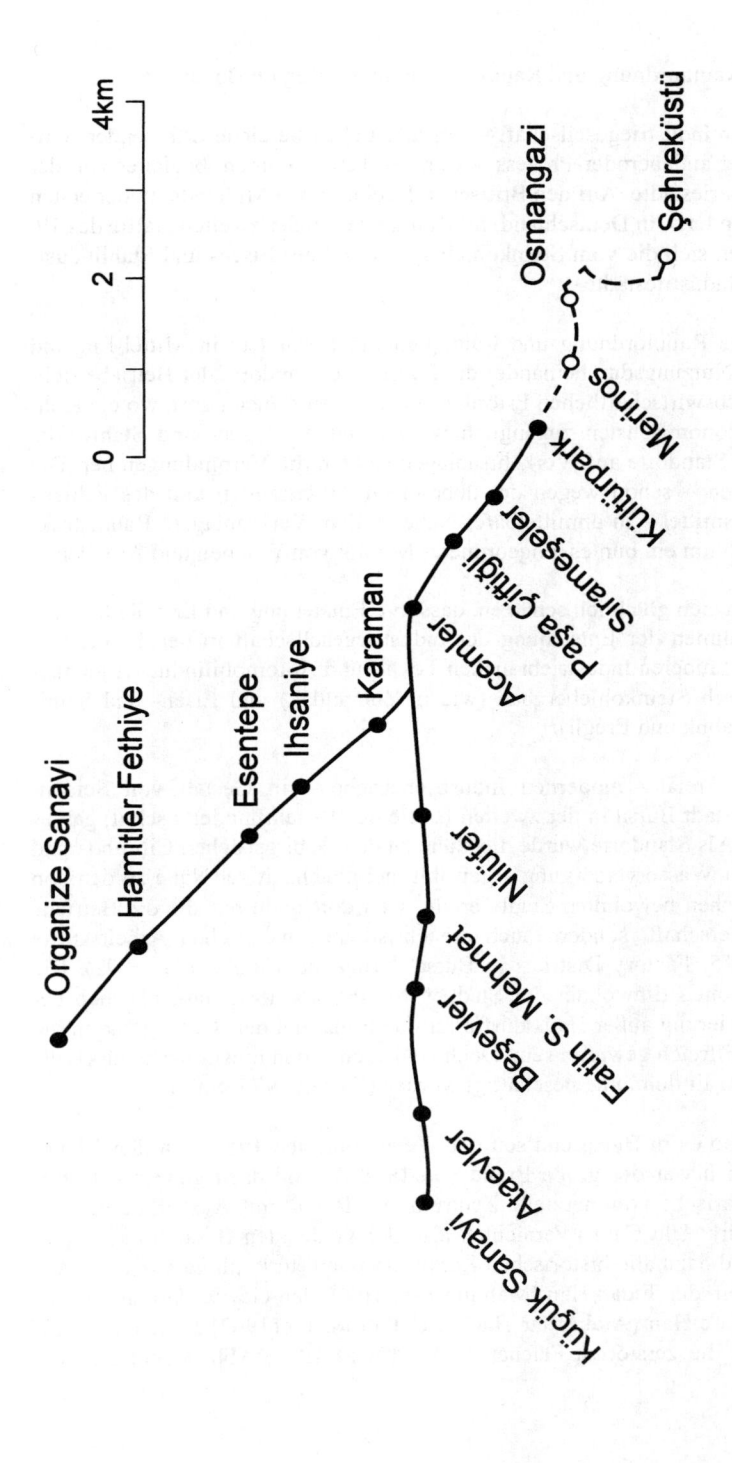

Abb. 14: Schnellbahnsystem in der Stadt Bursa, 2002
Quelle: Unterlagen der türk. Bursa Büyükşehir Belediyesi, Kentsel Gelişme Müdürlüğü

6 Entwicklung von Raumordnung und Raumplanung in der Region Bursa

Die Entwicklung der Industriegesellschaft – ein alle Lebensbereiche erfassender, umstrukturierender, lang andauernder Prozess – war, als Teilphänomen, begleitet von der Entstehung der Industriestädte. Auf den Britischen Inseln, in den Midlands, in der ersten Hälfte des 19.Jahrhunderts, in Deutschland, im Ruhrgebiet, in der zweiten Hälfte des 19. Jahrhunderts, bildeten sich die vom Steinkohlebergbau und der Eisen- und Stahlindustrie geprägten ersten Industriestädte.

Damals gab es keine Raumordnung und Raumplanung. Besonders in Mittel-England war ein chaotisches Nutzungsdurcheinander die Folge. Die Standorte der Betriebe richteten sich nach betriebswirtschaftlichen Erfordernissen; sie entstanden dort, wo die Kohlelagerstätten am ökonomischsten zugänglich waren, und die Eisen- und Stahlwerke suchten benachbarte Standorte auf. Verkehrsanlagen stellten die Verbindungen her. Die Arbeitskräfte siedelten – schon wegen der überlangen Arbeitszeiten und des Fehlens öffentlicher Verkehrsmittel – in unmittelbarer Nähe zu den Werksanlagen. Raumstrukturell handelte es sich um ein buntes, ungeordnetes Mosaik von Wohnen und Arbeiten.

Die Stadt Bursa kann sich glücklich schätzen, dass ihre Entstehung und Entwicklung als Industriestadt im Rahmen der Entstehung der Industriegesellschaft in der Türkei von den verhältnismäßig sauberen Industriebranchen Textil- und Automobilindustrie geprägt wurde und nicht durch Steinkohlebergbau (wie in Zonguldak) und Eisen- und Stahlindustrie (wie in Karabük und Ereğli).

Als man die ersten, relativ modernen Industriebetriebe – in Gestalt von Seiden-Haspeleien – in der Stadt Bursa in der zweiten Hälfte des 19.Jahrhunderts schuf, gab es keine Stadtplanung. Als Standorte wurde die Nähe zu den Gebirgsbächen Cilimboz und Gökdere – wegen der Wasserversorgung – gewählt, bei gleichzeitiger Nähe zu den von Armeniern und Griechen bewohnten Stadtvierteln, weil dort nicht nur die die Betriebe tragende Unternehmerschaft, sondern auch die christlichen weiblichen Arbeitskräfte wohnten (ERDER 1975: Factory Districts in Bursa during the 1860's; Plan S.92). Die muslimischen weiblichen Einwohner der Stadt waren damals noch stark häuslich gebunden; die Verschleierung außer Haus dürfte für das Einfädeln der Seidengarne in die Dernier-Öse wenig hilfreich gewesen sein. Doch sind auch schon muslimische türkische Frauen, mit geringerer Entlohnung, beschäftigt worden (ERDER 1975, S.91).

Eine Stadtplanung gab es in Bursa erst seit der Wende von den 1950er zu den 1960er Jahren. Wahrscheinlich war der große Brand von 1958 Anstoß dazu gewesen. Dieser Brand hatte das historische kommerzielle Zentrum von Bursa, mit Ausnahme nur des Bedesten (und der türk. Ulu Cami) vernichtet, also den Gedeckten Basar (türk. Kapalı Çarsı) vollständig und dazu alle historischen Karawansereien (türk. pl. *hanlar*), den Koza Han, den Emir Han, den Fidan Han (Mahmut Paşa Han), den Geyve Han, den Pirinç Han und den Eski Ipek Han (Arabacılar Han). Bei PICCINATO (1962) finden sich (auf den Seiten 114-116) die zerstörten Flächen (vgl. STEWIG 1970, Abb. 4 und 5). Zum

Glück hatte vor dem großen Brand die umfangreiche und detaillierte architektonische Bestandsaufnahme der historischen Gebäude durch GABRIEL (1958) abgeschlossen werden können, so dass für den Wiederaufbau entsprechende Unterlagen leicht zugänglich bereit standen.

Als Planungs-Architekt wurde der Italiener PICCINATO (1962) engagiert, der seinen Plan vorsichtig als ital. *esperienza* bezeichnet hat. Als Planungsziel bestand zunächst der Wiederaufbau der historisch wertvollen Bausubstanz, die nicht nur kultur-historisch wichtig für das Selbstverständnis der Stadt und der Türkei als Erbe des Osmanischen Reiches war, sondern die auch eine Grundlage des Fremdenverkehrs der Stadt darstellte. Darüber hinaus wurde der Instandsetzung der anderen, nicht wenigen kultur-historisch ebenfalls wertvollen Gebäude-Ensembles außerhalb des Basar-Gebietes, in den nekropolen Kernen (STEWIG 1970, Karte 7, S.196), dem Osman-Orhan-Kern auf der Travertin-Terrasse, dem Muradiye-Kern, dem Yeşil-Kern, dem Emir-Sultan-Kern und dem Yıldırım-Kern (PICCINATO 1962, S.122-129) Beachtung geschenkt. Seitdem ist die Denkmalpflege, auch in den balneologischen Kernen (STEWIG 1970, Karte 7, S.196) eine Tradition in Bursa.

PICCINATO (1962) hat sich überdies der Raumordnung in der Stadt und im Nahbereich in Gestalt eines Flächennutzungsplanes angenommen (wiedergegeben im Maßstab 1:16 000 - als Verkleinerung des Planes im Maßstab 1:4 000 – in PICCINATO 1962, als farbiger Faltplan).

Leitidee waren die raumordnerischen Vorstellungen, wie sie in der Charta von Athen, vor allem von Le Corbusier, propagiert wurden – letztlich eine Reaktion auf das planlose Nutzungsdurcheinander in den Städten der früh-industriellen Phase in der Vergangenheit der heute hoch-industrialisierten Länder – nämlich das Prinzip der räumlichen Trennung von Wohnen und Arbeiten.

Im Falle Bursas ist PICCINATO offenbar entgangen, in welch außerordentlichem Umfang seit den 1950er Jahren sich kleine Webereibetriebe in Teilen der Innenstadt, im Wohnbereich, eingenistet hatten (STEWIG 1970, S.133). Jedenfalls hat PICCINATO nicht aufgezeigt, was aus ihnen werden sollte, ebenso wenig wie er auf die noch älteren Seidenindustrie-Gebiete zu beiden Seiten der Travertin-Terrasse, am Cilimboz und am Gökdere, eingegangen ist.

Dass sich eine Ringstruktur älterer und jüngerer Industriegebiete um die Innenstadt herausgebildet hatte (STEWIG 1970, Karte 34, S.217), wurde von PICCINATO nicht erkannt. Voraussetzung dazu wäre die Erforschung der damals bestehenden industriellen Stadtstruktur gewesen, was aber unterblieben ist, so dass Bursa als Industriestadt durch ihn nicht gewürdigt wurde.

Vielmehr wies PICCINATO (1962) außer Flächen für das nach anglo-amerikanischem Vorbild angelegte türk. *sanayi bölgesi* – weit weg von der Stadt, an der Straße nach

Mudanya – nur Flächen für Industrie (und Handwerk) am nördlichen Stadtrand aus, nördlich der Straße nach Inegöl (und Ankara), östlich jenes Teils des nördlichen Stadtrands, wo in den 1940er Jahren der Großbetrieb der Merinos-Wollfabrik entstanden war - eine bandförmige Erstreckung von Industrieflächen unterschiedlicher Geschlossenheit und Breite. Südlich dieser (Fern-) Straße war das Gelände – also der östliche Stadtrand Bursas – für Wohnquartiere verschiedener Bebauungsdichte (25-30.000 pro ha, 16-25.000 pro ha und 8-16.000 pro ha) vorgesehen.

Mit den ausgewiesenen Flächen für Industrie (und Handwerk) – sei es im türk. *sanayi bölgesi*, sei es am nördlichen Stadtrand – war eine zukünftige, später auch eingehaltene Orientierung für Neu-Ansiedlungen und Betriebs-Umsetzungen aus dem Innenstadt-Bereich gegeben.

Die türk. *gecekondu evler* am steilen unteren Hang des Uludağ, am südlichen Stadtrand, sind von PICCINATO unbeachtet geblieben. Die ausgewiesenen Industrieflächen am nördlichen Stadtrand wurden teilweise in bestehende Gebiete mit türk. *gecekondu evler* hineingeplant. Unterhalb des Bäder-Stadtteils Çekirge wurde eine Fläche für die zukünftige Universität der Stadt reserviert.

Bemerkenswerterweise findet sich bei PICCINATO (1962, S.136) schon ein Eingehen auf das Thema Flächennutzungen in der *Region* Bursa. Dabei ist die vollkommene Dominanz der Landwirtschaft in der näheren und ferneren Umgebung der Stadt vorgesehen: westlich der türk. *ova* von Bursa soll das Gebiet bis zum Hafen von Bandırma Tabak-Kulturen vorbehalten bleiben, die türk. *ova* von Bursa selbst den Obst- und Gemüse-Kulturen und die Hänge um den See von Iznik herum den Ölbaum-Kulturen. Hafen-Funktionen sind außer für Bandırma für Gemlik bestimmt, erstaunlicherweise nicht für Mudanya als dem von den Straßenverbindungen her nächsten Hafen Bursas (vielleicht wegen der offenen, ungeschützten Reede). Der Uludağ wurde schon als winter-sportives Gebiet eingeplant.

Dieser Regional-Plan ist keine Vision zukünftiger Entwicklungen, sondern eine Bestandsaufnahme des Vorhandenen. Man konnte damals – und der Verfasser der vorliegenden Veröffentlichung schließt sich mit ein – nicht vorausahnen, was für gewaltige Veränderungen sich abspielen würden. Bursa hatte 1960 153.000 Einwohner.

Die Vorgaben von PICCINATO zur räumlichen Entwicklung und Struktur der Stadt Bursa stellten einen ersten Höhepunkt der Raumordnung im Gebiet von Bursa dar, waren aber im wesentlichen auf die Stadt selbst beschränkt.

Der zweite Höhepunkt ergab sich mit dem von türkischer Seite geschaffenen Raumordnungsplan und -bericht, der 1997 veröffentlicht wurde (Bursa Büyükşehir Belediyesi 1997). Er enthält vom methodischen Ansatz her zwei neue, über PICCINATO hinausgehende Elemente. Sie bestehen darin, dass eine Ausweitung auf die Region Bursa systematisch vorgenommen wurde und der anzustrebende Zustand – im Jahre 2020 – nicht statisch als Soll-Zustand dargestellt wird, sondern aus den laufenden Entwicklungen heraus gewonnen wurde, die differenziert analysiert wurden.

In der Zeit zwischen den Plänen PICCINATOs in den 1960er Jahren sowie Anfang der 1970er Jahre, als mit den zwei Automobilfabriken von Tofaş-Fiat und Oyak-Renault eine neue industrielle Entwicklungsphase Bursas eingeleitet wurde, und dem Raumordnungsplan von 1997 sind einige Veränderungen organisatorischer, gesetzlich-gesellschaftlicher Art in der Türkei erfolgt, die nicht ohne Auswirkungen – in Gestalt günstiger Voraussetzungen – für die Planung auch im Raum Bursa waren.

Dazu gehört die Schaffung von neuen administrativen Einheiten, türk.sing. *büyükşehir belediyesi* genannt, der großen türkischen Städte wie Istanbul, Ankara, Izmir, Adana, Gaziantep, Konya, Kayseri, Samsun, Erzurum, Izmit, Mersin, Antalya, Diyarbakır, Eskişehir (KELES 2000, S.128) und seit 1987 eben auch Bursa.

Es handelt sich bei einer türk. *büyükşehir belediyesi*, auch türk. *anakent belediyesi* geheißen, um eine neue Verwaltungsebene mit spezifischen Funktionen gegenüber der untergeordneten Verwaltungsebene der Kreise (türk. sing. *ilçe*), aus denen sich eine türk. *büyükşehir belediyesi* zusammensetzt (KELES 2000, S.128). Die neue Organisationsform brachte eine Stärkung der Kommunen und größere Unabhängigkeit von der Zentral-Regierung mit sich.

Im Falle von Groß-Bursa besteht die türk. *büyükşehir belediyesi* – wie eingangs im Abschnitt über Bevölkerungsentwicklung und administrative Gliederung der Stadt dargelegt – aus der Zusammenfassung der drei (Stadt-) Kreise Nilüfer im Westen, Osmangazi in der Mitte und Yıldırım im Osten.

Nilüfer und Osmangazi sind weit geschnittene Areale, die städtische und ländliche Gebiete umfassen und insofern eine ausgreifende Planung erleichtern – auch wenn untergeordnete Verwaltungseinheiten, die Distrikte (türk.sing. *bucak*), in ihnen enthalten sind.

Doch hat die Schaffung des türk. Bursa Büyükşehir Belediyesi insofern einen Schönheitsfehler, als im östlichen Bereich der Stadt zum (Stadt-) Kreis Yıldırım nur städtisches Gebiet gehört, die angrenzenden ländlichen Gebiete aber eigene (Land-) Kreise, Gürsu und Kestel, bilden; es fehlt im Osten der Stadt Bursa ein Gegenstück zum (Stadt-) Kreis Nilüfer im Westen (Abb. 2), es fehlt die Zusammenfassung von Yıldırım, Gürsu und Kestel zu *einer* administrativen Einheit.

Zu den neuen gesellschaftlichen Rahmenbedingungen, vor allem seit 1980 (STEWIG 2000a, S.250 ff), die auch für die Raumordnung wichtig sind, gehören des weiteren neue Organisationsformen beim Wohnungsbau und Wohnungswesen. Sie hängen zum Teil mit der Gecekondu-Problematik zusammen.

Die massenhafte Zuwanderung in den großen türkischen Städten, darunter auch nach Bursa, hatte Probleme der Unterbringung der Zuwanderer geschaffen, die sich auf meist illegal angeeignetem Grund und Boden in Selbsthilfe und mit Unterstützung von Nachbarn gleicher Herkunft und städtischen Handwerkern die "über Nacht gebauten Häuser" (deutsch für türk. *gecekondu evler*) in Einfach-Ausführung errichtet haben. In Bursa geschah dies auf dem steilen unteren Hang des Uludağ am südlichen Stadtrand, auf staatlichem Grund und Boden, ohne Investitionen für die Grundstücke, und auf dem flach geneigten Schwemmfächer (der Gebirgsbäche), verbunden mit Investitionen für den Grunderwerb – wegen der früheren landwirtschaftlichen Nutzung – am nördlichen Stadtrand, wodurch sich eine räumliche und soziale Sortierung der Zuwanderer nach den finanziellen Verhältnissen ergab (STEWIG et alii, 1980,S.255; 1986, S.220 f).

Schon vor 1980 war es zur Entstehung von Wohnungsbau-Genossenschaften gekommen, um den einkommensschwachen Stadtwanderern zu angemessenen Unterkünften zu verhelfen (STEWIG 2000a, S.250), auch hatten große Industriebetriebe Werkswohnungen in begrenztem Umfang geschaffen – in Bursa waren es die staatlichen Merinos-Werke – und der Staat hatte zur Aufnahme von Flüchtlingen Wohnraum in großem Umfang erstellt – in Bursa nach dem Zustrom der Bulgarien-Flüchtlinge von 1953 (KOSTANİK 1957): die Stadtviertel Istiklal, Hürriyet, Milliyet, Adalet (STEWIG 1970, Karte 30, S.214).

Nach der Einleitung der neuen Wirtschaftspolitik der Türkei durch T. Özal nahm nicht nur das genossenschaftliche Wohnungswesen einen bedeutenden Aufschwung (STEWIG 2000a, S.251, ff), noch bedeutender war die Schaffung eines Fonds für Massenwohnungsbau (türk.Toplu Konut Fonu), wodurch billige Kredite zur Verfügung standen, aber auch dem spekulativen Grunderwerb und Wohnungsbau Tür und Tor geöffnet wurde.

Seitdem ist in großen und kleinen türkischen Städten die massierte Verbreitung von Apartment-Wohn(hoch)häusern gang und gäbe, die physiognomisch mindestens Teile der Stadtbilder prägen. In der Region Bursa ist das selbst in kleinen Städten wie Mudanya, Gemlik und Orhangazi, sogar im ehemals ländlichen Inegöl, der Fall.

Diese Entwicklung ist raumordnerisch insofern bedeutsam, als eine allzu großflächige Zersiedlung, wie sie die Ausbreitung der wenig-geschossigen, traditionellen türk. *gecekondu evler* mit sich brachte, eingedämmt wird. Eine Zurückdrängung/Verdrängung der Landwirtschaft in der Umgebung der Städte ist dennoch unvermeidlich (für Bursa MURAT 1991).

Als weitere Änderung der gesellschaftlichen Rahmenbedingungen nach 1980 mit Auswirkungen auf die Raumordnung ist die neue, staatlich-behördliche Einstellung zur Gecekondu-Problematik zu nennen. Wenn man zuvor zwischen "Verbot, Abriß, Einschränkung, Beschränkung auf bestimmte Areale, Verhinderung von Neubauten, Ausbau der Infrastruktur" der Gecekondu-Gebiete schwankte (STEWIG 2000a, S.251), lief die Einstellung nach 1980, seit dem Gecekondu-Gesetz von 1984, auf Legalisierung hinaus. Damit war nicht nur für die Bewohner der Einfach-Häuser Planungssicherheit gegeben, sondern auch für die städtischen Behörden, die nun von vorhandenen Bestands-Arealen ausgehen mussten. Gleichzeitig änderte sich durch die Legalisierung bei der statistischen Erfassung der Anteil der türk. *gecekondu evler* am Wohnungsbestand der großen türkischen Städte im Sinne einer statistischen Verminderung nicht unerheblich (STEWIG 2000, S.253). Die (ehemaligen) Gecekondu-Wohngebiete werden seitdem – auch in Bursa – vermehrt in den infrastrukturellen Ausbau einbezogen.

Eine Innovation – besonders für die regional ausgreifende Raumordnung – brachte der Einzug westeuropäischer Planungsvorstellungen von Trabanten- und Satelliten-Städten, türk. sing. *uydukent*, auch von Gartenstädten, türk sing. *bahçeşehir*, Planungsideen, die vor allem in den großen Städten der Türkei, in Istanbul und Ankara, vielfach umgesetzt wurden (STEWIG 2000a, S.253 f). Damit war eine Konzeption gegeben, die den Übergang von der Stadt- zur Regional-Planung - auch im Falle Bursas - erleichterte und einleitete.

So unterscheidet der Raumordnungsplan und -bericht von 1997 (Bursa Büyükşehir Belediyesi 1997) mehrere Betrachtungsebenen, die von der Stadt Bursa bis zur räumlichen Ebene des (Ost-) Marmara-Gebietes reichen (S.19).

Inhaltlich wird dabei von der außerordentlichen Dynamik des Zusammenspiels von Bevölkerungsentwicklung und Ausbau des sekundären und tertiären Sektors in Stadt und Region Bursa ausgegangen, wobei auch der primäre Wirtschaftssektor nicht ganz unberücksichtigt bleibt; zeitlich wird bis 2020 ausgegriffen.

Der Raumordnungsplan und -bericht von 1997 konnte nicht die wenigen, vorläufigen Daten der türkischen Volkszählung von 2000 (türk. Genel Nüfus Sayımı) und auch nicht die Daten der türkischen Volkszählung von 1997 (türk. Genel Nüfus Tespiti) verwerten, die im Erscheinungsjahr 1997 durchgeführt wurde. 1995 fand – entgegen der früheren Praxis von 5jährigen Zählungsintervallen – keine Volkszählung in der Türkei statt, so dass der Zensus von 1990 weitgehend Ausgangs-Datenbasis des Raumordnungsplanes und -berichts von 1997 ist.

Der Übergang von der Stadt- zur Regionalplanung ist nicht nur Ausdruck der zunehmenden Ausbreitung der Stadt Bursa, sondern auch eines Prozesses, den man die Industrialisierung der *Provinz* Bursa nennen kann. Das bedeutet nicht, dass die gesamte Provinz Bursa, flächenhaft, mit dem sekundären Sektor überzogen wurde, dies ist schon von der unterschiedlichen naturräumlichen Ausstattung nicht möglich: von N nach S wechseln sich Bergland – Ebene – Bergland – Ebene – Gebirge – Bergland ab (Schema bei STEWIG 1977b, Abb. 28, S.114; vgl. PALECZEK 1987, Figur 4, S.24). Die unterschiedlichen Nutzungsmöglichkeiten stellen in mancher Hinsicht ein verkleinertes Abbild der Türkei dar.

Die Abb. 15 zeigt die Relation des primären, sekundären und tertiären Sektors in den Kreisen der Provinz 1990 auf. Das gilt insbesondere für die Hauptorte/Kreishauptstädte der Provinz. Damals kam die Stadt Bursa (türk. Bursa Büyükşehir Belediyesi) auf einen Anteil von 52 % im sekundären Sektor, wurde aber von Inegöl mit 56 % und Orhangazi mit 55 % übertroffen; Mudanya folgte mit 42 % dicht auf, und Kestel mit 47 % sowie Gürsu mit 42 % - beide funktional zur Stadt Bursa gehörig – kamen ebenfalls auf hohe Werte.

Dass Bursa noch von Inegöl und Orhangazi – was den sekundären Sektor angeht – übertroffen wird, ist auf die starke Ausprägung des tertiären Sektors in der Stadt Bursa (Provinzhauptstadt, Universitätsstadt, Bade- und Gesundheits-Tourismus, kultur-historisch orientierter Tourismus, Ausgangsort für den Wintersport-Tourismus auf dem Uludağ) zurückzuführen; eine solche Ausprägung können Inegöl und Orhangazi nicht aufweisen.

Da in die Kategorie sekundärer Sektor in der Abb. 15 auch das Handwerk eingegangen ist, lässt die Abb. 16, die sich auf die Industrie im engen Sinne (türk. *imalat sanayi*) stützt, ein etwas anderes Bild erkennen. Danach fallen die vier Kreise im Süden der Provinz, im Bergland südlich des Uludağ-Gebirges, Orhaneli, Keles, Büyükorhan und Harmancık, als Industriestandorte weg. Wiederum liegen Inegöl mit 47 %, Bursa mit 42 %, Orhangazi mit 38 %, Gemlik mit 33 %, Kestel mit 32 %, Mudanya mit 31 % und Gürsu mit 29 % an der Spitze (1990).

Zeigt die Abb. 16 nur ein relatives und statisches Strukturbild des Jahres 1990 auf, so rückt die Abb. 17 über die Unterscheidung Industrie – Kleinindustrie/Handwerk hinaus die absoluten Positionen und - über die Planung – den Entwicklungsaspekt ins rechte Licht: dadurch kommt die dominante Position der Stadt Bursa, aber auch solcher Kreishauptstädte wie Gemlik und Inegöl, angemessen zum Ausdruck.

Das Phänomen der Industrialisierung mehrerer Kreishauptstädte der Provinz in jüngster Zeit wird vollends deutlich, wenn man die Genese des sekundären Sektors einerseits in der Stadt Bursa, andererseits in den Kreishauptorten verfolgt.

Im Stadtgebiet von Bursa waren seit 1970 die anteiligen Werte des primären und des sekundären Sektors relativ konstant (I.Sektor: 1970: 4 %; 1980: 1 %: 1985: 2 %; 1990: 4 % - diese Veränderung ist auf die administrative Neuordnung von 1987 zurückzuführen; II.Sektor: 1970: 51 %; 1980: 49 %; 1985: 50 %; 1990: 51 % (Bursa Büyükşehir Belediyesi 1997, S.89).

Die Industrialisierung der Stadt Bursa ist – wie dargelegt – älteren Ursprungs. Auch bei Gürsu und Kestel – beide mit der Stadt Bursa baulich verbunden, sind die Werte des primären und des sekundären Sektors seit längerer Zeit hoch (die Werte, die hier nicht im einzelnen wiedergegeben werden, in Bursa Büyükşehir Belediyesi 1997: Gürsu S.93, Kestel S.94); deren Industrialisierung ist schon früh von der Stadt Bursa aus in die Wege geleitet worden.

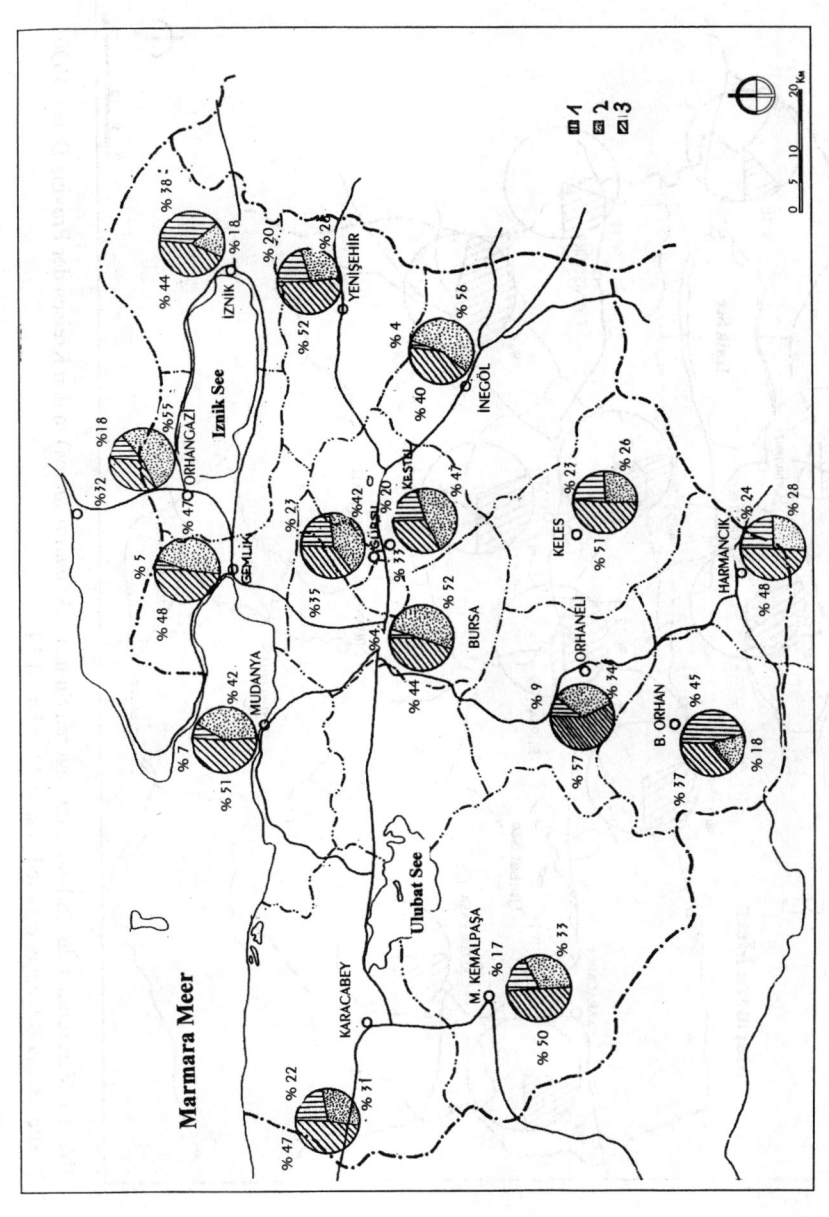

Abb. 15: Verbreitung des primären, sekundären und tertiären Sektors in den Kreisen der Provinz Bursa, 1990 (1: I.Sektor; 2: II.Sektor; 3: III.Sektor)
Quelle: Bursa Büyükşehir Belediyesi 1997, Karte II.13

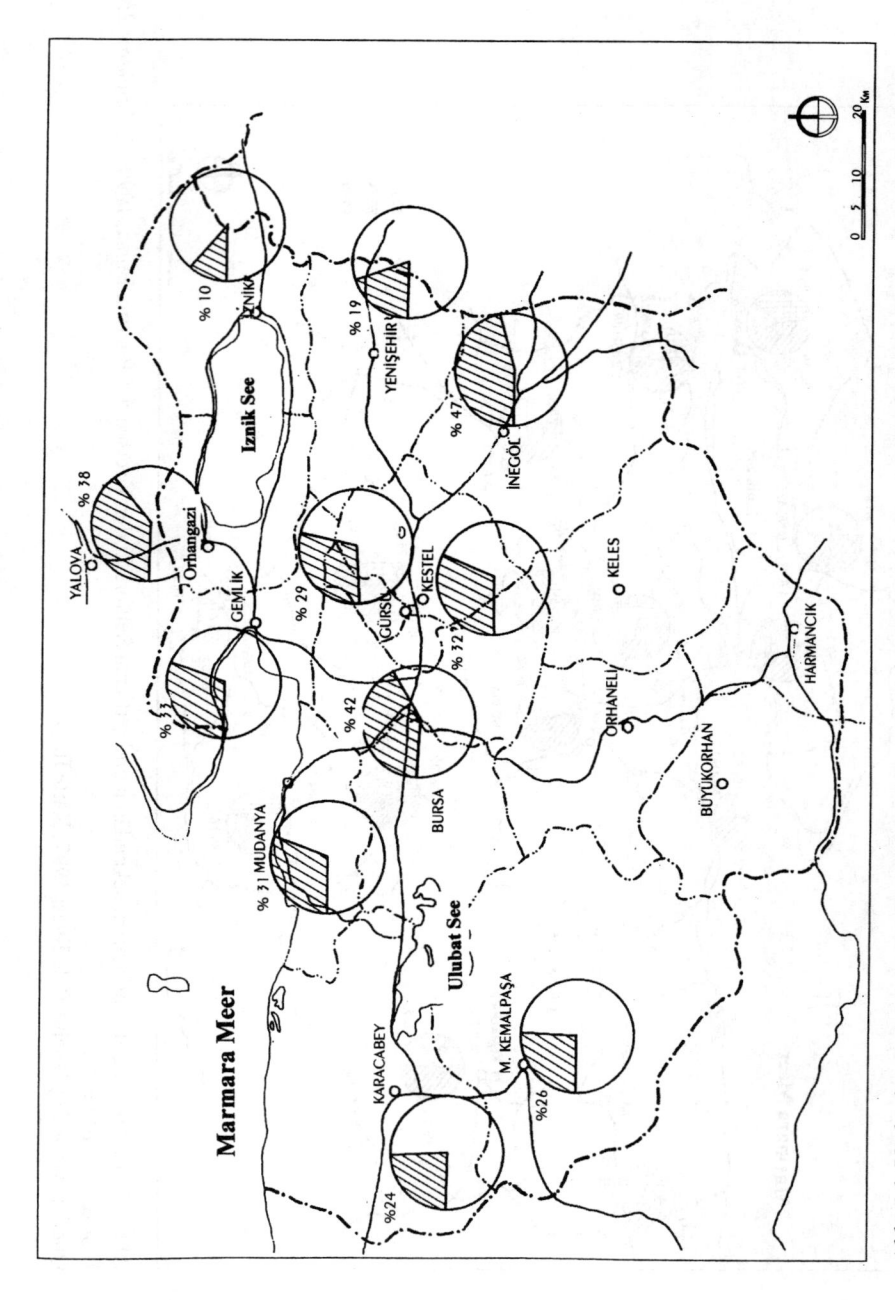

Abb. 16: Verbreitung der Industrie im engeren Sinne (türk. *imalat sanayi*) in den Kreisen der Provinz Bursa, 1990
Quelle: Bursa Büyükşehir Belediyesi 1997, Karte II.14

Dagegen ist die Industrialisierung der Kreishauptstädte Gemlik, Mudanya, Inegöl und Orhangazi eine jüngere Erscheinung (Bursa Büyükşehir Belediyesi 1997, S.91-100):

		1970	1980	1985	1990
Gemlik	I. Sektor	32%	10%	5%	5%
	II. Sektor	27%	43%	47%	47%
Mudanya	I. Sektor	87%	23%	36%	7%
	II. Sektor	6%	35%	26%	42%
Inegöl	I. Sektor	21%	10%	12%	4%
	II. Sektor	37%	43%	40%	56%
Orhangazi	I. Sektor	87%	28%	14%	13%
	II. Sektor	6%	35%	49%	55%

Die frühe Schaffung eines engl. *industrial park/industrial estate* (türk. *organize sanayi bölgesi*) in Inegöl unterstützte die Bedeutung des Ortes im sekundären Sektor (AVCI 2000, S.57).

Mit der Industrialisierung von Teilen der Provinz Bursa ist eine Bevölkerungszunahme in den entsprechenden Ortschaften bzw. Kreisen (türk. sing. *ilçe*) verbunden:

	1970	1975	1980	1985	1990
Gemlik	16.915	20.704	26.849	36.693	50.237
Mudanya	7.938	8.399	10.606	12.152	17.796
Inegöl	31.871	37.805	45.237	54.659	71.120
Orhangazi	9.191	12.181	18.733	23.168	31.889

Aber auch andere Orte bzw. Kreise, die wenig von der Industrialisierung erfasst wurden, wie Karacabey oder M.Kemalpaşa, hatten deutliche Bevölkerungszunahmen zu verzeichnen (im einzelnen: Bursa Büyükşehir Belediyesi 1997, S.77, Tabelle II.4.1).

So nimmt es nicht wunder, dass auch der Verstädterungsgrad in der Provinz Bursa stieg, und dies, obwohl nicht geringe Teile der Provinz Bursa – vor allem das Bergland südlich des Uludağ – zur Aufnahme von Bevölkerung wenig geeignet sind.

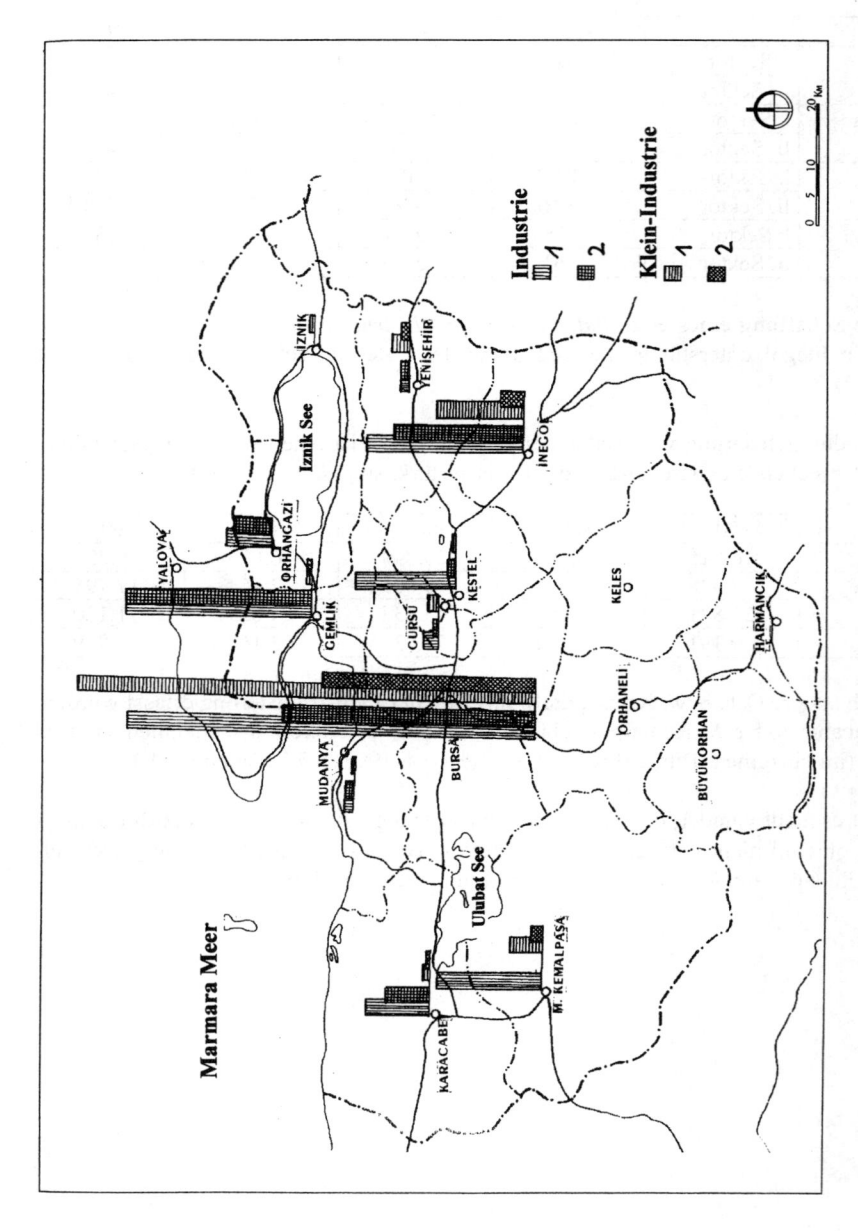

Abb. 17: Geplante und vorhandene Flächen für Industrie und Klein-Industrie in den Kreisen der Provinz Bursa 1995 (1 geplante Flächen; 2 vorhandene Flächen)
Quelle: Bursa Büyükşehir Belediyesi 1997, Karte II.15

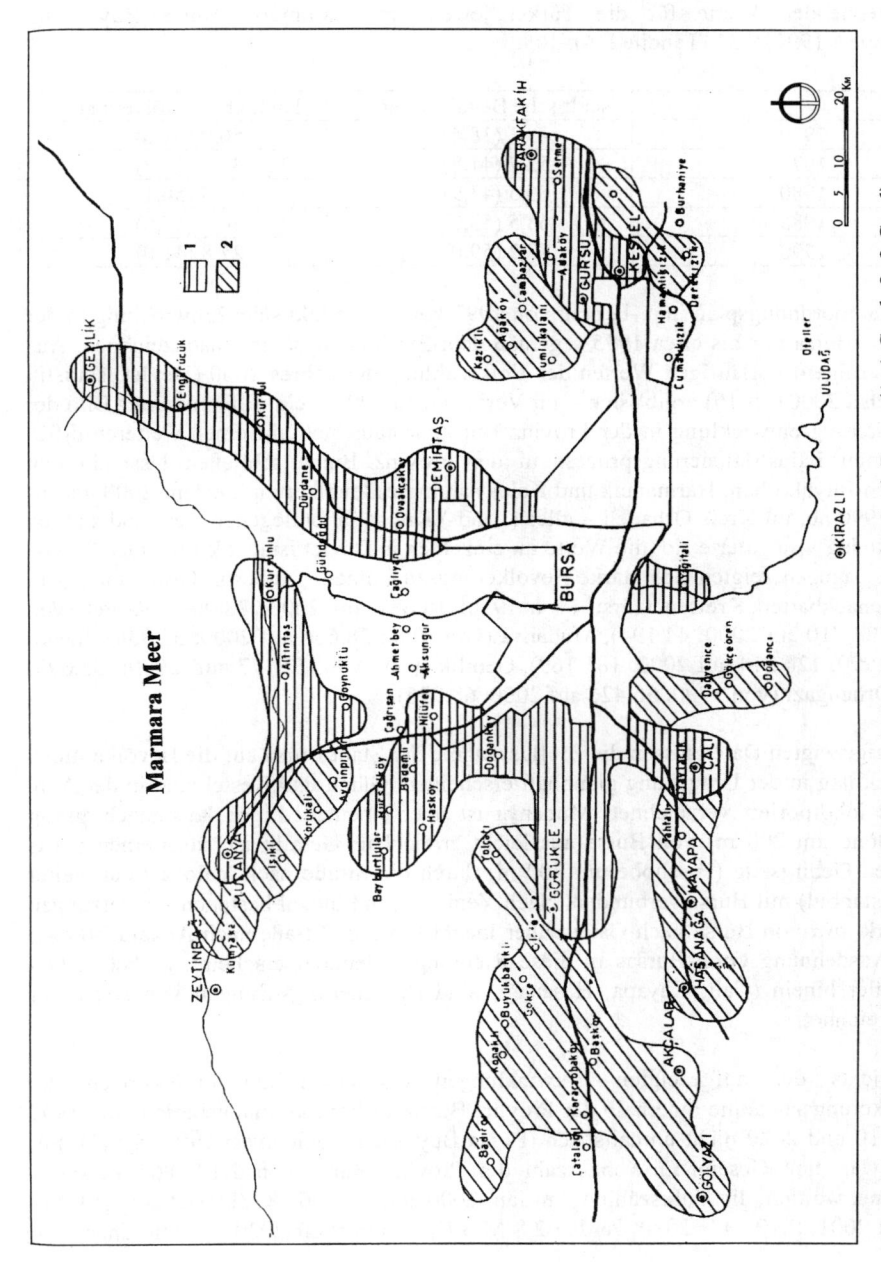

Abb. 18: Bevölkerungszunahme 1. und 2. Grades in der Umgebung der Stadt Bursa (1: 1.Grad; 2: 2.Grad)
Quelle: Bursa Büyükşehir Belediyesi 1997, Karte II.19

Anteil der städtischen und der ländlichen Bevölkerung in der Provinz Bursa, die entsprechenden Werte für die Türkei jeweils in Klammern (Bursa Büyükşehır Belediyesi 1997, S.31, Tabelle I..4):

	städtische Bevölkerung	ländliche Bevölkerung
1970	49,1 (38,4)	50,9 (61,6)
1975	52,7 (41,8)	47,3 (58,2)
1980	55.5 (43,9)	45,5 (56,1)
1985	63,5 (53,0)	36,5 (47,0)
1990	72,2 (59,0)	27,8 (41,0)

Der Raumordnungsplan und -bericht von 1997 konnte die faktische Entwicklung in der Provinz Bursa nur bis circa 1995 – gemäß dem Erscheinungsjahr – nachzeichnen. Aus den (wenigen) vorläufigen Werten der Volkszählung des Jahres 2000 (Devlet Istatistik Enstitüsü 20001, S.10) ergibt sich – im Vergleich zu 1990 – ein differenziertes Bild der Bevölkerungsentwicklung in der Provinz Bursa, woraus sich auf einen weiteren differenzierten Industrialisierungsprozess in der Provinz Bursa schließen lässt. In den Kreisen Büyükorhan, Harmancık und Keles nahm die Bevölkerung im Jahr 2000 gegenüber 1990 ab, im Kreis Orhaneli – alles (Land-) Kreise im entlegenen Bergland südlich des Uludağ – stagnierte sie (die Werte im einzelnen in Devlet Istatistik Enstitüsü 20001, S.10). Dagegen zeigten sich starke Bevölkerungszunahmen – außer in Groß-Bursa – in den benachbarten Kreisen Gürsu (von 1990: 18.681 auf 2000: 28.000), Kestel (von 1990: 31.710 auf 2000: 44.194), Mudanya (von 1990: 38.656 auf 2000: 53.934), Inegöl (von 1990: 126.214 auf 2000: 181.169), Gemlik (von 1990: 72.177 auf 2000: 88.690) und Orhangazi (von 1990: 56.426 auf 2000: 68.976).

Die aufgezeigten Daten lassen die Einflussnahme der Stadt Bursa auf die Bevölkerungsentwicklung in der Umgebung glaubhaft erscheinen: Gürsu und Kestel sind in der Abb. 17 als inkorporiert verzeichnet; Mudanya ist über einen niedrigen Küstengebirgszug (Passhöhe um 200 m) von Bursa aus leicht erreichbar, Gemlik ist, über einen etwas höheren Gebirgszug (Passhöhe um 400 m) durch die Straße nach Yalova (und weiter nach Istanbul) mit Bursa verbunden. Nach Yenişehir und Inegöl bestehen Fortsetzungen der türk. *ova* von Bursa nach Osten; über Inegöl führt die Straße nach Ankara, so dass eine Ausdehnung Groß-Bursas in diese Richtungen denkbar erscheint. Selbst in Gebirgstäler hinein (Çalı, Kayapa, Hasanağı) sind Bevölkerungs-Zungen von Bursa her eingezeichnet.

Angesichts der aufgezeigten Entwicklungen erscheinen die Projektionen der Bevölkerungszunahme innerhalb der Provinz Bursa im Raumordnungsbericht von 1997 für 2010 und 2020 nicht unrealistisch (Bursa Büyükşehir Belediyesi 1997, S.145). Für 2000 war eine Gesamt-Einwohnerzahl der Provinz Bursa von 2,177.864 Personen errechnet worden; die Volkszählung im Jahr 2000 ergab 2,106.687 (Devlet Istatistik Enstitüsü 2001, S.10); für 2010 werden 2,8 Mio Einwohner, für 2020 3,4 Mio angenommen.

Bevölkerungsprojektionen für die

Kreise	2010	2020
Gemlik	137.180	169.558
Orhangazi	87.795	122.367
Mudanya	60.146	83.824
Inegöl	221.428	273.689
Gürsu	32.773	40.506
Kestel	55.631	68.752
Yenişehir	92.486	114.314

Für Groß-Bursa wird folgende Entwicklung angenommen: 2010: 1,582.216; 2020: 1,955.647 (Bursa Büyükşehir Belediyesi 1997, S.145, 149 ff). Im einzelnen wurden nach verschiedenen Methoden untere, mittlere und obere Werte der Bevölkerungsentwicklung für die Kreise der Provinz Bursa errechnet.

Die zukünftige Entwicklung innerhalb der Provinz Bursa, von der Industriestadt Bursa ausgehend, zur Industrieregion Bursa mit den Industrie-Satelliten Inegöl, Gemlik, Orhangazi und Mudanya – Gürsu und Kestel sind bereits mit der Stadt Bursa baulich verknüpft – ist vorgezeichnet.

Damit wird die Industrieregion Bursa innerhalb Nordwest-Anatoliens noch mehr an Gewicht gewinnen.

1990 war der Anteil der Beschäftigten im sekundären Sektor in den vier Provinzen Nordwest-Anatoliens (im engeren Sinne), Istanbul, Kocaeli, Sakarya und Bursa, absolut zwar am höchsten in Istanbul (980.412) vor Bursa (183.101), Kocaeli (74.632) und Sakarya/Adapazarı (25.932), aber die Provinz Bursa hatte den relativ höchsten Besatz von Industriebeschäftigten mit 48,8 % vor Kocaeli mit 45,2 %, Istanbul mit 43,0 % und Sakarya/Adapazarı mit 29,9 % (Bursa Büyükşehir Belediyesi 1997, S.34, Tabelle und Karten I.21, I. 22; vgl. STEWIG 1969).

Angesichts der zu erwartenden, zukünftigen, wahrscheinlichen Entwicklung von Bevölkerung und sekundärem Sektor in der Provinz Bursa ist auch der Ausbau der verkehrsinfrastrukturellen Einbettung der Industrieregion Bursa in Nordwest-Anatolien geplant (Abb. 19 und Abb. 20). So soll die Autobahn Istanbul-Izmir, mit Überbrückung des Golfes von Izmit (!), über Bursa geführt werden; außerdem ist der Bau einer (Verbindungs-) Eisenbahn über Bursa zwischen den Eisenbahnen Bandırma-Izmir im Westen und Istanbul-Ankara im Osten vorgesehen; für den Flugverkehr steht die Eröffnung des Flughafens bei Yenişehir an (Abb. 19). In der unmittelbaren Umgebung der Stadt Bursa sollen die zukünftigen, neuen, geplanten, weiterführenden Verkehrsverbindungen, die Autobahn Istanbul-Izmir und die Eisenbahn Bandırma-Bilecik, am Nordrand der türk. *ova* von Bursa entlang geführt werden (Abb. 20).

Abb. 19: Stellung der Stadt Bursa im (geplanten) Verkehrssystem Nordwest-Anatoliens
(1 einspurige Teer-Straße; 2 doppelspurige Teer-Straße; 3 bestehende Autobahn; 4 geplante Autobahn; 5 bestehende Eisenbahn; 6 geplante Eisenbahn; 7 Hafen; 8 bestehender Flugplatz; 9 geplanter Flugplatz)
Quelle: Bursa Büyükşehir Belediyesi 1997, Karte II.9

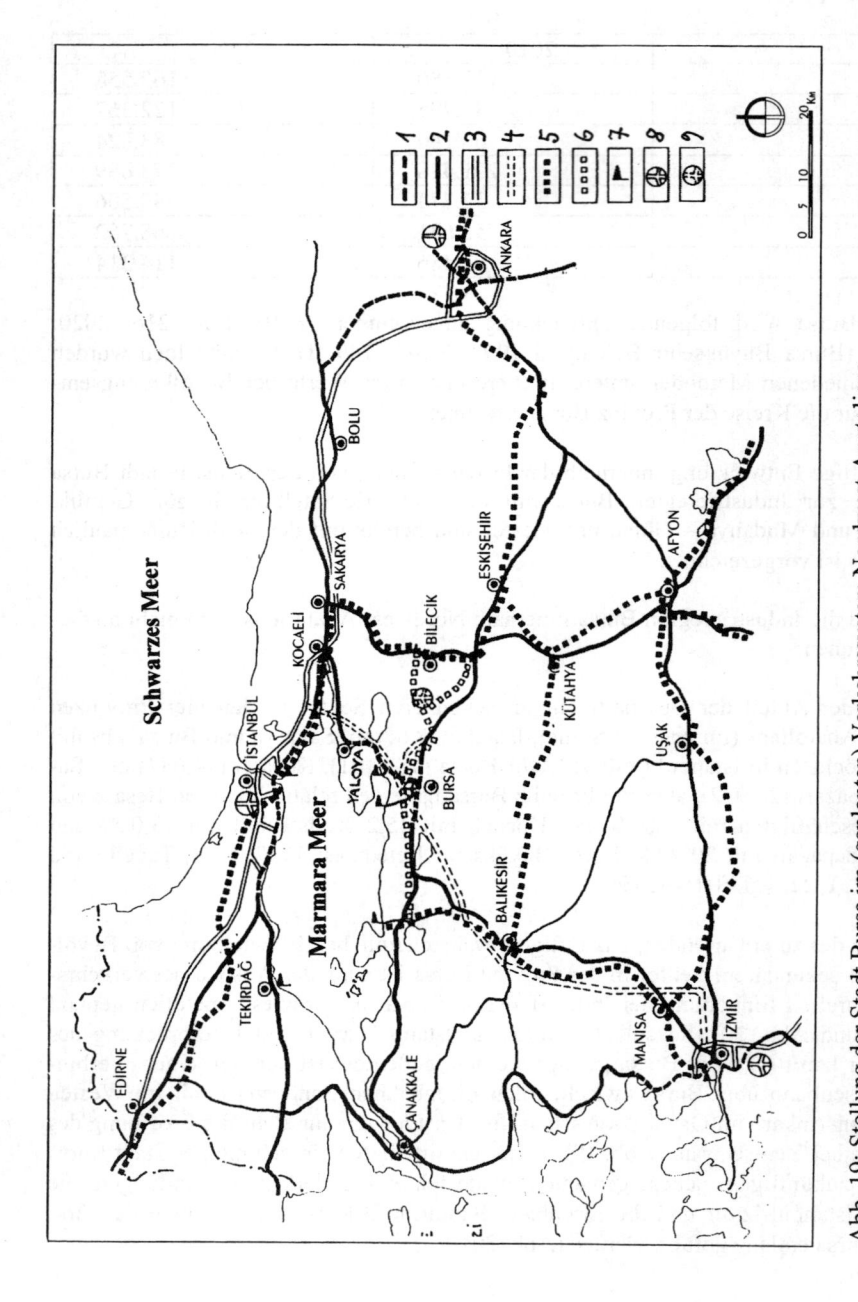

Abb. 20: Stellung der Stadt Bursa im (geplanten) Verkehrssystem der Provinz Bursa
(1 einspurige Teer-Straße; 2 doppelspurige Teer-Straße; 3 Autobahn; 4 Eisenbahn; 5 Hafen; 6 Anlegebrücke; 7 Flugplatz
Quelle: Bursa Büyükşehir Belediyesi 1997, Karte II.8

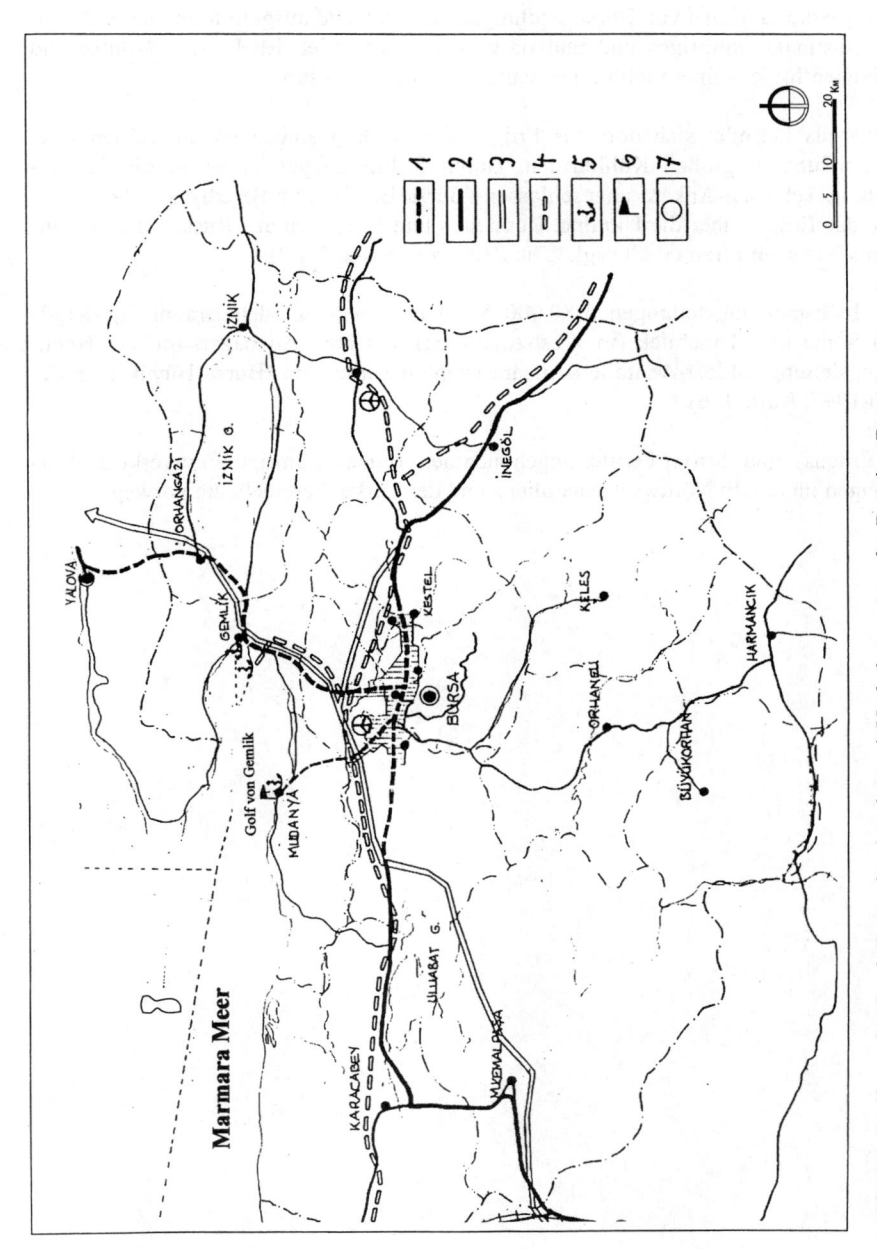

Damit wäre die türk. *ova* von Bursa siedlungsmäßig auf- und ausgefüllt und deren Nordrand – einstmals sumpfiges und malaria-verseuchtes Gebiet des Flusses Nilüfer und seiner Nebenflüsse – einer vielfältigen neuen Nutzung zugeführt.

Heute bereits befindet sich dort das Erdgas-Kraftwerk (Cambazlar) mit seinen zwei weithin sichtbaren großen Kühltürmen. Durch Rohrleitungen ist es an die Erdgas-Fernleitung Tekirdağ-Ankara angeschlossen (Bursa Büyükşehir Belediyesi 1997, S.28, 74), die das Erdgas über die Ukraine, Rumänien und Bulgarien aus Russland und – andererseits – aus dem Iran erhält (vgl. "Die Zeit" vom 8.Mai 2002).

Durch Hochspannungsleitungen (380.000 Volt) ist Bursa mit den Braunkohle-Kraftwerken Soma und Tuncbilek (in West-Anatolien) und über Adapazarı mit der Hochspannungsleitung Südost-Anatolien-Ankara-Istanbul verbunden (Bursa Büyüksehir Belediyesi 1997, Karte II.6).

Diese Erdgas- und Strom-Fernleitungen nehmen Bursas künftige Fernverkehrs-Verknüpfungen innerhalb Nordwest-Anatoliens und der Türkei bereits heute vorweg.

7 Beurteilung: Dynamik der Entwicklung

Wer Zweifel hegt an der Dynamik der Entwicklung der Stadt Bursa, der möge einen Blick auf die Bevölkerungsveränderung der Stadt werfen: die Zunahme der Einwohnerzahl von 1960 153.000 auf 1,2 Millionen im Jahre 2000 und selbst noch von 1970 275.000 auf 1,2 Millionen im Jahre 2000 dürfte alle Zweifel beseitigen.

Dabei ist diese Dynamik keine Erscheinung der letzten Jahre, etwa seit der neuen Wirtschaftspolitik in der Türkei durch T. Özal Anfang der 1980er Jahre. Bereits für die 1960er und 70er Jahre gibt es zahlreiche Belege für eine dynamische Entwicklung der Stadt Bursa.
Das sind:
- die Inangriffnahme des Wiederaufbaus des 1958 durch den großen Brand zerstörten Stadtzentrums.

- die Schaffung eines Flächennutzungs- und Raumordnungsplanes durch PICCINATO (1962).

- die Einrichtung Anfang der 1960er Jahre, nach anglo-amerikanischem Vorbild, eines türk. *sanayi bölgesi*, eine Innovation in der Türkei, der seitdem und bis 1997 47 weitere Industrieparks in vielen Städten der Türkei gefolgt sind (Liste bei AVCI 2000, S.57).

- die Restaurierung kultur-historisch wertvoller Gebäude – insbesondere von Karawansereien (türk. plur. *hanlar*) – bei gleichzeitiger Neuordnung in der Innenstadt durch Anlage sowohl einer neuen, modernen Ladenzeile (an der Cemal-Nadır-Straße), dem Straßenabschnitt zwischen der Atatürk- und der Altıparmak-Straße (STEWIG 1973, Abb.6) – heute nicht mehr existent, durch das moderne, dreiteilige Zafer-Plaza-Einkaufszentrum ersetzt - zur Aufnahme aus dem Basar-Gebiet verdrängter Geschäfte als auch eines türk. *sanayi çarşısı* in der östlichen Innenstadt (STEWIG 1970, Karte 31, S.215) zur Aufnahme aus dem Basar-Gebiet verdrängter Handwerker.

- die Auslagerung des Obst- und Gemüse-Großmarktes durch den Bau der türk. Sebze ve Meyve Hali an den Nordrand der damaligen Stadt auf dem Gelände des ehemaligen Bahnhofs der um 1940 abgebauten Bahnstrecke Bursa-Mudanya sowie die Errichtung eines benachbarten Kühlhauses mit Eisfabrik (türk. *soğuk hava deposu*).

- die Gründung eines modernen Omnibusbahnhofs (türk. *santral garaj*) dort, wo am damaligen nördlichen Stadtrand die Fernstraßen von Istanbul, Ankara und Izmir in Bursa zusammentrafen (inzwischen ist der Omnibusbahnhof, heute türk. Otobüs Terminali, an den Nordrand der türk. *ova* von Bursa hinausverlegt worden).

- die Schaffung eines modernen innerstädtischen Omnibusliniennetzes; die in Erwägung gezogene Einrichtung von O-Busverkehr wurde bewusst nicht umgesetzt.

Erwähnenswert ist noch der Bau eines modernen Gefängnisses in Bursa, zum ersten Mal in der Türkei mit nützlicher Beschäftigung der Insassen (Knüpferei) und die erste Waschmaschinen- und Kühlschrank-Fabrik in der Türkei (Firma Kamil Tolon) in Bursa (Turizm Mecmuası 1962, ohne Seitenangabe) Anfang der 1960er Jahre.

Darüber hinaus erfolgte der Ausbau des Kulturparks zu einer Vergnügungsstätte (türk. *luna park*) und die Einrichtung eines modernen Sportstadions (türk. Atatürk Stadyumu).

Wesentliche Prinzipien moderner Stadtplanung, die räumliche Trennung von Wohnen und industriellem Arbeiten in der Innenstadt (durch den Plan von PICCINATO), die Entlastung des Stadtzentrums von Funktionen (Großhandel, Handwerk) durch Hinausverlagerung und die Restaurierung kultur-historisch wertvoller Gebäude waren eingeleitet und wurden umgesetzt. Dabei konnte von der Grundgegebenheit der traditionellen islamisch-orientalischen Stadt, ihrer herkömmlichen Trennung von Wohnen und Arbeiten im Basargebiet, in der City (WIRTH 2001; EHLERS 1993) ausgegangen werden.

Die Dynamik der Entwicklung seit Anfang der 1970er Jahre ist geprägt von der außerordentlichen Bevölkerungszunahme, die sich in der Ausweitung der Wohngebiete und ihrer Umstrukturierung niederschlägt, der Volumenzunahme und Differenzierung des sekundären und des tertiären Sektors, die zur Neuordnung ihrer Standorte führten, sowie dem notwendigerweise verkehrsstrukturellen Ausbau, um die disparater werdenden Standorte und Stadtteile zu verbinden.

Hier können die Ergebnisse der vorangegangenen Betrachtung der Entwicklung des sekundären Sektors und des tertiären Sektors, der Wohn- und der Verkehrsstruktur zusammenfassend wieder aufgenommen werden.

Die Industrie der Stadt Bursa war und ist durch die Textil- und die Automobilindustrie bestimmt. Die Textilindustrie erfuhr nicht nur quantitative Veränderungen, sondern auch qualitative, in Richtung auf Erweiterung des Branchenspektrums. Die Vielzahl der textilen Rohmaterialien, Baumwolle, Wolle, Naturseide, Kunstseide, vollsynthetische Garne, die große Zahl von Produktionsstufen, Garnvorbereitung, Spinnen, Weben, Färben, Appreturanbringung, Zuschneiden, Verarbeitung (Konfektion), die Größendifferenzierung der Betriebe, kleinste und kleine, mittlere, große, erfordern und ermöglichen an einem Standort wie Bursa das vielfältige organisierte Zusammenspiel von horizontaler Produktionsstufenintegration innerhalb der Stadt in verschiedenen Betrieben, mit engl. *subcontracting*, und von vertikaler Produktionsstufenintegration in einzelnen Betrieben, nach Teilbranchen getrennt.

Die Automobilindustrie, basierend auf den beiden großen Montagewerken von Tofaş-Fiat und Oyak-Renault, erlebte in Bursa einen großartigen Ausbau der sehr vielfältigen Zubehör- und Zuliefer-Industrie, bis hin zur Niederlassung – neuerdings – eines Betriebes des Bosch-Konzerns, zur Herstellung von Einspritzpumpen (Frankfurter Allgemeine Zeitung vom 29. Mai 2001). Die Automobilindustrie in Bursa ermöglicht einer Vielzahl von mittleren und kleinen Industrie- und Handwerksbetrieben die Existenz und stärkte diese Teilbranche in dem Maße, wie der Anteil der in den beiden Montagewerken von Tofaş-Fiat und Oyak-Renault verarbeiteten, importierten Aggregate zurückging (PARLAK 1997, S.128: von 95 % auf 45 % engl. *local content*).

Das Besondere der Standortentwicklung der beiden großen Industriebranchen der Stadt Bursa besteht darin, dass ein modernes Standortkonzept, wie es in den Städten der hochentwickelten Industrieländer (nicht immer) anzutreffen ist, in Bursa verwirklicht wurde: nämlich das Konzept der dezentralisierten Konzentration.

Vier Hauptstandorte der Industrie in der Stadt Bursa wurden im Zuge der dynamischen Entwicklung der Stadt geschaffen – dass es daneben noch andere, meist einzelne Industriebetriebe gibt, spielt eine untergeordnete Rolle. Alle vier Hauptstandorte wurden auf dafür vorbereitetem Gelände planmäßig, in Gestalt von Industrieparks angelegt:

- das BOSB (türk. Bursa Organize Sanayi Bölgesi) an der Straße nach Mudanya, benachbart zu Oyak-Renault

- das DOSB (türk. Demirtaş Organize Sanayi Bölgesi) an der Straße nach Gemlik (und weiter nach Yalova und Istanbul), benachbart zu Tofaş-Fiat

- das türk. Otosansit Sanayi Sitesi an der Straße nach Inegöl (und weiter nach Ankara), zu dem ein ebenso planmäßig angelegtes türk. Büyük Oto Ticaret Merkezi (dt. Autohandelszentrum) gehört, und

- das türk. Beşevler Sanayi Sitesi an der Straße nach Karacabey (und weiter nach Izmir).

Zur Differenzierung der vier Standorte wurde ein Übriges getan, indem die zwei türk. plur. *sanayi bölgeler* für mittlere und größere Betriebe, die zwei türk. plur. *sanayi siteler* für kleinere Industrie- und Handwerksbetriebe gedacht sind. Das türk. Otosansit ist auf die Automobilbranche spezialisiert,

Mit dieser beispielhaften Struktur der dezentralisierten Konzentration der Industrieareale in der Stadt Bursa ist die alt-hergebrachte Ringstruktur der Industriebetriebe (STEWIG 1970, Karte 34, S.217) vorteilhaft und modern überwunden.

Der Begriff tertiärer Sektor umfasst verschiedene Inhalte, auf die nicht alle eingegangen werden kann. Im Zusammenhang mit dem Thema Dynamik der Entwicklung in der

Stadt Bursa muss jedoch die Gründung der Universität Bursa (türk. Uludağ Üniversitesi) Anfang der 1970er Jahre besonders erwähnt werden.

Sie stellt – im tertiären Sektor – ein Gegenstück zur Entstehung der beiden Automobilfabriken Tofaş-Fiat und Oyak-Renault – im sekundären Sektor – dar. Bestehend aus einer medizinischen Fakultät mit Universitätsklinik, einer veterinärmedizinischen Fakultät und einer landwirtschaftlichen Fakultät, ist die Universität Bursa auf einem riesigen Campus, weit im Westen der Stadt an der Straße nach Karacabey (und weiter nach Izmir), zusammen mit Universitätsverwaltung, Universitätsbibliothek und Studentenwohnheimen angesiedelt, einem Campus, der es erlaubt, weitere Fakultäten, die bislang noch im Norden, an der Straße nach Gemlik, und im Osten der Stadt untergebracht sind, so die wirtschafts- und verwaltungswissenschaftliche und die erziehungswissenschaftliche Fakultät, hierhin zu verlagern.

Die Dynamik der Entwicklung des tertiären Sektors in der Stadt Bursa wird vollends deutlich, wenn man die Strukturen des Einzelhandels vor 30 Jahren (STEWIG 1973) mit denen von heute vergleicht. Um 1967 gab es eine zweistufige innerstädtische zentralörtliche Hierarchie. Sie bestand einerseits aus dem Stadtzentrum, das sich wiederum aus zwei Polen zusammensetzte: dem traditionellen Basar mit türk. *kapalı çarşı* und Bedesten (zusammen mit der Hauptmoschee der Stadt Bursa, der türk. Ulu Cami) und der modernen Einkaufsstraße, der Atatürk-Straße, mit – im Gegensatz zu den offenen Verkaufsständen im Basar – zur Straßenfront durch Türen und Schaufenster abgeschlossenen Läden (STEWIG 1973).

Diesem Hauptzentrum des Einzelhandels stand eine Vielzahl von kleinen Zentren in den Stadtteilen mit Stadtteil-Moschee gegenüber (STEWIG 1973, Abb.9, S.64), die alle ähnlich strukturiert waren. Das Hauptzentrum diente der wöchentlichen Nachfrage auf höherem Niveau, verbunden unter Umständen mit dem Besuch der Hauptmoschee, die Klein-Zentren dienten der alltäglichen Bedarfsdeckung (STEWIG et alii 1980, S.104 ff). Darüber hinaus gab es offene Wochenmärkte (türk. sing. *pazar*) in verschiedenen Stadtvierteln an unterschiedlichen Wochentagen (STEWIG 1973, S.164).

Die Klein-Zentren waren alle relativ gleich ausgestattet – angesichts der relativ geringen sozialen Differenzierung und relativ geringen Kaufkraft der Stadtbevölkerung (STEWIG et alii 1980, S.88). Die sozioökonomisch höherrangige Stadtbevölkerung wohnte in der Stadtmitte und kaufte in dem modernen Teil des Stadtzentrums ein.

Seitdem ist eine tiefgreifende Umstrukturierung des Einzelhandels in der Stadt Bursa eingetreten, und zwar in doppeltem Sinne. Beide Entwicklungsrichtungen deuten auf die Probleme der Einzelhandelsstruktur, wie sie auch in den Städten höchst-industrialisierter Länder bestehen.

Das ist einmal: die Zurückdrängung der kleinen Einzelhandelsgeschäfte mit breitem Warensortiment (türk. sing. *bakkal*). Wenn man mit Menschen in Bursa spricht, stellt sich heraus, dass dieser Prozess bereits in das Bewusstsein der Stadtbevölkerung eingedrungen ist. Zum anderen handelt es sich um die neue Struktur durch die Einkaufszentren (engl. sing. *shopping centre*; türk. *alışveriş merkezi*), in Bursa: Zafer Plaza, Carrefour, Kumluk, Özdelik, Real, Metro, As, Buttim, Tower Plaza. Sie liegen zum Teil am Stadtrand, zum Teil in der Innenstadt. Mit dieser räumlichen Verteilung verbindet sich die bei Einkaufs-Zentren in höchstentwickelten Industrieländern bestehende Problematik in Gestalt der Konkurrenz-Situation: Stadtrand-Zentren versus Innenstadt-Zentren.

Jedenfalls hat sich beim Einzelhandel in der Stadt Bursa in den letzten 30 Jahren eine Struktur herausgebildet, wie sie für die Städte der Industrieländer kennzeichnend und typisch ist. Auch die traditionellen Einkaufsverhaltensweisen der Stadtbevölkerung Bursas dürften sich in Umwandlung befinden.

Nach den vorangegangenen Ausführungen ist festzustellen, dass sowohl beim sekundären als auch beim tertiären Sektor die Dynamik der Entwicklung in Bursa zu Strukturen geführt hat, wie sie in den Städten der Industrieländer verbreitet existieren.

Eine nicht geringe Dynamik ist auch bei der Ausbreitung und Entwicklung des Wohnens und der Wohngebiete in der Stadt Bursa zu konstatieren. Die in den letzten Jahrzehnten anhaltende, sogar noch steigende Zuwanderung musste sich in einer Ausweitung der Wohngebiete der Stadt Bursa niederschlagen.

Soweit es sich bei den Zuwanderern um Flüchtlinge aus dem Ausland handelte, sorgte der Staat – wie bereits in der zweiten Hälfte des 19.Jahrhunderts und in den 50er Jahren des vergangenen Jahrhunderts – für die Unterbringung (Adalet, Hürriyet, Milliyet, Istiklal). Erneut wurden Flüchtlingssiedlungen gebaut (türk. Göçmen Konutları), so südlich von Görükle, unweit der Straße nach Karacabey (und weiter nach Izmir).

Für die Entstehung der türk. plur. *gecekondu evler* wurde allerdings in den letzten Jahrzehnten der Platz knapp. Am südlichen Stadtrand Bursas setzte der steile untere Hang des Uludağ eine natürliche Grenze. Am nördlichen Stadtrand – im weitesten Sinne – erschwerte und verhinderte die ökonomische Expansion der Stadt Bursa - die Ausweitung der Industrieareale – vor allem an den Straßen nach Mudanya und Gemlik – die illegale Aneignung von Grund und Boden; eine wichtige Voraussetzung von wilder Besiedlung entfiel damit.

So wurde die Expansion des Wohnens und der Wohngebiete in der Stadt Bursa getragen sowohl vom genossenschaftlichen Wohnungsbau (Emir Koop, Villa Kent) als auch – und hauptsächlich – vom Massenwohnungsbau (türk. *toplu konut*) auf der Basis billiger Kredite aus dem von T. Özal geschaffenen türk. Toplu Konut Fonu, sei es direkt oder über Banken und freie Wohnungsbaugesellschaften. Deshalb prägt auch in Bursa, wie in vielen anderen türkischen Städten, auch in kleineren, das (viel-) geschossige – in einigen Fällen leerstehende – Apartmentwohn(hoch)haus das Stadtbild in Teilen der Stadt.

Bisweilen wurden solche Groß-Wohnanlagen, wie z.B. die türk. Yeşil Şehir, wegen Baumängeln und Erdbebengefährdung von potenziellen Bewohnern nicht angenommen.

Räumlich suchten die neuen Wohngebiete die Nähe zu den erweiterten Industriearealen, so in der Umgebung des BOSB (Bursa Organize Sanayi Bölgesi), das enorm gewachsen ist. Dort ist östlich der Straße nach Mudanya das ehemals, Anfang der 1970er Jahre, rein landwirtschaftlich genutzte Gebiet von Wohnsiedlungen erfüllt (Hamitler, Bağlarbaşı), die heute eine eigene Verwaltungseinheit (türk. Emek Belediyesi) darstellen. Entsprechendes gilt für die Nachbarschaft der anderen drei Areale der dezentralisierten Konzentration der Industrie- und Handwerksbetriebe in der Stadt Bursa.

War Anfang der 1970er Jahre in Bursa noch der typische, zentrifugale Sozialgradient der islamisch-orientalischen Stadt zu erkennen – die sozial hochrangige Bevölkerung wohnte im Stadtzentrum, die sozial schwache Bevölkerung an der Peripherie, mit Differenzierungen –, so ist diese Struktur (nur) noch teilweise erhalten.

Von der Physiognomie und Ausstattung der Wohngebiete zu schließen, hat sich sozial hochrangige Bevölkerung im Westen der Stadt ausgebreitet. Dabei dürfte die Nähe zu dem traditionell sozial hochrangigen Bade-Stadtteil Çekirge und auch die (relative) Nähe zur Universität der Stadt Bursa eine Rolle gespielt haben. Dagegen siedelt die sozial schwache Stadtbevölkerung großflächig im Osten zu beiden Seiten der Straße nach Inegöl (und Ankara). Der zentrifugale Sozialgradient scheint sich in eine bandförmige West-Ost-Erstreckung des sozialen Gefälles in der Stadt verändert zu haben.

Doch unterscheidet sich die heutige räumliche Sozialstruktur in der Stadt Bursa, die sich nach den vorangegangenen Ausführungen der der Städte in den westlichen Industrieländern annähert, in einem Punkt wesentlich. So lebt noch immer (wie lange noch?) sozial hochrangige Stadtbevölkerung im Stadtzentrum; noch immer wird das Stadtzentrum als erstrebenswertes Wohngebiet angesehen. Es ist zu keiner Degradation bzw. Verslumung im Stadtzentrum gekommen, wie sie in nicht wenigen großen Städten der Industrieländer an der Peripherie der Stadtzentren zu beobachten ist.

Durch die in Bursa ebenfalls fehlende Suburbanisierung der Oberschicht und der oberen Mittelschicht ist es andererseits auch nicht zur Entstehung von engl. *gated communties* gekommen.

Wendet man sich der Entwicklung der Verkehrs-Infrastruktur der Stadt Bursa in den letzten 30 Jahren zu, dann ist wiederum Dynamik festzustellen. Nach einer türkischen Statistik (Devlet Istatistik Enstitüsü 1962, S. XIX) legten 1960 80,47 % der Haushaltsvorstände in der Stadt Bursa den Weg zur Arbeitsstelle zu Fuß zurück. D.h. die damals noch kompakte und relativ kleine Stadt Bursa war eine engl. *pedestrian city* (zu dem Begriff: STEWIG 1983, S.222 f). In der Provinz Bursa gab es damals 2.869 Kraftfahrzeuge (Pkw, Autobusse, Lkw) (Devlet Istatistik Enstitüsü 1959, S.463). Seitdem ist – bis 2000 – der Kraftfahrzeugbestand in der Provinz Bursa (Pkw, Minibus,

Autobus, Klein-Lkw, Lkw, Motorräder; Spezialfahrzeuge) auf 248.797 gestiegen (Devlet Istatistik Enstitüsü 2001, S.3)

Innerhalb der Stadt Bursa wurde eine horizontale und vertikale Segregation des Verkehrs vorgenommen: eine Einbahn-Ringstraße im Stadtzentrum geschaffen, mit Hochstraßenverbindungsstück, Parkhäuser errichtet. Eine Schnellbahn-Strecke über 21 km zur Verbindung der Innenstadt mit den westlichen und nordwestlichen Stadtgebieten – gebaut von der Firma Siemens – ist im August 2002 eröffnet worden. Die Fahrzeuge sind - wie in Istanbul – Großraum-Wagen.

Die dynamische Entwicklung im Bereich der innerstädtischen Verkehrsstruktur hat den Strukturwandel Bursas von der engl. *pedestrian city* zur engl. *rapid transit* und engl. *automobile city* (zu den Begriffen STEWIG 1983, S.222 f) – typische Erscheinungen der Städte der Industriegesellschaften – bewirkt.

Nach den vorangegangenen Ausführungen kann man als Zusammenfassung der Zusammenfassungen folgende Formel wählen:

Bursa ist - bis auf Erinnerungsstücke, Residuen, in der Innenstadt – nicht mehr die orientalische Stadt der traditionellen Gesellschaft (im Sinne von WIRTH 2001 oder EHLERS 1993), sondern die moderne Stadt der Industriegesellschaft in der Türkei (im Sinne von STEWIG 1998, 1999, 2000a).

Mit der außerordentlichen quantitativen Bevölkerungsveränderung Bursas von der Großstadt zur Millionenstadt ist eine nicht weniger außerordentliche qualitativ-strukturelle Veränderung im Sinne von Modernisierung und Kosmopolitisierung einhergegangen.

Für einen Menschen und seine Entwicklung sind 30 Jahre ein langer Zeitraum, für eine Stadt nicht. Umso erstaunlicher ist es, was für qualitativ-strukturelle Veränderungen sich in der Stadt Bursa innerhalb von 30 Jahren vollzogen haben. Deutlicher lässst sich die Dynamik in der Stadt Bursa kaum belegen.

Einige Bemerkungen zum Thema Dynamik der Entwicklung, nicht nur in Bursa, auch in der Türkei, mögen noch erlaubt sein. Hier, in diesen Schlussbemerkungen, geht es nicht um Menschenrechte, Kurden-Problematik, Islamisten-Gefahr, Politik, EU-Mitgliedschaft der Türkei, sondern vorrangig um die ökonomischen und sozialen Verhältnisse im Lande. Aber selbst in diesen Bereichen wird in den Medien und auch in der wissenschaftlichen Literatur kein schmeichelhaftes Bild des Landes gezeichnet.

In der wirtschaftswissenschaftlichen Literatur wurde besonders die schnelle Abfolge von Krisen und Stabilisierungsprogrammen kritisiert. In der Tat stand die Türkei in den letzten 30 Jahren wiederholt am finanziellen Abgrund, und die Inflation nahm gewaltige

Ausmaße an. Immer wieder mussten der Internationale Währungsfond und die Weltbank Hilfestellung leisten.

So wurde bisweilen das Bild aus der Endzeit des Osmanischen Reiches vom "kranken Mann am Bosporus" erneut beschworen (z.B. von U. STEINBACH: Kranker Wächter am Bosporus; Freiburg, Würzburg 1979).

Auch ausländische Touristen gewinnen einen schiefen Eindruck von den wirtschaftlichen Verhältnissen in der Türkei, wenn sie beim Geldumtausch die Lira-Scheine mit den vielen Nullen erhalten: sie werden an Zeiten des wirtschaftlichen Tiefstandes Ende der 1920er und Anfang der 1930er Jahre und die damalige galoppierende Inflation in Deutschland erinnert.

Der Eindruck täuscht. Die Dynamik der Entwicklung, die im Falle der Industriestadt Bursa aufgezeigt wurde, gilt auch für Nordwest-Anatolien und darüber hinaus für manche – wenn auch nicht alle – Teilräume der Türkei. Die Industriegesellschaft hat nicht nur in der Stadt Bursa, sondern auch in der Türkei festen Fuß und Tritt gefasst.

8 Summary: Bursa Revisited

The ancient city of Bursa – its roots reaching back to Roman and Byzantine times – became the first capital of the emerging Ottoman Empire in the 14th century. Even when Bursa lost this function to Edirne and in 1453 to Istanbul it remained the burying-place of the early Ottoman Emperors and as such became a national shrine and – in modern times – a tourist attraction.

A new – and additional – function was acquired in the second half of the 19th century: the traditional craft of silk-spinning and silk-weaving - on the basis of mulberry-tree cultivation and silk worm rearing in the surroundings of the city – was lifted to an industrial level, thus laying the foundation stone of Bursa's career as a centre of the Turkish textile industry.

With the loss of Bursa's Greek and Armenian population after World War I, who had supplied both, the entrepreneurs and the work force of the silk industry, that branch of the city's textile industry declined.

The economic policy of the young Turkish Republic allowed up to the 1940s the promotion of industry by the state only (statism industry). For the city of Bursa this meant the creation of a – then – very large plant of the woollen branch, the Merinos factory in 1938, and – in nearby Gemlik – of a smaller plant producing semi-artificial fibers. This was an important step towards the enlargement and diversification of the Bursa textile industry.

With the proliferation of political parties after 1950 and resulting competition the strict statism policy of the early years slackened.

For Bursa this resulted in the coming into existence of a great number of - privately owned – mostly very small weaving shops, making use of silk, woollen, semi-artificial and cotton yarn. Forward and backward integration created further textile factories – of medium size – in the city of Bursa for the production of fully-synthetic fibres (nylon, polyester) and for dyeing and finishing the various types of cloth. So Bursa became a fully fledged textile city of great diversity: as far as ownership, plant-size, raw materials and production levels are concerned.

This industrial development was topped in the early 1970s. The new economic policy of import-substitution ushered in a new branch of industry in the city of Bursa: the automobile branch. In co-operation with the globally operating firms of Fiat and Renault two automobile factories, Tofaş-Fiat and Oyak-Renault, were founded in Bursa. A car being a machine of many components this brought about a large potential for an automobile parts industry of different plant sizes, big and small, in the city of Bursa. In the 1980s this branch was joined by other globally operating firms, such as Bosch and Siemens, producing electrical and mechanical appliances.

A new economic policy was created by T. Özal, starting in the 1980s: the export-orientation of Turkish industries. This helped both the textile and the automobile industry of the city of Bursa in its development in volume and diversity. So today Bursa is a city with a distinctive industrial profile: textiles and automobiles made in Bursa determine the city's image in Turkey.

Roughly 30 years ago the city of Bursa was extensively investigated by STEWIG twice: in 1967 and in 1974. The research of 1967, which was carried out by STEWIG alone, aimed at the economic aspects of the industrialization of the city of Bursa, i.e. the origin and development of the textile industry and its impact on the spatial structure of the city. The results, published in 1970, were the discovery of the city of Bursa as a multi-faceted industrial centre. The spatial structure of the industry at the time, which may be called typical of the old, traditional spatial structure of the city – in contrast to that, which evolved in the past 30 years – was an almost circular arrangement of the industrial areas: the two locations of the old silk industry on the southern fringe of the city and the locations of the Merinos factory and the many little weaving shops and dyeing and finishing plants on the northern and eastern fringes. The western fringe (the Çekirge quarter) has been reserved – since ancient times – for spa and health installations.

The 1967 research was also directed toward the tertiary sector of the city of Bursa and included a complete mapping of the (stationary) retail trade of the city, the results being published in 1973.

In the innermost part of the city there appeared to be what was expected: the bazaar area, the central part of the tertiary sector of the traditional oriental city, consisting of the covered bedesten for the sale of high priced goods of gold and silver, the *kapalı çarşı* with its partly covered streets with open stalls for the sale of textiles, shoes and other goods, arranged in trade groups and the (Turkish plural) *hanlar* (turk. sing. *han*), the caravanseries – almost all neatly restored after the great fire of 1958.

This, surely, may be termed the old structure of the tertiary sector of the city of Bursa; it is its traditional pole. Besides, a second, a new and modern pole appeared in the central part of the city: along the main streets - with through traffic - European type shops with doors and glass windows contrasted with the old traditional arrangements of the open stalls reached by pedestrians only.

The two poles of the central part of the city had different customers: the traditional bazaar was frequented by low ranking urban and rural traditionalists, the modern shops by high ranking urban modernists.

Outside the central business district with its two poles, the traditional and the modern one, there appeared to be a great number of local bazaars, all of similar and simple quality, for the daily provisioning of the urban populace. This means there was a two-stepped inner-urban central place hierarchy in Bursa, which may also be classed as part of the old structure of the tertiary sector of the city of Bursa. This two-stepped hierarchy corresponded nicely with another two-stepped hierarchy: the contrast between the central great mosque of the city (the Ulu Cami in Bursa) on the one hand and the many small mosques and local bazaars in the city's quarters on the other hand: the local mosques and the local bazaars served the daily economic and religious needs of the urban population, the central mosque and the central bazaar were reserved for infrequent and superior requirements.

The general knowledge about the formation of industrial society in the British Isles – the classic case – made it quite clear that the economic aspects are only one side of the coin, the human aspects, the demographic and social conditions, are necessarily the other side, which cannot be dismissed.

These considerations led to the research conducted in the city of Bursa in 1974, with the entire stress being laid on the demographic and social conditions of the city population.

With statistical information about the human aspects of the population of the city of Bursa almost completely lacking, the approach to the subject had to be entirely different from the one in 1967. To establish a data base the Department of Geography of the University of Kiel cooperated with the Department of Geography of the University of Istanbul with the aim to interview an as large part of the population of the city of Bursa as possible with the help of a questionaire. Almost 40 German and Turkish student participants worked together and interviewed nearly 1,400 households in the city, which then (in 1974) had a population of roughly 330,000. The results were published in 1980 and 1986.

It turned out that in-migration was of utmost importance for the population growth of the city of Bursa. The migrants came from near and far, from the rural surroundings, but urban-urban migration from afar was also present. This is no surprise: the industrialization of the city made Bursa exert a strong pull-force for migrants.

Most of the migrants were of humble origin and economically of low ranking. As in other Turkish cities, too, they built their simple houses (Turkish plural: *gecekondu evler*) on their own with a little help from neighbours and craftsmen. The need to require urban land for their simple homes distinguished the migrants in the city of Bursa in two groups. Both groups – as is natural with a mass phenomenon such as in-migration – settled in the fringe areas of the city. Those who were economically weak and could not afford money for their plots had to be contended with the steep southern fringe of the city of Bursa – the lowest section of the Uludağ-Mountain – which allegedly did not belong to anybody, but was in fact state-owned by the forest administration of Turkey.

The northern and eastern fringe of the city was chosen for the construction of their *gecekondu evler* by migrants who could afford a little money for the aquisition of the (formerly) cultivated and irrigated, agriculturally profitable areas.

Naturally the two groups of migrants and their settlement locations differed not only according to socio-economic standards, but also as far as their infrastructure is concerned.

As another result of the research the social class structure of the city population appeared – as expected – in conformity with the typical social class structure of towns and cities in pre-industrial agrarian societies: a very small group of upperclass population confronted the mass of urban people belonging to the lower socio-economic level – one more proof of the existence of an old structure in the city of Bursa.

But, as with the modern pole of the central business district as an indication of development, a similar instance was also present in the social class structure: a middle class showed to be already in the making.

All this had a spatial effect on the city of Bursa. Again there was conformity with the model of spatial arrangement of social classes in pre-industrial cities of agrarian societies.

The middle and the upper middle classes lived in the centre of the city, adjacent to the modern pole of the central business district, in high-rise apartment houses, built in rows. There existed a centrifugal gradation of social rank from the centre to the southern, northern and eastern fringes of the city.

Interestingly, the interviews also revealed that the whole urban population esteemed the central residential areas as most desirable for living quarters.This typically traditional spatial social structure still existed clearly in the early 1970s in the city of Bursa.

It may be added here that the infrastructure in the city of the 1960s, too, was of the old traditional type of pre-industrial cities: 80 % of the population reaching their place of work on foot – this made Bursa at the time, as expected, a pedestrian city. In 1974 it turned out that this percentage had decreased to about 47 % - another instance for development in progress.

This brings us to the end of the delineation of the economic, social and spatial structure of the city of Bursa up to the 1970s.

Since then, i.e. during the past 30 years, the development Bursa went through was enormous. It is exemplified convincingly by its population growth, which went up from 330,000 in 1974 to 1,2 million in 2000. Of course this tremendous change challenged STEWIG, who had so thoroughly investigated the city and its structure in 1967 and in

1974, to revisit it and try to find out what qualitative and structural changes had been effected by the astonishingly quantitative population growth.

In the meantime the case of Bursa had been elaborated into a three volume account of the emergence of industrial society in Turkey (STEWIG 1998, 1999, 2000a) since Ottoman times, emphasizing the conditions of modern development.

Of course – after (more than) 30 years – the revisit of Bursa in 2002 could not be a detailed research project, but had to rely on the collection of stastistical and other published and unpublished information data and on observation.

To begin with the deepest impression: the city of Bursa presents itself today – as a whole and in parts – with a modern spatial structure which has superseded in many ways the spatial structure of the past – though, of course, there are remnants of the structure of 30 years ago.

This applies first and foremost to the new locations of the industrial areas. A very modern concept of town-planning has been adopted, the concept of decentralized concentration – the beginning of its implementation dates back even to the 1960s.

At that time the first industrial park in Turkey, which stands well in international comparison, was installed in Bursa, outside the city, on the road to Mudanya, which served as the port for Bursa's industry. Since then this (Turkish) Bursa Organize Sanayi Bölgesi (BOSB) has experienced a tremendous expansion and is the number one location of Bursa's textile and automobile industry – the Oyak-Renault factory being erected in the early 1970s adjacent to it.

The second (Turkish) Organize Sanayi Bölgesi, organized a decade later, was that of Demirtaş (DOSB) on the road to Yalova (and farther on to Istanbul), adjacent to the Tofaş-Fiat factory, which had also been founded in the early 1970s. The DOSB, too, serves today as a concentrated location of textile and automobile firms.

Besides, two more such locations for Bursa's industry were organized: the Beşevler Sitesi on the road to Karacabey (and further on to Izmir) and the Otosansit (Oto Sanayi Sitesi) on the road to Inegöl (and further on to Ankara).

While the BOSB and the DOSB attracted industrial firms of large and medium size, the other two industrial areas were meant to house smaller firms and those craftmen's shops expected to be evacuated from the inner parts of the city.

This new spatial structure of industry in the city of Bursa, its decentralized concentration in four main locations, created the new core areas of manufacturing in the city of Bursa and resulted in the overcoming of the old circular spatial industrial structure completely.

As far as the tertiary sector of the city of Bursa is concerned a new development has to be mentioned first. This is the foundation of the University of Bursa (Uludağ Üniversite) in the early 1970s, at a time when the secondary sector of Bursa acquisitioned the two automobile factories. The creation of the University of Bursa established a counterweight to the overwhelming manufacturing branch.

The old spatial structure of the inner urban retail trade of the city of Bursa was characterized by its two-stepped central place hierarchy. This, too, has during the past 30 years been superseded by the dislocation of many of the local bazaars by a new shopping centre structure (Turkish singular: *alışveriş merkezi*).

Quite a number of shopping centres have been founded: Zafer, Carrefour, Kumluk, Metro, Real, Buttim and others with ample car parking space, some of them in the central area of the city, some of them in the outskirts on highways to the west and north. One, the Zafer centre on the fringe of the central business district, distinguishes itself by extravagant architecture: the entrance is a glass pyramid modeled after the entrance of the Louvre museum in Paris; this establishment calls itself "shopping and lifestyle centre" (Turkish: *alışveriş ve yaşam merkezi*) and offers valuable designer clothes.

As in modern western cities competition exists in Bursa between shopping centres in the fringe areas and the inner city.

But, of course, the old traditional bazaar, the bedesten and the kapalı çarşı still remain, the restored cervanseries being used by textile agencies, just like the new Buttim-centre, which was built as a shopping centre with the special purpose of displaying the products of Bursa´s textile industry for an international market.

The old inner urban structure of traffic, too, has changed completely during the past 30 years. Horizontal and vertical segregation of traffic has taken place in the form of the creation of an inner circular one-way road, of a (short) elevated street passing the Zafer shopping centre, of multi-storey car-parking places and of pedestrian subway crossings. All this was done to cope with the ever increasing private car traffic in the city. On the top of it a rapid transit system has been opened in the city of Bursa, with two lines, one to the west and one to the northwest, using large tramway cars.

So the old character of Bursa as a pedestrian city holds no longer good. Bursa is today – like other million-cities in the world – a modern rapid transit and automobile city.

Finally, the question is: what happened to the old centrifugal socio-spatial structure in the last 30 years? First it has to be noticed that the growth of *gecekondu evler* residential areas has – to a great deal – come to an end. The new economic and housing policy of the state, initiated and implemented by T. Özal at the beginning of the 1980s, created a mass housing programme (Turkish: *toplu konut*) and a fund to finance it. Cheap credit for housing was made available for pivate investments. As the result of this in many Turkish cities, not only in Bursa, mass housing projects were instigated. The high-rise apartment block was the housing type of that era, which has not yet ended. So in many parts of Bursa the skyline of the city has been altered.

From the experience of mega-cities in many areas of the world it is known that extreme socio-economic conditions resulted in the creation gated communities for the very rich on the one hand and urban blight in the inner city areas next to the central business district on the other hand.

In connection with Bursa it has to be noted that both those phenomena do not exist. Perhaps the time of growth to a million-city has been too short; perhaps the amount of population in Bursa is not yet sufficient to cause such extremes. Even the upper middle classes in the centre of the city of Bursa have not yet embarked on suburbanization in a sizable degree.

In short, the old centrifugal socio-spatial gradation, from the centre to the fringes of the city in the south, north and east still exists.

But an additional gradation is apparent: it runs from west to east. The location of the extremely large campus of the University of Bursa in the west together with the ancient and traditional agglomeration of spa and health institutions in Çekirge have made that part of the city increasingly a residential area of the better-offs, while in the east, on both sides of the road to Inegöl (and farther on to Ankara) the not very inviting appearance of housing gives the observer the impression of low socio-economic standards.

To sum up, the city of Bursa is – except in some charming residual areas – no longer the traditional oriental city of an agrarian society, but a modern city of the industrial society in Turkey.

9 Photos
Alle Photos wurden vom Verfasser im Oktober 2002 aufgenommen.

Photo 1: Dezentralisierte Konzentration der Industrie in Bursa: Bursa Organize Sanayi Bölgesi und Oyak-Renault an der Straße nach Mudanya (mit Schnellbahntrasse), vom unteren Hang des Uludağ

Photo 2: Dezentralisierte Konzentration der Industrie in Bursa: Demirtaş Organize Sanayi Bölgesi und Tofaş-Fiat, zwischen den zwei Kühltürmen des Erdgas-Kraftwerks und dem Buttim-Hochhaus, von der Seilbahn zum Uludağ

Photo 3: Dezentralisierte Konzentration der Industrie in Bursa: Einfahrt zum Beşevler (Küçük) Sanayi Sitesi an der Straße nach Izmir

Photo 4: Dezentralisierte Konzentration der Industrie in Bursa: Belegung des Beşevler Küçük Sanayi Sitesi an der Straße nach Izmir

Photo 5: Dezentralisierte Konzentration der Industrie in Bursa: Das Otosansit Küçük Sanayi Sitesi an der Straße nach Ankara, vom obersten Hang des Uludağ

Photo 6: Dezentralisierte Konzentration der Industrie in Bursa: Belegung des Otosansit Küçük Sanayi Sitesi an der Straße nach Ankara

Photo 7: Moderne Einkaufszentren in Bursa: Zafer Plaza im Stadtzentrum

Photo 8: Moderne Einkaufszentren in Bursa: As Merkez in der nördlichen Stadtperipherie, an der Straße nach Yalova (Istanbul)

Photo 9: Moderne Einkaufszentren in Bursa: Carrefour S.A. in der westlichen Stadtperipherie, an der Straße nach Izmir

Photo 10: Moderne Einkaufszentren in Bursa: Einkaufs- und Textil-Messe-Zentrum Buttim, in der nördlichen Stadtperipherie, an der Straße nach Yalova (Istanbul)

Photo 11: Horizontale Verkehrssegregation in Bursa: Schnellbahntrasse in der Mitte einer mehrspurigen Straße, bei der Haltestelle Kültürpark (mit Fußgänger-Unterführung); die Bahn verlässt gerade den unterirdischen Streckenabschnitt im Bereich des Stadtzentrums

Photo 12: Horizontale Verkehrssegregation in Bursa: die Atatürk-Straße als Teil der Innenstadt-Einbahn-Ringstraße

Photo 13: Vertikale Verkehrssegregation in Bursa: Hochstraßenstück beim Einkaufszentrum Zafer Plaza als Teil der Innenstadt-Einbahn-Ringstraße

Photo 14: Vertikale Verkehrssegregation (des ruhenden Verkehrs) in Bursa: Parkhaus beim Yeşil-Kern

Photo 15: Massenwohnungsbau in Bursa: Genossenschaftlicher Wohnungsbau, Emirkoop und Ertuğrul im westlichen Stadtrand, an der Straße nach Izmir (noch leerstehend)

Photo 16: Massenwohnungsbau in Bursa: Wohnungsbau gehobener Qualität, in der westlichen Peripherie, bei der Schnellbahn-Haltestelle Nilüfer, unweit des modernen Einkaufszentrums Carrefour S.A.

Photo 17: Massenwohnungsbau in Bursa: türk. Toplu Konutları in Değirmenlıkızık am südöstlichen Stadtrand, vom obersten Hang des Uludağ

Photo 18: Massenwohnungsbau in Bursa: türk. Toplu Konutları in Değirmenlıkızık, am südöstlichen Stadtrand

Photo 19: Großsiedlung Yeşilşehir in Bursa, am nördlichen Stadtrand, leerstehend

Photo 20: "Moderne" Gecekondu Evler in Bursa, östlicher Stadtrand, an der Straße nach Ankara

10 Literatur

ACAR, A. F. (1976): Pluralism versus Elitism. A Study of Social Background Characteristics of Bursa's Political Elite; Ann Arbor, Mich.

AKBOLUT, R. (o. J.): Herşeyi Ile Bursa. Bursa.

AKISIK, S. A. (1986): Small-Scale Manufacturing Firms in Underdeveloped Countries: The Case of Textile Firms in Bursa, Turkey; University of Pennsylvania (PhD. Diss.).

AKTAR, A. (1990): Kapitalizm, Az Gelişmişlik ve Türkiye'de Küçük Sanayi; AFA Yayınları. Istanbul.

AVCİ, S. (2000): Türkiye'nin Ekonomi Politikaları ve Coğrafi Sonuçları. In: Coğrafya Dergisi 8, S.29-70 (Istanbul Üniversitesi Edebiyat Fakültesi. Coğrafya Bölümü).

BASTAYMAZ, T. (1990): 6 – 15 Yaş Grubu Bursa'da Çalışan Çoruklar Üzerine Bir Araştırma; Istanbul (FES).

BAYAZİT, M. H. (1995): Türkiye'de Küçük Sanayi Siteleri: Mevcut Durum, Sorunlar, Önerile, Türkiye Esnaf-Sanatkar ve Küçük Sanayi Araştırma Enstitüsü Yayınları Nr.17, Ankara.

BAYKAL, K. (1950): Bursa ve Anıtları. Bursa.

BAYKAL, K. (1976): 2000 Yıllık Bursanın Belediyesi. Bursa.

BENSASSON, L. (1919): Über die Seidenkultur in Kleinasien. Tübingen (Diss.).

BOZKURT, V. & S. AYTAC (1997): Research and Development in Turkey. A Case Study in Two Organized Industrial Districts. In: Zeitschrift für Türkeistudien 10, S. 261-268.

Bursa (1962): Sonderheft der Zeitschrift Turizm Mecmuası 6 (11/15) Ankara.

Bursa Büyükşehir Belediyesi (1997): Nazım Plan Büro Başkanlığı 1:100 000 Ölçekli Bursa 2020 Çevre Düzeni Strateji Plan Reporu. Bursa.

Bursa Il Yıllığı (1967). O. O.

Bursa Il Yıllığı (1973). O. O.

Bursa Ticaret ve Sanayi Odası (1967): Bursa Ekonomisinin Genel Durumu. Bursa.

Bursa Ticaret ve Sanayi Odası (1984): Bursanin Ekonomik Yapısına Toplu Bir Bakış; Etüd ve Araştırma Uzmanlığı, Yayın Nr.19. Bursa.

Bursa (1997). Ankara.

CAPRASCH, M. K. (1986): Soziale Lage der ländlichen Bevölkerung in Bergdörfern der Provinz Bursa, Türkei. Bonn (Dipl.).

ÇİNAR, E. M.; KAYTAZ, M. & G. EVCİMAN (1987): A Case Study on the Growth Potential of Small Scale Manufacturing Enterprises in Bursa, Turkey. In: Middle East Technical University, Studies in Development 14, S. 122-146.

ÇİNAR, E. M.; EVCIMEN, G. & M. KAYTAZ (1988): The Present Day Status of Small Scale Industries (Sanatkar) in Bursa, Turkey. In: International Journal of Middle East Studies 20, S. 287-301.

ÇİZAKÇA, M. (1978): Sixteenth-Seventeenth Century Inflation and the Bursa Silk Industry; University of Pennsylvania (PhD. Diss.).

ÇİZAKÇA, M. (1980a): A Short History of the Bursa Silk Industry (1500-1900). In: Journal of the Economic and Social History of the Orient 23, S. 142-152.

ÇİZAKÇA, M. (1980b): Price History and the Bursa Silk Industry: A Study in Ottoman Decline, 1550-1650. In: The Journal of Economic History 40, S. 533-550.

DALSAR, F. (1960): Bursa'da Ipekçilık; Istanbul Üniversitesi Yayınlarından, Nr.856, Iktisat Fakültesi Nr. 116. Istanbul.

DENKER, B. (1962): Flurformen und Besitzverhältnisse in zwei Dörfern (Armut und Izvat) der Bursa-Ebene (Türkei). In: Review of the Geographical Institute of the University of Istanbul, International Edition 8, S. 71-81.

DENKER, B. (1963): Die Siedlungs- und Wirtschaftsgeographie der Bursa-Ebene; Freiburg im Breisgau (Diss.).

DENKER, B. (1963/1964): Die heutige Agrarwirtschaft der Bursa-Ebene (Türkei). In: Review of the Geographical Institute of the University of Istanbul, International Edition 9/10, S. 116-134.

DÜLGEROĞLU, E. (1973): Bursa Ekonomisi; Bursa Ticaret ve Sanayi Odası, Yayın Nr. 11, Etüd ve Araştırma Yayın Nr.2. Bursa.

DÜLGEROĞLU, E. (1976): Organize Sanayi Bölgesi ve Bursa Örneği. Istanbul (Diss.) (Istanbul Üniversitesi, Iktisat Fakültesi).

DÜLGEROĞLU, E.; AYTAC, M. & T. BASTAYMAZ (1992): Kentlerde Yasayan Üçretli Kesimin Alternatif (Telafi Edici ve Tamamlayici) Gelir Kaynakları: Bursa Örneği. Bursa (Uludağ Üniversitesi Güçlendirme Vakfı).

EHLERS, E. (1993): Die Stadt des islamischen Orients. Modell und Wirklichkeit. In: Geographische Rundschau 45, S. 32-39.

ERAYDİN, A. (1994): Changing Spatial Distribution and Structural Characteristics of the Turkish Manufacturing Industry. In: ŞENSES, F. (Hrsg.): Recent Industrialization Experience of Turkey in a Global Context. Westport, Con., S. 153-174.

ERDER, L. (1975): Factory Districts in Bursa during the 1860's. In: Orta Doğu Teknik Üniversitesi, Mimarlık Fakültesi Dergisi, Bd.1. Ankara, S. 85-99.

ERDER, L. (1976): The Making of Industrial Bursa: Economic Activity and Population in a Turkish City 1835-1975. Ann Arbor, Mich. (PhD. Diss. Princeton University, Department of Near Eastern Studies).

ERDER, L. (1978): Bursa Ipek Sanayinde Teknolojik Değişmeler 1835-1865. Technological Changes in the Bursa Silk Industry 1835-1865. In: Middle East Technical University Ankara, Studies in Development, Ankara, Special Issue, S. 11-122.

ERLER, Ş. (1967): Bursa`da Eski Eserler, Eski Şöretler. Bursa.

GABRIEL, A. (1958): Une Capitale Turque. Brousse-Bursa. Paris (Bd.1: Texte, Bd.2: Planches).

GERBER, H. (1976): Guilds in Seventeenth-Century Anatolian Bursa. In: Asian and African Studies 11, S. 59-89.

GERBER, H. (1988): Economy and Society in an Ottoman City: Bursa, 1600-1700. Jerusalem (Institute of Asian and African Studies, University of Jerusalem).

GUPTA, S. C. (1981): Subcontracting between Factories and Workshops: A Case Study of Automotive Industry in Bursa, Turkey. Ankara (Diss.) (Middle East Technical University).

HOLMES, N. u. a. (1967): Field Studies in the Bursa Vilayet/North-West Turkey. Durham (Durham University Expedition Report).

INALCIK, H. (1960): Bursa and the Commerce of the Levant. In: Journal of the Economic and Social History of the Orient 3, S. 131-147.

Institut (Arbeitsgruppe) für tropisches Bauen (1975): Minimierung von Infrastrukturnetzen in Wohngebieten unterer Einkommensschichten in Entwicklungsländern. Dokumentation und Analyse einer Feldstudie in Geçekondugebieten. Darmstadt (Technische Hochschule Darmstadt, Fachbereich Architektur).

IPEKYUN, A. (1992): Bursa'nin Ekonomik Yapısına Genel Bir Bakış. Bursa (Bursa Ticaret ve Sanayi Odası).

IŞIK, Ş (2000): Türkiye'de Sanayi Faaliyetlerinin Dağılışında Meydana Gelen Değişmeler (1982-1996). The Changes on Distribution of the Industry in Turkey between 1982 and 1996. In: Ege Coğrafya Dergisi, Egean Geographical Journal 11, S. 111-130.

KASER, M. C. (1960): The Mechanism of Market and Planned Economies. A Confrontation at Bursa. In: International Social Science Journal 12, S. 225-236.

KAYTAZ, M. (1994): Subcontracting Practise in the Turkish Textile and Metal-Working Industries. In: ŞENSES, F. (Hrsg.): Recent Industrialization Experiences of Turkey in a Global Context. Westport, Con., S. 141-154.

KAYTAZ, M. (1995): The Development and Nature of Small and Medium-Scale Manufacturing Enterprises in Turkey. In: BALİM, Ş. u. a. (Hrsg.): Turkey: Political, Social and Economic Challenges in the 1990s. Leiden, S. 230-245.

KELEŞ, R. (2000): Urbanization and Urban Policy in Turkey. In: BALLAND, D. (Hrsg): Hommes et Terres d'Islam. Mélanges Offerts à Xavier de Planhol, Bd.2. Teheran, S. 127-131.

KEUTHEN, M. (1993): Die türkische Wirtschaft und die Bedeutung der Rückkehrerbetriebe in der verarbeitenden Industrie. Eine Analyse mittels eines Industrialisierungsprozess-Ansatzes und eines regionalen sozialgeographischen Konzeptes der Industriegeographie unter Berücksichtigung der Provinzen Burdur, Bursa und Denizli, dargestellt mit Hilfe der Korrespondenzanalyse. Bonn (Diss.).

KLİNGSHİRN, U. (1993): Rückwanderung und Integration türkischer Jugendlicher – Fallstudien in Bursa und Augsburg. In: Beiträge zur Angewandten Sozialgeographie 30, S. 131-143.

KOSTANİCK, H. L. (1957): Turkish Settlement of Bulgarian Turks 1950-1953. University of California, Publications in Geography VII (2). Berkeley, Los Angeles.

LİEBE-HARKORT, K. (1970): Beiträge zur sozialen und wirtschaftlichen Lage Bursas am Anfang des 16.Jahrhunderts. Ergebnisse aus der Untersuchung einiger Erbschaftshefte mit einem Überblick über die zeitgenössischen Vorschriften und Vorgänge auf den Markt der Stadt. Hamburg (Diss.).

MURAT, Ç. (1991): Bursa Ovasinda Tarimsal Alan Kaybi. Istanbul (Istanbul Üniversitesi. Sosyal Bilimler Enstitüsü. Beşeri ve Iktisadı Coğrafya Yüksek Lisans Tezi).

NEBİOĞLU, O. (1941): Die Auswirkungen der Kapitulationen auf die türkische Wirtschaft. Jena (Schriften des Instituts für Weltwirtschaft an der Universität Kiel 68).

ODENTHAL, J. (1992): Istanbul, Bursa, Edirne. Köln.

ÖKTEN, A. (1993): Social Determinants of Female Labor Force and Participation in the Informal Sector. In: Beiträge zur Angewandten Sozialgeographie 30, S. 131-143.

ÖNİŞ, Z. (1995): The Political Economy of Export-Oriented Industrialization in Turkey. In: BALİM, Ç. u. a. (Hrsg): Turkey: Political, Social and Economic Challenges in the 1990s; Leiden, S. 107-129.

ÖZDES, G. (1954): Türk Çarşıları. Istanbul Teknik Üniversitesi, Mimarlık Fakültesi, Istanbul.

ÖZGÜÇ, N. & W. A. MİTCHELL (2000): Şehirlerin alternatif alışveriş mekanları: Istanbul'da haftalık pazarlar. In: tarım ve kuram 1 (2), S. 35-28 (Mimar Sinan Üniversitesi, Mimarlık Fakültesi Dergisi).

ORAK, K. (1991): Die Automobilindustrie in der Türkei und der EG-Binnenmarkt. München (Wirtschaft und Gesellschaft in Südosteuropa 7).

PALECZEK, G. (1987): Der Wandel der traditionellen Wirtschaft in einem anatolischen Dorf. Wien (Wiener Beiträge zur Ethnologie und Anthropologie 4).

PARLAK, Z. (1996): The Car Workers of Bursa. In: KAHVECİ, E.; SUGUR, N. & T. NİCHOLS (Hrsg.): Work and Occupation in Modern Turkey. London, S. 126-147.

PFANNENSTİEL, M. (1956): Das Quartär der Levante. Teil III. Rezente Froststrukturböden und Karst des Uludagh (Westtürkei). Wiesbaden (Akademie der Wissenschaften und der Literatur. Abhandlungen der Mathematisch-Naturwissenschaftlichen Klasse 5).

PFANNENSTİEL, M. & L. FORCART (1957): Das Quartär der Levante. Teil IV. Der Kalktuff von Bursa; Wiesbaden (Akademie der Wissenschaften und der Literatur. Abhandlungen der Mathematisch-Naturwissenschaftlichen Klasse 3).

PİCCİNATO, L. (1962): L'Esperienza del Piano di Bursa. In: Urbanistica, Rivista Trimestrale, Organo Ufficiale dell' Istituto Nazionale di Urbanistica 36-37, S. 109-136.

RATHJENS, C. (1952): Der Uludağ. In: Leben und Umwelt (9), S. 66-77.

SAHHILIOĞLU, H. (1985): Slaves in the Social and Economic Life of Bursa in the late 15th and early 16th Centuries. In: Turcica 17, S. 43-112.

SCHARABI, M. (1985): Der Bazar: Das traditionelle Stadtzentrum im Nahen Osten und seine Handelseinrichtungen. Tübingen.

SCHILLER, G. (1986): Initiative zur Ansiedlung deutscher Investionen in der Region Bursa (Türkei). Essen (Gutachten für das Zentrum für Türkeistudien - Freudenberg Stiftung).

SÖLCH, J. (1920): Historisch-geographische Studien über bithynische Siedlungen in Nikomedia, Nikäa, Prusa. In: Byzantinisch-Neugriechische Jahrbücher 1, S. 263-337.

SOUSA, N. (1933): The Capitulary Regime of Turkey. Its History, Origin and Nature; Baltimore (John Hopkins University Studies in Historical and Political Science, Extra Volumes, New Series 18).

STEWIG, R. (1969): Izmit, Nordwestanatolien. In: Geographische Zeitschrift 57, S. 268-283.

STEWIG, R. (1970): Bursa, Nordwestanatolien. Strukturwandel einer orientalischen Stadt unter dem Einfluß der Industrialisierung. Kiel (Schriften des Geographischen Instituts der Universität Kiel 32).

STEWIG, R. (1971): Versuch einer Auswertung der Reisebeschreibung von Ibn Battuta (nach der englischen Übersetzung von H. A. R. Gibb) zur Bedeutungsdifferenzierung westanatolischer Siedlungen. In: Der Islam 47, S. 43-58.

STEWIG, R. (1972): Die Industrialisierung in der Türkei. In: Die Erde 103, S. 21-47.

STEWIG, R. (1973): Die räumliche Struktur des stationären Einzelhandels in der Stadt Bursa, in: STEWIG, R. & H. G. WAGNER (Hrsg.): Kulturgeographische Untersuchungen im islamischen Orient. Kiel (Schriften des Geographischen Instituts der Universität Kiel 38), S. 143-175.

STEWIG, R. (1974a): The Patterns of Centrality in the Province of Bursa (Turkey). In: Geoforum 18, S. 47-53.

STEWIG, R. (1974b): Bursa als Fremdenverkehrsstadt. In: Türkiye ve Otomobil Kurumu Belleteni 43-222. Istanbul, S. 20-30.

STEWIG, R. (1974c): Vergleichende Untersuchung der Einzelhandelsstrukturen der Städte Bursa, Kiel und London/Ontario. In: Erdkunde 27, S.18-30.

STEWIG, R. (1974d): Türkiyenin Industrileşmesi. In: Istanbul Teknik Üniversitesi, Mimarlık Fakültesi, Şehircilık Enstitüsü Dergisi 8-9. Istanbul, S.107-137.

STEWIG, R. (1977a): Konzeption, Forschungsziele und erste Ergebnisse des Bursa-Projektes (Nordwestanatolien). In: Die Erde 108, S.239-255.

STEWIG, R. (1977b): Der Orient als Geosystem. Opladen (Schriften des Deutschen Orient-Instituts).

STEWIG, R. (1983): Die Stadt in Industrie- und Entwicklungsländern. Paderborn (Universitätstaschenbuch 1247).

STEWIG, R. (1985): Vergleichende Untersuchung der Einzelhandelsstrukturen der Städte Bursa, Kiel und London/Ontario. In: HEINRITZ, G. (Hrsg.): Beiträge zur Geographie des tertiären Sektors. Darmstadt (Wege der Forschung 591), S.148-173.

STEWIG, R. (1986): Bursa, Nordwestanatolien. Auswirkungen der Industrialisierung auf die Bevölkerungs- und Sozialstruktur einer Industriegroßstadt im Orient. Teil 2; Kiel (Kieler Geographische Schriften 65).

STEWIG, R. (1987): Englische Kurzfassung von R. STEWIG et alii: Bursa, Nordwestanatolien. Auswirkungen der Industrialisierung auf die Bevölkerungs- und Sozialstruktur einer Industriegroßstadt im Orient, Teil 1. Kiel (Kieler Geographische Schriften 51). In: Abstracts in German Anthropology 4, lfd. Nr. 18-172.

STEWIG, R. (1998): Entstehung der Industriegesellschaft in der Türkei. Teil 1: Entwicklung bis 1950. Kiel (Kieler Geographische Schriften 96).

STEWIG, R. (1999): Entstehung der Industriegesellschaft in der Türkei. Teil 2: Entwicklung 1950-1980. Kiel (Kieler Geographische Schriften 99).

STEWIG, R. (2000a): Entstehung der Industriegesellschaft in der Türkei. Teil 3: Entwicklung seit 1980. Kiel (Kieler Geographische Schriften 102).

STEWIG, R. (2000b): An Attempt at Evaluation of Turkey's Position in the Old World. In: BALLAND, D. (Hrsg.): Hommes et Terres d'Islam, Mélanges offerts à Xavier de Planhol, 2 Bde. Teheran (Bibliothèque Iranienne 53, Institut Français de Recherche en Iran, Bd.2.), S.309-321.

STEWIG, R. et alii (1980): Bursa, Nordwestanatolien. Auswirkungen der Industrialisierung auf die Bevölkerungs- und Sozialstruktur einer Industriegroßstadt im Orient, Teil 1. Kiel (Kieler Geographische Schriften 51).

STOTZ, C. L. (1929): The Bursa Region of Turkey. In: Geographical Review 29, S.81-100.

University of Istanbul, Faculty of Economics, Institute of Business Administration (1987): Bursa Chamber of Commerce and Industry. Survey of Economic Structure and Growth Prospect of the Bursa Vilayet. A Preliminary Report and Recommendations. Istanbul.

ÜSKÜDARI, F. (1972): Eski Bursa'dan Notlar; Bursa Ticaret ve Sanayi Odası.

Union of Chambers of Commerce (1960): Industry and Commodity Exchanges of Turkey: The Silk and Artificial Fibers Industry in Turkey. Ankara.

TIMOR, A. N. (2001): Pazarlama Coğrafyası Açısından Büyük Alışveriş Merkezleri (Shopping Centers) ve Istanbul Örneği. Shopping Malls in Istanbul: A Case Study in Marketing Geography. In: Coğrafya Dergisi 9, S.53-79 (Istanbul Üniversitesi Edebiyat Fakültesi.Coğrafya Bölümü).

TOMSU, L. (1954): Bursa Evleri. Istanbul (Istanbul Teknik Üniversitesi, Mimarlık Fakültesi).

TÜMERTEKİN, E. (1965): Türkiyede Şehirlerin Fonksionel Sınıflandırılması. A Functional Classification of Cities in Turkey. Istanbul (Istanbul Üniversitesi Coğrafya Yayınları 43).

TÜREL, O. (1993): The Development of Turkish Manufacturing Industry during 1976-1987. An Overview. In: ERALP, E.; TÜNAY, M. & B. YEŞİLADA (Hrsg,): The Political and Socioeconomic Transformation of Turkey. Westport, Con., S.60-95.

WALLERSTEİN, I., H. DECDELİ, H. & R. KASABA (1987): The Incorporation of the Ottoman Empire into the World Economy; in: H. ISLAMOĞLU-INAN, H. (Hrsg.): The Ottoman Empire and the World Economy; Cambridge, S.88-97.

WIEBE, D. (1980): Untersuchung der Sozialstruktur der Beschäftigten der Merinos-Werke der Stadt Bursa, 1974, in: STEWIG, R. et alii: Bursa, Nordwestanatolien. Auswirkungen der Industrialisierung auf die Bevölkerungs- und Sozialstruktur einer Industriegroßstadt im Orient. Teil 1. Kiel (Kieler Geographische Schriften 51), S.313-336.

WILDE, H. (1909): Brussa. Eine Entwicklungsstätte türkischer Architektur in Kleinasien unter den ersten Osmanen. Berlin (Beiträge zur Bauwirtschaft 13).

WIRTH, E. (2000): Die orientalische Stadt im islamischen Vorderasien und Nordafrika; 2 Bde. Mainz (Bd.1: Text, Bd.2: Tafeln).

YALMAN, B. (1999): Bursa. Governorship of Bursa. Provincial Directorate of Tourism. Istanbul

11 Statistiken

Devlet Istatistik Enstitüsü (1973): Genel Nüfus Sayımı. Idari Bölünüş. Il,Ilçe,Bucak ve Köy (Muhtarlık) Nüfusları. Census of Population by Administrative Division. Province, District, Sub-District and Village (Muhtarlık) Population 1970. Ankara.

Devlet Istatistik Enstitüsü (1983): Genel Nüfus Sayımı. Nüfusun Sosyal ve Ekonomik Nitelikleri. Census Of Population. Social and Economic Characteristics of Population 1980. Ankara.

Devlet Istatistik Enstitüsü (1993): Genel Nüfus Sayımı. Nüfusun Sosyal ve Ekonomik Nitelikleri. Census of Population. Social and Economic Characteristics of Population 1990. Ankara.

Devlet Istatistik Enstitüsü (1999): Genel Nüfus Tespiti. Idari Bölünüş. Population Count. Administrative Divisions 1997. Ankara.

Devlet Istatistik Enstitüsü (2001): Genel Nüfus Sayımı. Geçici Sonuçları. 2000. Census of Population. Provisional Results. Ankara.

Statistische Jahrbücher

Istatistik Genel Müdürlüğü (1961): Istatistik Yıllığı - Annuaire Statistique 1959. Ankara.

Devlet Istatistik Enstitüsü (1964): Istatistik Yıllığı - Annuaire Statistique 1960-1962. Ankara.

Devlet Istatistik Enstitüsü (o. J.): Türkiye Istatistik Yıllığı - Annuaire Statistique de la Turquie 1963. Ankara.

Devlet Istatistik Enstitüsü (1985): Türkiye Istatistik Yıllığı - Statistical Yearbook of Turkey 1985. Ankara.

Devlet Istatistik Enstitüsü (1998): Türkiye Istatistik Yıllığı - Statistical Yearbook of Turkey 1997. Ankara.

Devlet Istatistik Enstitüsü (2001): Türkiye Istatistik Yıllığı - Statistical Yearbook of Turkey 2000. Ankara.

Wanderungsstatistik

Devlet Istatistik Enstitüsü (1985): Genel Nüfus Sayımı. Census of Population 1980. Daimi Ikametgaha Göre Iç Göçler. Domestic Migration by Permanent Residence. Ankara.

Devlet Istatistik Enstitüsü (1997): Genel Nüfus Sayımı. Census of Population 1990. Daimi Ikametgaha Göre Iç Göçun Sosyal ve Ekonomik Nitelikleri. Social and Economic Characteristics of Internal Migration by Permanent Residence. Ankara.

Sondererhebungen

Devlet Istatistik Enstitüsü (1984): 20 Şehirde 1960 Mesken Şartları Anketi Örnekleme Sonuçları. 1960 Sample Survey of Housing Conditions in 20 Cities. Ankara.

Devlet Istatistik Enstitüsü (1984): Kentsel Yerler Hanehalkı İşgücü Anket Sonuçları. 1982. Bursa. Urban Places Household Labour Force Survey Results. Ankara.

Devlet Istatistik Enstitüsü (1997): 1994 Hanehalkı Tüketim Harcamaları Anketi. 1994 Household Consumption Expenditures Survey. 19 Seçilmiş Il Merkezi Özet Sonuçları. Summary Results of 19 Selected Province Centers. Ankara.

Devlet Istatistik Enstitüsü (1998): Ekonomik ve Sosyal Göstergeler: Bursa. Ankara.

Kraftfahrzeugstatistik

Devlet Istatistik Enstitüsü (1986): Motorlu Kara Taşıtları Istatitikleri. Road Motor Vehicles Statistics 1985. Ankara.

Devlet Istatistik Enstitüsü (1991): Motorlu Kara Taşıtları Istatistikleri. Road Motor Vehicles Statistics 1988. Ankara.

Devlet Istatistik Enstitüsü (1994): Motorlu Kara Taşıtları Istatistikleri. Road Motor Vehicles Statistics 1991. Ankara.

Devlet Istatistik Enstitüsü (1994): Motorlu Kara Taşıtları Istatistikleri. Road Motor Vehicles Statistics 1992. Ankara.

Devlet Istatistik Enstitüsü (1995): Motorlu Kara Taşıtları Istatistikleri. Road Motor Vehicles Statistics 1993. Ankara.

Devlet Istatistik Enstitüsü (1998): Ulaştırma Motorlu Istastikleri Özeti. Summary Statistics on Transportation and Communication 1997. Ankara.

Devlet Istatistik Enstitüsü (2001): Motorlu Kara Taşıtları Istatistikleri. Road Motor Vehicles Statistics 2000. Ankara.

12 Karten und Pläne

Turkish Ministry of Defence (ca. 1993): Harita Genel Komutanlığı, RYBORSCH, R. (Hrsg.): Kartenwerk Türkei, 1:500.000, Blatt 1; Obertshausen (bei Frankfurt am Main) (Offizielle Straßenkarte der Türkei).

Harita Genel Müdürlüğü (1940): Kartenwerk Türkei, 1:200.000, Blatt Bursa. Ankara.

Bursa Il Haritası 1:200.000 (ca. 1960). O. O. (Verwaltungsgliederung der Provinz Bursa).

Bursa Büyükşehir Belediyesi Bursa Kültür Haritası (2000): Bursa Cultural Map, 1:150.000. Bursa (mit Verwaltungsgliederung der Provinz Bursa).

Devlet Su Işleri (ca. 1960): Bursa Ovası, 1:25.000. O. O.

Buski Genel Müdürlüğü (ca. 1995): Bursa, 1:20.000. O. O. (Ova von Bursa).

Bursa Büyükşehir Belediyesi (ca. 2000): Kent Bilgi Sistemleri Şube Müdürlüğü; Bursa, 1:15.000. O. O. (Bursa und nähere Umgebung)

Yüksek Mimar E.Menteşe, Nazım Plan Bürosü (Hrsg.) (ca. 1970): Bursa, etwa 1:10.000, Innenstadt, o. O. (mit Verzeichnis aller bedeutenden Gebäude, über 200).

Dünya Süper Dağıtım A.Ş. (ca. Anfang 1990er Jahre): Bursa (Turistik Şehir Planı), 1:10.000, Innenstadt. O. O. (mit Straßenverzeichnis).

Doğru ve Taze Bilgi Iki Nokta (ca. 1995): Bursa City Plan 1:10.000, Innenstadt. O. O. (zweiteilig: Vorder- und Rückseite).

Reinhard STEWIG: Veröffentlichungen und betreute wissenschaftliche Arbeiten seit 1991 (Beginn des Ruhestandes)

(Fortsetzung der Verzeichnisse der Veröffentlichungen von 1959 bis 1990 und der betreuten wissenschaftlichen Arbeiten von 1969 bis 1990, die in den Kieler Geographischen Schriften,. Bd. 80, Kiel 1991, auf den Seiten 368-376 bzw. 377-384 erschienen sind in H.. ACHENBACH (Hrsg.) Beiträge zur regionalen Geographie von Schleswig-Holstein)

Veröffentlichungen
1991   (Hrsg.) Endogener Tourismus. Kiel (Kieler Geographische Schriften 81): V, 193 Seiten, 53 Tabellen, 44 Abbildungen.

Vorwort und Einführung. In: STEWIG, R. (Hrsg.): Endogener Tourismus. Kiel (Kieler Geographische Schriften 81), S. III-VI.

SCHLENKE, U.: Endogener Tourismus als Gradmesser des Industrialisierungsprozesses in Industrie- und Entwicklungsländern. In: STEWIG, R.: Endogener Tourismus. Kiel (Kieler Geographische Schriften 81), S.1-16.

Summary and Results. In: STEWIG, R. (Hrsg.): Endogener Tourismus. In: Kieler Geographische Schriften 81, S. 189-193.

Hat der Tourismus im Orient eine Zukunft? In: Das Parlament, 41 (37/38), 6./13. September, S.17.

Die Stadt Kiel – Kiels historische Struktur im Wandel. In: GLAESSER, H.-G. (Hrsg.): Beiträge zur Landeskunde Schleswig-Holsteins und benachbarter Räume. Vorträge des Deutschen Schulgeographentages in Kiel. In: Kieler Arbeitspapiere zur Landeskunde und Raumordnung 24, S.130-147.

1992   Hat der Tourismus im Orient eine Zukunft? Reiseziel Naher Osten. In: STEINBACH, U. (Hrsg.): Arabien. Mehr als Erdöl und Konflikte? Opladen, S. 189-193.

1993   (Hrsg): Stadtteiluntersuchungen in Kiel. Baugeschichte, Sozialstruktur, Lebensqualität, Heimatgefühl. Kiel (Kieler Geographische Schriften 87): VIII, 337 Seiten, 159 Tabellen, 10 Abbildungen, 33 Karten, 77 Graphiken.

Vorwort. In: STEWIG, R. (Hrsg.): Stadtteiluntersuchungen in Kiel. Baugeschichte, Sozialstruktur, Lebensqualität, Heimatgefühl. In: Kieler Geographische Schriften 87, S. III-VI.

Überlegungen zur Konzeption und Methode von Stadtteiluntersuchungen. In: STEWIG, R. (Hrsg.): Stadtteiluntersuchungen in Kiel. Baugeschichte, Sozialstruktur, Lebensqualität, Heimatgefühl. Kiel (Kieler Geographische Schriften 87), S.1-11.

Einordnung der untersuchten Stadtteile in die Entwicklung und räumliche Struktur der Stadt Kiel. In: STEWIG, R. (Hrsg): Stadtteiluntersuchungen in Kiel. Baugeschichte, Sozialstruktur, Lebens-Qualität, Heimatgefühl. Kiel (Kieler Geographische Schriften 87), S. 12-26.

(Hrsg.): Lebensqualität und Heimatgefühl in Kiel. Stadtteiluntersuchungen zu Brunswik, Exerzierplatz und Damperhof, Blücherplatz, Ellerbek, Schrevenpark, Suchsdorf und Mettenhof; Kiel (Gesellschaft für Kieler Stadtgeschichte, Sonderveröffentlichung 26): VIII, 337 Seiten, 159 Tabellen, 10 Abbildungen, 77 Graphiken.

Die Türkei: Europa – Asien – Orient? In: FOCHLER-HAUKE, G., KARGER, A. & W. SCHLEGEL (Hrsg.): Länder Völker, Kontinente. Lexikothek, Bd. Europa – Vorderer Orient – Nordafrika. Gütersloh (9. Aufl.), S.302-215.

Kiels historische Struktur im Wandel. In: Mitteilungen der Gesellschaft für Kieler Stadtgeschichte 77, S.54-72.

Grundsätzliche Überlegungen zum ländlichen Raum Schleswig-Holsteins. In: Die Heimat 100, S.65-68.

Arthur Gloy – ein Wegbereiter der Stadtgeographie in Schleswig-Holstein. In: Die Heimat 100, S.158-159.

1995 Entstehung und Entwicklung der Industriegesellschaft auf den Britischen Inseln. Kiel (Kieler Geographische Schriften 90): 365 Seiten, 20 Tabellen, 34 Abbildungen, 5 Graphiken.

Der Nord-Ostsee-Kanal und seine nähere Umgebung. In: LAGONI, R., SEIDENFUS, H. S. & H.-J. TEUTEBERG (Hrsg.): Nord-Ostsee-Kanal 1895-1995. Neumünster, S.365-391.

1998 Wandlungen einer byzantinischen Zisterne in der Altstadt von Istanbul. In: Materilia Turcica 19, S.69-76.

Entstehung der Industriegesellschaft in der Türkei. Teil 1: Entwicklung bis 1950. Kiel (Kieler Geographische Schriften 96): XV, 349 Seiten, 35 Abbildungen, 4 Graphiken, 5 Tabellen, 4 Listen.

1999 Entstehung der Industriegesellschaft in der Türkei. Teil 2: Entwicklung 1950-1980. Kiel (Kieler Geographische Schriften 99): XI, 281 Seiten, 36 Abbildungen, 8 Graphiken, 12 Tabellen, 2 Listen.

2000 Entstehung der Industriegesellschaft in der Türkei. Teil 3: Entwicklung seit 1980. Kiel (Kieler Geographische Schriften 102): XX, 360 Seiten, 65 Tabellen, 12 Abbildungen, 4 Graphiken.

Die Volksdichte Schleswig-Holsteins im Mittelalter von Prof. Dr. G. Wegemann, Kiel – ausgewählt aus den ersten 100 Jahrgängen der Heimat, Bemerkungen aus heutiger Sicht. In: Die Heimat 107, S.154-156.

An Attempt at Evaluation of Turkey's Position in the Old World. In: BALLAND, D. (Hrsg.): Hommes et Terres d'Islam. Mélanges Offerts à Xavier de Planhol, 2 Bände. Teheran (Bibliothèque Iranienne 63, Institut Français de Recherche en Iran, Bd. 2), S. 309-321.

2003 Bursa, Nordwestanatolien: 30 Jahre danach. Kiel (Kieler Geographische Schriften 107).

Betreute wissenschaftliche Arbeiten

1991 MAASS, S.: Stadtteiluntersuchungen in Kiel: Brunswik und Ellerbek im Vergleich; Kiel (Staatsexamensarbeit).
D'ALLASTA, D.: Stadtteiluntersuchungen in Kiel: Blücherplatz und Suchsdorf im Vergleich. Kiel (Staatstsexamensarbeit).
ECKERT, M.: Industrialisierung und Entindustrialisierung in Schleswig-Holstein; Kiel (Dissertation), veröffentlicht als Kieler Geographische Schriften 83, Kiel 1992: XVII, 350 Seiten, 31 Tabellen, 42 Abbildungen.

1992 TOLKEMIT, I.: Die Struktur des Fremdenverkehrs auf der Insel Fehmarn seit den 70er Jahren. Kiel (Staatsexamensarbeit).
SCHULZ, A.: Endogener-exogener Tourismus und der Entwicklungsstand des gastgebenden Landes: Das Beispiel Türkei. Kiel (Magisterarbeit).

1993 JABLONSKI, I.: Die Stadt als Freizeitraum am Beispiel der Stadt Kiel. Kiel (Diplomarbeit).
KALLWEIT, P.: Bevölkerung und Industrie im Hamburger Umland Schleswig-Holsteins. Kiel (Staatsexamensarbeit).

Schriften des Geographischen Instituts der Universität Kiel
Band I, 1932 — Band 43, 1975

Band I
*Heft 1 W e n z e l, Hermann: Sultan-Dagh und Akschehir-Ova. Eine landeskundliche Untersuchung in Inneranatolien. 1932.

*Heft 2 V o n T r o t h a, Charlotte: Entwicklung ländlicher Siedlungen im Kösliner Küstengebiet. 1933.

*Heft 3 T e l s c h o w, Annemarie: Der Einfluß des Braunkohlenbergbaus auf das Landschaftsbild der Niederlausitz. 1933.

*Heft 4 B r a n d t, Heinz: Die Übertragung altdeutscher Siedlungsformen in das ostholsteinische Kolonisationsgebiet (im Rahmen einer Entwicklungsgeschichte ländlicher Siedlungen des oldenburgischen Landesteils Lübeck). 1933.

Band II
Heft 1 S c h n e i d e r, Ilse: Stadtgeographie von Schleswig. 1934. (Reprint Schleswiger Druck- und Verlagshaus, Schleswig ISBN 3-8842-078-2)

*Heft 2 T r e i b e r, Kurt: Wirtschaftsgeographie des ungarischen Großen Alfölds. 1934.

*Heft 3 E n g e l, Franz: Deutsche und slawische Einflüsse in der Dobbertiner Kulturlandschaft. 1934.

Band III
*W a g n e r, Anton: Los Angeles. Werden, Leben und Gestalt der Zweimillionenstadt in Südkalifornien. 1935.

Band IV
*W i l h e l m y, Herbert: Hochbulgarien, I. Die ländlichen Siedlungen und die bäuerliche Wirtschaft. 1935.

Band V
*Heft 1 W e n z e l, Hermann: Forschungen in Inneranatolien, I. Aufbau und Formen der Lykaonischen Steppe. 1935.

*Heft 2 Die Heidedörfer Moide und Suroide. Gemeinschaftsarbeit des Geographischen Instituts der Universität Kiel in der Lüneburger Heide. 1935.

*Heft 3 W i l h e l m y, Herbert: Hochbulgarien, II. Sofia, Wandlungen einer Großstadt zwischen Orient und Okzident. 1936.

Band VI
*S c h o t t, Carl: Landnahme und Kolonisation in Canada am Beispiel Südontarios. 1936.

Band VII
*Heft 1 N e u f e l d t, Gunther: Ripen und Esbjerg, die Haupthäfen der cimbrischen Westküste. 1937.

Heft 2 B e n d i x e n, Jens Andreas: Verlagerung und Strukturwandel ländlicher Siedlungen. Ein Beitrag zur Siedlungsgeographie, ausgehend von Untersuchungen in der südwestlichen Prignitz. 1937. VIII, 102 S., 41 Fig. im Text.   5,10 €

*Heft 3 W e n z e l, Hermann: Forschungen in Inneranatolien, II. Die Steppe als Lebensraum. 1937.

Band VIII
*Heft 1 S t a m m e r, Lisa: Kleinklimatische Untersuchungen im Westenseegebiet. 1938.

*Heft 2 S c h ü n k e, Wilhelm: Marsch und Geest als Siedlungsboden im Lande Großhadeln. 1938.

*Heft 3 H e i n e, Walter: Die Einwirkung der Großstadt Kiel auf ihre ländliche Umgebung. Eine wirtschaftsgeographische Untersuchung. 1938.

*Heft 4 S t o r c h, Werner: Kulturgeographische Wandlungen holsteinischer Bauerndörfer in der Industriestadt Neumünster. 1938.

* = vergriffen

Band IX
*Heft 1 S c o f i e l d, Edna: Landschaften am Kurischen Haff. 1938.
*Heft 2 F r o m m e, Karl: Die nordgermanische Kolonisation im atlantisch-polaren Raum. Studien zur Frage der nördlichen Siedlungsgrenze in Norwegen und Island. 1938.
*Heft 3 S c h i l l i n g, Elisabeth: Die schwimmenden Gärten von Xochimilco. Ein einzigartiges Beispiel altindianischer Landgewinnung in Mexiko. 1939.
*Heft 4 W e n z e l, Hermann: Landschaftsentwicklung im Spiegel der Flurnamen. Arbeitsergebnisse aus der mittelschleswiger Geest. 1939.
*Heft 5 R i e g e r, Georg: Auswirkungen der Gründerzeit im Landschaftsbild der norderdithmarscher Geest. 1939.

Band X
*Heft 1 W o l f, Albert: Kolonisation der Finnen an der Nordgrenze ihres Lebensraumes. 1939.
*Heft 2 G o o ß, Irmgard: Die Moorkolonien im Eidergebiet. Kulturelle Angleichung eines Ödlandes an die umgebende Geest. 1940.
*Heft 3 M a u, Lotte: Stockholm. Planung und Gestaltung der schwedischen Hauptstadt. 1940.
*Heft 4 R i e s e, Gertrud: Märkte und Stadtentwicklung am nordfriesischen Geestrand. 1940.

Band XI
*Heft 1 W i l h e l m y, Herbert: Die deutschen Siedlungen in Mittelparaguay. 1941.
*Heft 2 K o e p p e n, Dorothea: Der Agro Pontino-Romano. Eine moderne Kulturlandschaft. 1941.
*Heft 3 P r ü g e l, Heinrich: Die Sturmflutschäden an der schleswig-holsteinischen Westküste in ihrer meteorologischen und morphologischen Abhängigkeit. 1942.
*Heft 4 I s e r n h a g e n, Catharina: Totternhoe. Das Flurbild eines angelsächsischen Dorfes in der Grafschaft Bedfordshire in Mittelengland. 1942.
*Heft 5 B u s e, Karla: Stadt und Gemarkung Debrezin. Siedlungsraum von Bürgern, Bauern und Hirten im ungarischen Tiefland. 1942.

Band XII
*B a r t z, Fritz: Fischgründe und Fischereiwirtschaft an der Westküste Nordamerikas. Werdegang, Lebens- und Siedlungsformen eines jungen Wirtschaftsraumes. 1942.

Band XIII
*Heft 1 T o a s p e r n, Paul Adolf: Die Einwirkungen des Nord-Ostsee-Kanals auf die Siedlungen und Gemarkungen seines Zerschneidungsbereiches. 1950.
*Heft 2 V o i g t, Hans: Die Veränderung der Großstadt Kiel durch den Luftkrieg. Eine siedlungs- und wirtschaftsgeographische Untersuchung. 1950. (Gleichzeitig erschienen in der Schriftenreihe der Stadt Kiel, herausgegeben von der Stadtverwaltung).
*Heft 3 M a r q u a r d t, Günther: Die Schleswig-Holsteinische Knicklandschaft. 1950.
*Heft 4 S c h o t t, Carl: Die Westküste Schleswig-Holsteins. Probleme der Küstensenkung. 1950.

Band XIV
*Heft 1 K a n n e n b e r g, Ernst-Günter: Die Steilufer der Schleswig-Holsteinischen Ostseeküste. Probleme der marinen und klimatischen Abtragung. 1951.
*Heft 2 L e i s t e r, Ingeborg: Rittersitz und adliges Gut in Holstein und Schleswig. 1952. (Gleichzeitig erschienen als Band 64 der Forschungen zur deutschen Landeskunde).
Heft 3 R e h d e r s, Lenchen: Probsteierhagen, Fiefbergen und Gut Salzau: 1945 - 1950. Wandlungen dreier ländlicher Siedlungen in Schleswig-Holstein durch den Flüchtlingszustrom. 1953. X, 96 S., 29 Fig. im Text, 4 Abb.   2,60 €
*Heft 4 B r ü g g e m a n n, Günther: Die holsteinische Baumschulenlandschaft. 1953.

Sonderband

*S c h o t t, Carl (Hrsg.): Beiträge zur Landeskunde von Schleswig-Holstein. Oskar Schmieder zum 60. Geburtstag. 1953. (Erschienen im Verlag Ferdinand Hirt, Kiel).

Band XV

*Heft 1 L a u e r, Wilhelm: Formen des Feldbaus im semiariden Spanien. Dargestellt am Beispiel der Mancha. 1954.

*Heft 2 S c h o t t, Carl: Die kanadischen Marschen. 1955.

*Heft 3 J o h a n n e s, Egon: Entwicklung, Funktionswandel und Bedeutung städtischer Kleingärten. Dargestellt am Beispiel der Städte Kiel, Hamburg und Bremen. 1955.

*Heft 4 R u s t, Gerhard: Die Teichwirtschaft Schleswig-Holsteins. 1956.

Band XVI

*Heft 1 L a u e r, Wilhelm: Vegetation, Landnutzung und Agrarpotential in El Salvador (Zentralamerika). 1956.

*Heft 2 S i d d i q i, Mohamed Ismail: The Fishermen's Settlements of the Coast of West Pakistan. 1956.

*Heft 3 B l u m e, Helmut: Die Entwicklung der Kulturlandschaft des Mississippideltas in kolonialer Zeit. 1956.

Band XVII

*Heft 1 W i n t e r b e r g, Arnold: Das Bourtanger Moor. Die Entwicklung des gegenwärtigen Landschaftsbildes und die Ursachen seiner Verschiedenheit beiderseits der deutsch-holländischen Grenze. 1957.

*Heft 2 N e r n h e i m, Klaus: Der Eckernförder Wirtschaftsraum. Wirtschaftsgeographische Strukturwandlungen einer Kleinstadt und ihres Umlandes unter besonderer Berücksichtigung der Gegenwart. 1958.

*Heft 3 H a n n e s e n, Hans: Die Agrarlandschaft der schleswig-holsteinischen Geest und ihre neuzeitliche Entwicklung. 1959.

Band XVIII

Heft 1 H i l b i g, Günter: Die Entwicklung der Wirtschafts- und Sozialstruktur der Insel Oléron und ihr Einfluß auf das Landschaftsbild. 1959. 178 S., 32 Fig. im Text und 15 S. Bildanhang. 4,70 €

Heft 2 S t e w i g, Reinhard: Dublin. Funktionen und Entwicklung. 1959. 254 S. und 40 Abb. 5,40 €

Heft 3 D w a r s, Friedrich W.: Beiträge zur Glazial- und Postglazialgeschichte Südostrügens. 1960. 106 S., 12 Fig. im Text und 6 S. Bildanhang. 2,50 €

Band XIX

Heft 1 H a n e f e l d, Horst: Die glaziale Umgestaltung der Schichtstufenlandschaft am Nordstrand der Alleghenies. 1960. 183 S., 31 Abb. und 6 Tab. 4,30 €

*Heft 2 A l a l u f, David: Problemas de la propiedad agricola en Chile. 1961.

*Heft 3 S a n d n e r, Gerhard: Agrarkolonisation in Costa Rica. Siedlung, Wirtschaft und Sozialgefüge an der Pioniergrenze. 1961. (Erschienen bei Schmidt & Klaunig, Kiel, Buchdruckerei und Verlag).

Band XX

*L a u e r, Wilhelm (Hrsg.): Beiträge zur Geographie der Neuen Welt. Oskar Schmieder zum 70. Geburtstag. 1961.

Band XXI

*Heft 1 S t e i n i g e r, Alfred: Die Stadt Rendsburg und ihr Einzugbereich. 1962.

Heft 2 B r i l l, Dieter: Baton Rouge, La. Aufstieg, Funktionen und Gestalt einer jungen Großstadt des neuen Industriegebiets am unteren Mississippi. 1963. 288 S., 39 Karten, 40 Abb. im Anhang. 6,10 €

*Heft 3 D i e k m a n n, Sibylle: Die Ferienhaussiedlungen Schleswig-Holsteins. Eine siedlungs- und sozialgeographische Studie. 1964.

Band XXII

*Heft 1 E r i k s e n, Wolfgang: Beiträge zum Stadtklima von Kiel. Witterungsklimatische Untersuchungen im Raum Kiel und Hinweise auf eine mögliche Anwendung in der Stadtplanung. 1964.

*Heft 2 S t e w i g, Reinhard: Byzanz - Konstantinopel - Istanbul. Ein Beitrag zum Weltstadtproblem. 1964.

*Heft 3 B o n s e n, Uwe: Die Entwicklung des Siedlungsbildes und der Agrarstruktur der Landschaft Schwansen vom Mittelalter bis zur Gegenwart. 1966.

Band XXIII

*S a n d n e r, Gerhard (Hrsg.): Kulturraumprobleme aus Ostmitteleuropa und Asien. Herbert Schlenger zum 60. Geburtstag. 1964.

Band XXIV

Heft 1 W e n k, Hans-Günther: Die Geschichte der Geographischen Landesforschung an der Universität Kiel von 1665 bis 1879. 1966. 252 S., mit 7 ganzstg. Abb. 7,20 €

Heft 2 B r o n g e r, Arnt: Lösse, ihre Verbraunungszonen und fossilen Böden, ein Beitrag zur Stratigraphie des oberen Pleistozäns in Südbaden. 1966. 98 S., 4 Abb. und 37 Tab. im Text, 8 S. Bildanhang und 3 Faltkarten. 4,60 €

*Heft 3 K l u g, Heinz: Morphologische Studien auf den Kanarischen Inseln. Beiträge zur Küstenentwicklung und Talbildung auf einem vulkanischen Archipel. 1968. (Erschienen bei Schmidt & Klaunig, Kiel, Buchdruckerei und Verlag).

Band XXV

*W e i g a n d, Karl: I. Stadt-Umlandverflechtungen und Einzugbereiche der Grenzstadt Flensburg und anderer zentraler Orte im nördlichen Landesteil Schleswig. II. Flensburg als zentraler Ort im grenzüberschreitenden Reiseverkehr. 1966.

Band XXVI

*Heft 1 B e s c h, Hans-Werner: Geographische Aspekte bei der Einführung von Dörfergemeinschaftsschulen in Schleswig-Holstein. 1966.

*Heft 2 K a u f m a n n, Gerhard: Probleme des Strukturwandels in ländlichen Siedlungen Schleswig-Holsteins, dargestellt an ausgewählten Beispielen aus Ostholstein und dem Programm-Nord-Gebiet. 1967.

Heft 3 O l b r ü c k, Günter: Untersuchung der Schauertätigkeit im Raume Schleswig-Holstein in Abhängigkeit von der Orographie mit Hilfe des Radargeräts. 1967. 172 S., 5 Aufn., 65 Karten, 18 Fig. und 10 Tab. im Text, 10 Tab. im Anhang. 6,10 €

Band XXVII

Heft 1 B u c h h o f e r, Ekkehard: Die Bevölkerungsentwicklung in den polnisch verwalteten deutschen Ostgebieten von 1956-1965. 1967. 282 S., 22 Abb., 63 Tab. im Text, 3 Tab., 12 Karten und 1 Klappkarte im Anhang. 8,20 €

Heft 2 R e t z l a f f, Christine: Kulturgeographische Wandlungen in der Maremma. Unter besonderer Berücksichtigung der italienischen Bodenreform nach dem Zweiten Weltkrieg. 1967. 204 S., 35 Fig. und 25 Tab. 7,70 €

Heft 3 B a c h m a n n, Henning: Der Fährverkehr in Nordeuropa - eine verkehrsgeographische Untersuchung. 1968. 276 S., 129 Abb. im Text, 67 Abb. im Anhang. 12,80 €

Band XXVIII

*Heft 1 W o l c k e, Irmtraud-Dietlinde: Die Entwicklung der Bochumer Innenstadt. 1968.

*Heft 2 W e n k, Ursula: Die zentralen Orte an der Westküste Schleswig-Holsteins unter besonderer Berücksichtigung der zentralen Orte niederen Grades. Neues Material über ein wichtiges Teilgebiet des Programm Nord. 1968.

*Heft 3 W i e b e, Dietrich: Industrieansiedlungen in ländlichen Gebieten, dargestellt am Beispiel der Gemeinden Wahlstedt und Trappenkamp im Kreis Segeberg. 1968.

Band XXIX
Heft 1 V o r n d r a n, Gerhard: Untersuchungen zur Aktivität der Gletscher, dargestellt an Beispielen aus der Silvrettagruppe. 1968. 134 S., 29 Abb. im Text, 16 Tab. und 4 Bilder im Anhang. 6,20 €

Heft 2 H o r m a n n, Klaus: Rechenprogramme zur morphometrischen Kartenauswertung. 1968. 154 S., 11 Fig. im Text und 22 Tab. im Anhang. 6,20 €

Heft 3 V o r n d r a n, Edda: Untersuchungen über Schuttentstehung und Ablagerungsformen in der Hochregion der Silvretta (Ostalpen). 1969. 137 S., 15 Abb. und 32 Tab. im Text, 3 Tab. und 3 Klappkarten im Anhang. 6,20 €

Band 30
*S c h l e n g e r, Herbert, Karlheinz P f a f f e n, Reinhard S t e w i g (Hrsg.): Schleswig-Holstein, ein geographisch-landeskundlicher Exkursionsführer. 1969. Festschrift zum 33. Deutschen Geographentag Kiel 1969. (Erschienen im Verlag Ferdinand Hirt, Kiel; 2. Auflage, Kiel 1970).

Band 31
M o m s e n, Ingwer Ernst: Die Bevölkerung der Stadt Husum von 1769 bis 1860. Versuch einer historischen Sozialgeographie. 1969. 420 S., 33 Abb. und 78 Tab. im Text, 15 Tab. im Anhang 12,30 €

Band 32
S t e w i g, Reinhard: Bursa, Nordwestanatolien. Strukturwandel einer orientalischen Stadt unter dem Einfluß der Industrialisierung. 1970. 177 S., 3 Tab., 39 Karten, 23 Diagramme und 30 Bilder im Anhang. 9,20 €

Band 33
T r e t e r, Uwe: Untersuchungen zum Jahresgang der Bodenfeuchte in Abhängigkeit von Niederschlägen, topographischer Situation und Bodenbedeckung an ausgewählten Punkten in den Hüttener Bergen/Schleswig-Holstein. 1970. 144 S., 22 Abb., 3 Karten und 26 Tab. 7,70 €

Band 34
*K i l l i s c h, Winfried F.: Die oldenburgisch-ostfriesischen Geestrandstädte. Entwicklung, Struktur, zentralörtliche Bereichsgliederung und innere Differenzierung. 1970.

Band 35
R i e d e l, Uwe: Der Fremdenverkehr auf den Kanarischen Inseln. Eine geographische Untersuchung. 1971. 314 S., 64 Tab., 58 Abb. im Text und 8 Bilder im Anhang. 12,30 €

Band 36
H o r m a n n, Klaus: Morphometrie der Erdoberfläche. 1971. 189 S., 42 Fig., 14 Tab. im Text. 10,20 €

Band 37
S t e w i g, Reinhard (Hrsg.): Beiträge zur geographischen Landeskunde und Regionalforschung in Schleswig-Holstein. 1971. Oskar Schmieder zum 80. Geburtstag. 338 S., 64 Abb., 48 Tab. und Tafeln. 14,30 €

Band 38
S t e w i g, Reinhard und Horst-Günter W a g n e r (Hrsg.): Kulturgeographische Untersuchungen im islamischen Orient. 1973. 240 S., 45 Abb., 21 Tab. und 33 Photos. 15,10 €

Band 39
K l u g, Heinz (Hrsg.): Beiträge zur Geographie der mittelatlantischen Inseln. 1973. 208 S., 26 Abb., 27 Tab. und 11 Karten. 16,40 €

Band 40
S c h m i e d e r, Oskar: Lebenserinnerungen und Tagebuchblätter eines Geographen. 1972. 181 S., 24 Bilder, 3 Faksimiles und 3 Karten. 21,50 €

Band 41
K i l l i s c h, Winfried F. und Harald T h o m s: Zum Gegenstand einer interdisziplinären Sozialraumbeziehungsforschung. 1973. 56 S., 1 Abb. 3,90 €

Band 42
N e w i g, Jürgen: Die Entwicklung von Fremdenverkehr und Freizeitwohnwesen in ihren Auswirkungen auf Bad und Stadt Westerland auf Sylt. 1974. 222 S., 30 Tab., 14 Diagramme, 20 kartographische Darstellungen und 13 Photos. 15,90 €

Band 43
*K i l l i s c h, Winfried F.: Stadtsanierung Kiel-Gaarden. Vorbereitende Untersuchung zur Durchführung von Erneuerungsmaßnahmen. 1975.

Kieler Geographische Schriften
Band 44, 1976 ff.

Band 44
K o r t u m, Gerhard: Die Marvdasht-Ebene in Fars. Grundlagen und Entwicklung einer alten iranischen Bewässerungslandschaft. 1976. XI, 297 S., 33 Tab., 20 Abb. 19,70 €

Band 45
B r o n g e r, Arnt: Zur quartären Klima- und Landschaftsentwicklung des Karpatenbeckens auf (paläo-) pedologischer und bodengeographischer Grundlage. 1976. XIV, 268 S., 10 Tab., 13 Abb. und 24 Bilder. 23,00 €

Band 46
B u c h h o f e r, Ekkehard: Strukturwandel des Oberschlesischen Industriereviers unter den Bedingungen einer sozialistischen Wirtschaftsordnung. 1976. X, 236 S., 21 Tab. und 6 Abb., 4 Tab. und 2 Karten im Anhang. 16,60 €

Band 47
W e i g a n d, Karl: Chicano-Wanderarbeiter in Südtexas. Die gegenwärtige Situation der Spanisch sprechenden Bevölkerung dieses Raumes. 1977. IX, 100 S., 24 Tab. und 9 Abb., 4 Abb. im Anhang. 8,00 €

Band 48
W i e b e, Dietrich: Stadtstruktur und kulturgeographischer Wandel in Kandahar und Südafghanistan. 1978. XIV, 326 S., 33 Tab., 25 Abb. und 16 Photos im Anhang. 18,70 €

Band 49
K i l l i s c h, Winfried F.: Räumliche Mobilität - Grundlegung einer allgemeinen Theorie der räumlichen Mobilität und Analyse des Mobilitätsverhaltens der Bevölkerung in den Kieler Sanierungsgebieten. 1979. XII, 208 S., 30 Tab. und 39 Abb., 30 Tab. im Anhang. 12,60 €

Band 50
P a f f e n, Karlheinz und Reinhard S t e w i g (Hrsg.): Die Geographie an der Christian-Albrechts-Universität 1879-1979. Festschrift aus Anlaß der Einrichtung des ersten Lehrstuhles für Geographie am 12. Juli 1879 an der Universität Kiel. 1979. VI, 510 S., 19 Tab. und 58 Abb. 19,40 €

Band 51
S t e w i g, Reinhard, Erol T ü m e r t e k i n, Bedriye T o l u n, Ruhi T u r f a n, Dietrich W i e b e und Mitarbeiter: Bursa, Nordwestanatolien. Auswirkungen der Industrialisierung auf die Bevölkerungs- und Sozialstruktur einer Industriegroßstadt im Orient. Teil 1. 1980. XXVI, 335 S., 253 Tab. und 19 Abb. 16,40 €

Band 52
B ä h r, Jürgen und Reinhard S t e w i g (Hrsg.): Beiträge zur Theorie und Methode der Länderkunde. Oskar Schmieder (27. Januar 1891 - 12. Februar 1980) zum Gedenken. 1981. VIII, 64 S., 4 Tab. und 3 Abb. 5,60 €

Band 53
M ü l l e r, Heidulf E.: Vergleichende Untersuchungen zur hydrochemischen Dynamik von Seen im Schleswig-Holsteinischen Jungmoränengebiet. 1981. XI, 208 S., 16 Tab., 61 Abb. und 14 Karten im Anhang. 12,80 €

Band 54
A c h e n b a c h, Hermann: Nationale und regionale Entwicklungsmerkmale des Bevölkerungsprozesses in Italien. 1981. IX, 114 S., 36 Fig. 8,20 €

Band 55
D e g e, Eckart: Entwicklungsdisparitäten der Agrarregionen Südkoreas. 1982. XXVII, 332 S., 50 Tab., 44 Abb. und 8 Photos im Textband sowie 19 Kartenbeilagen in separater Mappe. 25,10 €

Band 56
B o b r o w s k i, Ulrike: Pflanzengeographische Untersuchungen der Vegetation des Bornhöveder Seengebiets auf quantitativ-soziologischer Basis. 1982. XIV, 175 S., 65 Tab. und 19 Abb. 11,80 €

Band 57
S t e w i g, Reinhard (Hrsg.): Untersuchungen über die Großstadt in Schleswig-Holstein. 1983. X, 194 S., 46 Tab., 38 Diagr. und 10 Abb. 12,30 €

Band 58
B ä h r, Jürgen (Hrsg.): Kiel 1879 - 1979. Entwicklung von Stadt und Umland im Bild der Topographischen Karte. 1:25 000. Zum 32. Deutschen Kartographentag vom 11. - 14. Mai 1983. III, 192 S., 21 Tab., 38 Abb. mit 2 Kartenblättern in der Anlage. ISBN 3-923887-00-0 14,30 €

Band 59
G a n s, Paul: Raumzeitliche Eigenschaften und Verflechtungen innerstädtischer Wanderungen in Ludwigshafen/Rhein zwischen 1971 und 1978. Eine empirische Analyse mit Hilfe des Entropiekonzeptes und der Informationsstatistik. 1983. XII, 226 S., 45 Tab., 41 Abb. ISBN 3-923887-01-9 15,30 €

Band 60
*P a f f e n †, Karlheinz und K o r t u m, Gerhard: Die Geographie des Meeres. Disziplingeschichtliche Entwicklung seit 1650 und heutiger methodischer Stand. 1984. XIV, 293 S., 25 Abb. ISBN 3-923887-02-7.

Band 61
*B a r t e l s †, Dietrich u. a.: Lebensraum Norddeutschland. 1984. IX, 139 S., 23 Tabellen und 21 Karten. ISBN 3-923887-03-5.

Band 62
K l u g, Heinz (Hrsg.): Küste und Meeresboden. Neue Ergebnisse geomorphologischer Feldforschungen. 1985. V, 214 S., 66 Abb., 45 Fotos, 10 Tabellen. ISBN 3-923887-04-3 19,90 €

Band 63
K o r t u m, Gerhard: Zückerrübenanbau und Entwicklung ländlicher Wirtschaftsräume in der Türkei. Ausbreitung und Auswirkung einer Industriepflanze unter besonderer Berücksichtigung des Bezirks Beypazari (Provinz Ankara). 1986. XVI, 392 S., 36 Tab., 47 Abb. und 8 Fotos im Anhang. ISBN 3-923887-05-1. 23,00 €

Band 64
F r ä n z l e, Otto (Hrsg.): Geoökologische Umweltbewertung. Wissenschaftstheoretische und methodische Beiträge zur Analyse und Planung. 1986. VI, 130 S., 26 Tab., 30 Abb. ISBN 3-923887-06-X. 12,30 €

Band 65
S t e w i g, Reinhard: Bursa, Nordwestanatolien. Auswirkungen der Industrialisierung auf die Bevölkerungs- und Sozialstruktur einer Industriegroßstadt im Orient. Teil 2. 1986. XVI, 222 S., 71 Tab., 7 Abb. und 20 Fotos. ISBN 3-923887-07-8.
19,00 €

Band 66
S t e w i g, Reinhard (Hrsg.): Untersuchungen über die Kleinstadt in Schleswig-Holstein. 1987. VI, 370 S., 38 Tab., 11 Diagr. und 84 Karten. ISBN 3-923887-08-6. 24,50 €

Band 67
A c h e n b a c h, Hermann: Historische Wirtschaftskarte des östlichen Schleswig-Holstein um 1850. 1988. XII, 277 S., 38 Tab., 34 Abb., Textband und Kartenmappe. ISBN 3-923887-09-4. 34,30 €

Band 68
B ä h r, Jürgen (Hrsg.): Wohnen in lateinamerikanischen Städten - Housing in Latin American cities. 1988, IX, 299 S., 64 Tab., 71 Abb. und 21 Fotos.
ISBN 3-923887-10-8. 22,50 €

Band 69
B a u d i s s i n -Z i n z e n d o r f, Ute Gräfin von: Freizeitverkehr an der Lübecker Bucht. Eine gruppen- und regionsspezifische Analyse der Nachfrageseite. 1988. XII, 350 S., 50 Tab., 40 Abb. und 4 Abb. im Anhang.
ISBN 3-923887-11-6. 16,40 €

Band 70
H ä r t l i n g, Andrea: Regionalpolitische Maßnahmen in Schweden. Analyse und Bewertung ihrer Auswirkungen auf die strukturschwachen peripheren Landesteile. 1988. IV, 341 S., 50 Tab., 8 Abb. und 16 Karten. ISBN 3-923887-12-4.
15,70 €

Band 71
P e z, Peter: Sonderkulturen im Umland von Hamburg. Eine standortanalytische Untersuchung. 1989. XII, 190 S., 27 Tab. und 35 Abb. ISBN 3-923887-13-2.
11,40 €

Band 72
K r u s e, Elfriede: Die Holzveredelungsindustrie in Finnland. Struktur- und Standortmerkmale von 1850 bis zur Gegenwart. 1989. X, 123 S., 30 Tab., 26 Abb. und 9 Karten. ISBN 3-923887-14-0.
12,60 €

Band 73
B ä h r, Jürgen, Christoph C o r v e s & Wolfram N o o d t (Hrsg.): Die Bedrohung tropischer Wälder: Ursachen, Auswirkungen, Schutzkonzepte. 1989. IV, 149 S., 9 Tab., 27 Abb. ISBN 3-923887-15-9.
13,20 €

Band 74
B r u h n, Norbert: Substratgenese - Rumpfflächendynamik. Bodenbildung und Tiefenverwitterung in saprolitisch zersetzten granitischen Gneisen aus Südindien. 1990. IV, 191 S., 35 Tab., 31 Abb. und 28 Fotos. ISBN 3-923887-16-7.
11,60 €

Band 75
P r i e b s, Axel: Dorfbezogene Politik und Planung in Dänemark unter sich wandelnden gesellschaftlichen Rahmenbedingungen. 1990. IX, 239 S., 5 Tab., 28 Abb.
ISBN 3-923887-17-5. 17,30 €

Band 76
S t e w i g, Reinhard: Über das Verhältnis der Geographie zur Wirklichkeit und zu den Nachbarwissenschaften. Eine Einführung. 1990. IX, 131 S., 15 Abb.
ISBN 3-923887-18-3. 12,80 €

Band 77
G a n s, Paul: Die Innenstädte von Buenos Aires und Montevideo. Dynamik der Nutzungsstruktur, Wohnbedingungen und informeller Sektor. 1990. XVIII, 252 S., 64 Tab., 36 Abb. und 30 Karten in separatem Kartenband. ISBN 3-923887-19-1.
45,00 €

Band 78
B ä h r, Jürgen & Paul G a n s (eds): The Geographical Approach to Fertility. 1991. XII, 452 S., 84 Tab. und 167 Fig. ISBN 3-923887-20-5.
22,40 €

Band 79
R e i c h e, Ernst-Walter: Entwicklung, Validierung und Anwendung eines Modellsystems zur Beschreibung und flächenhaften Bilanzierung der Wasser- und Stickstoffdynamik in Böden. 1991. XIII, 150 S., 27 Tab. und 57 Abb. ISBN 3-923887-21-3.
9,70 €

Band 80
A c h e n b a c h, Hermann (Hrsg.): Beiträge zur regionalen Geographie von Schleswig-Holstein. Festschrift Reinhard Stewig. 1991. X, 386 S., 54 Tab. und 73 Abb. ISBN 3-923887-22-1. 19,10 €

Band 81
S t e w i g, Reinhard (Hrsg.): Endogener Tourismus. 1991. V, 193 S., 53 Tab. und 44 Abb. ISBN 3-923887-23-X. 16,80 €

Band 82
J ü r g e n s, Ulrich: Gemischtrassige Wohngebiete in südafrikanischen Städten. 1991. XVII, 299 S., 58 Tab. und 28 Abb. ISBN 3-923887-24-8. 13,80 €

Band 83
E c k e r t, Markus: Industrialisierung und Entindustrialisierung in Schleswig-Holstein. 1992. XVII, 350 S., 31 Tab. und 42 Abb. ISBN 3-923887-25-6. 12,70 €

Band 84
N e u m e y e r, Michael: Heimat. Zu Geschichte und Begriff eines Phänomens. 1992. V, 150 S. ISBN 3-923887-26-4. 9,00 €

Band 85
K u h n t, Gerald und Z ö l i t z - M ö l l e r, Reinhard (Hrsg.): Beiträge zur Geoökologie aus Forschung, Praxis und Lehre. Otto Fränzle zum 60. Geburtstag. 1992. VIII, 376 S., 34 Tab. und 88 Abb. ISBN 3-923887-27-2. 19,00 €

Band 86
R e i m e r s, Thomas: Bewirtschaftungsintensität und Extensivierung in der Landwirtschaft. Eine Untersuchung zum raum-, agrar- und betriebsstrukturellen Umfeld am Beispiel Schleswig-Holsteins. 1993. XII, 232 S., 44 Tab., 46 Abb. und 12 Klappkarten im Anhang. ISBN 3-923887-28-0. 12,20 €

Band 87
S t e w i g, Reinhard (Hrsg.): Stadtteiluntersuchungen in Kiel. Baugeschichte, Sozialstruktur, Lebensqualität, Heimatgefühl. 1993. VIII, 337 S., 159 Tab., 10 Abb., 33 Karten und 77 Graphiken. ISBN 3-923887-29-9. 12,30 €

Band 88
W i c h m a n n, Peter: Jungquartäre randtropische Verwitterung. Ein bodengeographischer Beitrag zur Landschaftsentwicklung von Südwest-Nepal. 1993. X, 125 S., 18 Tab. und 17 Abb. ISBN 3-923887-30-2. 10,10 €

Band 89
W e h r h a h n, Rainer: Konflikte zwischen Naturschutz und Entwicklung im Bereich des Atlantischen Regenwaldes im Bundesstaat São Paulo, Brasilien. Untersuchungen zur Wahrnehmung von Umweltproblemen und zur Umsetzung von Schutzkonzepten. 1994. XIV, 293 S., 72 Tab., 41 Abb. und 20 Fotos. ISBN 3-923887-31-0. 17,50 €

Band 90
S t e w i g, Reinhard: Entstehung und Entwicklung der Industriegesellschaft auf den Britischen Inseln. 1995. XII, 367 S., 20 Tab., 54 Abb. und 5 Graphiken. ISBN 3-923887-32-2. 16,60 €

Band 91
B o c k, Steffen: Ein Ansatz zur polygonbasierten Klassifikation von Luft- und Satellitenbildern mittels künstlicher neuronaler Netze. 1995. XI, 152 S., 4 Tab. und 48 Abb. ISBN 3-923887-33-7 8,60 €

Band 92
M a t u s c h e w s k i, Anke: Stadtentwicklung durch Public-Private-Partnership in Schweden. Kooperationsansätze der achtziger und neunziger Jahre im Vergleich. 1996. XI, 246 S., 34 Abb., 16 Tab. und 20 Fotos. ISBN 3-923887-34-5. 12,20 €

Band 93
Ulrich, Johannes und Kortum, Gerhard: Otto Krümmel (1854 - 1912). Geograph und Wegbereiter der modernen Ozeanographie. 1997. VIII, 310 S., 84 Abb. und 8 Karten.
ISBN 3-923887-35-3. 24,00 €

Band 94
Schenck, Freya S.: Strukturveränderungen spanisch-amerikanischer Mittelstädte untersucht am Beispiel der Stadt Cuenca, Ecuador. 1997. XVIII, 259 S., 58 Tab. und 55 Abb.
ISBN 3-923887-36-1. 13,20 €

Band 95
Pez, Peter: Verkehrsmittelwahl im Stadtbereich und ihre Beeinflußbarkeit. Eine verkehrsgeographische Analyse am Beispiel von Kiel und Lüneburg. 1998. XVIII, 396 S., 52 Tab. und 86 Abb. ISBN 3-923887-37-X. 17,30 €

Band 96
Stewig, Reinhard: Entstehung der Industriegesellschaft in der Türkei. Teil 1: Entwicklung bis 1950. 1998. XV, 349 S., 35 Abb., 4 Graph., 5 Tab. und 4 Listen.
ISBN 3-923887-38-8. 15,40 €

Band 97
Higelke, Bodo (Hrsg.): Beiträge zur Küsten - und Meeresgeographie. Heinz Klug zum 65. Geburtstag gewidmet von Schülern, Freunden und Kollegen. 1998. XXII, 338 S., 29 Tab., 3 Fotos und 3 Klappkarten. ISBN 3-923887-39-6. 18,40 €

Band 98
Jürgens, Ulrich: Einzelhandel in den Neuen Bundesländern - die Konkurrenzsituation zwischen Innenstadt und "Grüner Wiese", dargestellt anhand der Entwicklungen in Leipzig, Rostock und Cottbus. 1998. XVI, 395 S., 83 Tab. und 52 Abb.
ISBN 3-923887-40-X. 16,30 €

Band 99
Stewig, Reinhard: Entstehung der Industriegesellschaft in der Türkei. Teil 2: Entwicklung 1950 - 1980.1999. XI, 289 S., 36 Abb., 8 Graph., 12 Tab. und 2 Listen.
ISBN 3-923887-41-8. 13,80 €

Band 100
Eglitis, Andri: Grundversorgung mit Gütern und Dienstleistungen in ländlichen Räumen der neuen Bundesländer. Persistenz und Wandel der dezentralen Versorgungsstrukturen seit der deutschen Einheit. 1999. XXI, 422 S., 90 Tab. und 35 Abb.
ISBN 3-923887-42-6. 20,60 €

Band 101
Dünckmann, Florian: Naturschutz und kleinbäuerliche Landnutzung im Rahmen Nachhaltiger Entwicklung. Untersuchungen zu regionalen und lokalen Auswirkungen von umweltpolitischen Maßnahmen im Vale do Ribeira, Brasilien. 1999. XII, 294 S., 10 Tab. und 16 Abb., 9 Karten und 1 Klappkarte.
ISBN 3-923887-43-4. 23,40 €

Band 102
Stewig, Reinhard: Entstehung der Industriegesellschaft in der Türkei. Teil 3. Entwicklung seit 1980. 2000. XX, 360 S., 65 Tab., 12 Abb. und 5 Graphiken.
ISBN 3-923887-44-2. 17,10 €

Band 103
Bähr, Jürgen, Widderich, Sönke (Hrsg.): Vom Notstand zum Normalzustand – eine Bilanz des kubanischen Transformationsprozesses. La larga marcha desde el período especial hacia la normalidad – un balance de la transformación cubana. 2000. XI, 222 S., 51 Tab. und 15 Abb. ISBN 3-923887-45-0. 11,40 €

Band 104
Bähr, Jürgen, Jürgens, Ulrich (Hrsg.): Transformationsprozesse im Südlichen Afrika – Konsequenzen für Gesellschaft und Natur. Symposium in Kiel vom 29.10.-30.10.1999. 2000. 222 S., 40 Tab., 42 Abb. und 2 Fig. ISBN 3-923887-46-9. 13,30 €

Band 105
Gnad, Martin: Desegregation und neue Segregation in Johannesburg nach dem Ende der Apartheid. 2002. 281 S., 28 Tab. und 55 Abb. ISBN 3-923887-47-7. 14,80 €

Band 106
Widderich, Sönke: Die sozialen Auswirkungen des kubanischen Transformationsprozesses. 2002. 210 S., 44 Tab. und 17 Abb. ISBN 3-923887-48-5. 12,55 €

Band 107
Stewig, Reinhard: Bursa, Nordwestanatolien: 30 Jahre danach. 2003. 163 S., 16 Tab., 20 Abb. und 20 Fotos. ISBN 3-923887-49-3. 13,00 €